邹广严教育文集

第一卷（2005—2010）

邹广严　著

国家图书馆出版社

图书在版编目（CIP）数据

邹广严教育文集：全六册 / 邹广严著 . -- 北京：国家
图书馆出版社，2025. 4. -- ISBN 978-7-5013-8586-7

Ⅰ. G4-53

中国国家版本馆CIP数据核字第20258SA860号

书　　名　邹广严教育文集（全六册）
著　　者　邹广严　著
项目统筹　殷梦霞
责任编辑　王锦锦　　王亚宏　　陈　卓　　吕若萌
封面设计　王燕来

出版发行　国家图书馆出版社（北京市西城区文津街7号　　100034）
　　　　　（原书目文献出版社　北京图书馆出版社）
　　　　　010-66114536　63802249　nlcpress@nlc.cn（邮购）
网　　址　http://www.nlcpress.com
排　　版　九章文化
印　　装　北京科信印刷有限公司
版次印次　2025年4月第1版　2025年4月第1次印刷

开　　本　710×1000　1/16
印　　张　151.5
字　　数　1800千字
书　　号　ISBN 978-7-5013-8586-7
定　　价　900.00元

邹广严校长

作者简介

邹广严，男，汉族，1941年12月生，山东福山人，中共党员，工程师，高级经济师，教授。1968年毕业于天津大学，同年参加工作。1996—2002年任四川省人民政府副省长。曾任第九、十届全国人大代表，第八、九、十届四川省人大代表，四川省企业联合会、企业家协会会长，中国企业联合会、企业家协会副会长，四川省工商管理学院院长，四川大学商学院院长，四川省高等教育学会名誉会长，北京大学兼职博士生导师等职。2005年，牵头创办四川大学锦城学院（今成都锦城学院），曾任校长、党委书记，孜孜不倦为党和人民的教育事业奉献至今。

邹广严校长专注于教育学及管理学研究，著有《邹广严教育文集》《邹广严经济管理文集》，主编有《管理之魂：企业文化的理论和实践》《百家经典选读》《能源大辞典》《大学生就业岗位调查报告》以及"创业理论与实务丛书"等，并在教育类权威核心期刊上发表《关于构建应用型人才培养模式的若干问题》《应用型大学教学改革创新的探索与实践》等论文多篇，主持四川省首批教育评价改革试点项目、四川省新工科研究与实践项目等。

2005年2月8日（农历大年三十），锦城学院建设工程正式开工

2005年10月8日，锦城学院举行首届开学典礼

2005年11月13日，锦城学院第一批教职员工合影

2007年11月9日，锦城学院首届"三练三创"实践教育活动先进单位及优秀个人表彰大会召开

2008年5月16日，由四川省高等教育学会主办的"应用型人才培养模式"专家咨询研讨会在锦城学院召开

2008年11月20日，首家"锦城"学子创办并正式通过工商注册的实体公司——成都木格子工艺品开发有限公司成立，邹广严校长为公司开业剪彩

2009年6月26日，锦城学院举行首届毕业生毕业典礼

2010年11月18日，邹广严校长访问加拿大滑铁卢大学

《邹广严教育文集》

编委会

《邹广严教育文集》

编辑部

编　　辑	温晶晶	李秀锋	宋吴越	王雨烟
	赵小丽	蔡滨宇	廖苑伶	马媛媛
审　　校	温晶晶	李秀锋	袁　泉	杜学元
摄　　影	周奕含	甘雨丝	向　游	杨兴无
	邓忠君	廖　立	岳福林	迟　卉　等
供　　图	宣景容	李　峤	苏　斌	姚　东
	陈　程	李静娴	文　雅	夏　莹
	发现之旅频道			
	成都锦城学院各单位			
助理团队	付烨卉	李牧鸽	陶然奕	段　欣
	成都锦城学院高等教育研究院助管团			

前　言

大学之立，在于有魂。大学校长是一所大学的灵魂，甚至有人说："一个校长就是一所大学。"北大没有蔡元培不可能成为新文化中心，清华没有梅贻琦不会在短时间内声名鹊起，南开没有张伯苓世人恐怕无法理解中国近现代史上私立大学的划时代意义。不可否认，正是这些校长的学识、经历、为人及其办学理念和治校之道，为大学注入了最有价值的灵魂。大学校长是大学使命和教育理念的坚守者，是大学发展和宏观布局的总设计师，更是大学的精神领袖和道德标杆！可以说，一位校长决定着一所大学的命运。

成都锦城学院自筹建之日起，就有这样一位有志于兴教办学、培育英才，为教育之发展而努力，为民族之复兴而奋斗的校长——邹广严。作为拥有丰富政府和企业工作经验的校长，邹广严教授坚信，教育乃崇高责任，乃千秋伟业。他将丰富的管理经验、统筹全局的领导才能和高瞻远瞩的战略思维全部投入教育事业中。

正如锦城学院"止于至善"的校训所昭，二十载春秋砥砺，邹广严校长率领着全体"锦城人"励精图治，以矢志不渝的教育初心、敢为人先的开拓精神，实现了锦城学院在高等教育界的跨越式发展。从初创的两千余名学生、两层房子，发展成为拥有三万余名在校生的高等学府，不仅建成了巍峨大楼，而且名师云集，更形成了远近闻名的大好风气，成为各界公认的"进口旺，出口畅""近者悦，远者来"的高水平大学，是四川省乃至全国应用型高校的一面旗帜。

"锦城"何以屹立于中国高校之林？其核心优势在于，在邹校长办学育人的理念、主张与实践的引领下，锦城学院开创性地形成了独具特色且走在前列的"锦城教育学"，为中国高等教育的改革实践探索出了一条新路径。而究其教育智慧的源头，反映在文字著述方面，正得见于此套《邹广严教育文集》。

《邹广严教育文集》辑录了邹广严自2005年10月至2025年3月的讲话、意见、专论、信函、书序、札记、随笔等247篇，累计约180万字，集中体现了邹校长对"锦城"办学治校、人才培养和教育改革的深刻思考，主要解答了"锦城"办学、教学、求学三方面的问题。

第一个问题：学校如何办学。如何在"千校一面"的办学模式中找到自己的生存空间，是邹校长首先思考并论述的问题。在2005年建校之初，当多数高校还在争办研究型、教学研究型、研究教学型等类型的大学时，邹校长首先提出"学校错位竞争，人才分类培养"的竞争策略，以"跳出教育看教育，跳出教育办教育"的视角，旗帜鲜明地办应用型大学，培养应用型人才。回望"锦城"的创校历程，从学校的主体、定位、宗旨、办学思想，到学校管理、发展，邹校长带领管理团队，创新并实施了独具特色的"锦城"办学之道，为诸多应用型高校的办学治校提供了学习、借鉴的范式。

第二个问题：教师如何教学。"锦城课堂大于天"这六个字是"锦城"师生共同恪守的第一准则，亦是邹校长对"教学质量生命线"的坚守。在邹校长教育理念的指引下，站稳"教学主战场"，推动教学内容、方法、评价等"三大教学改革"，营造"创新弥漫"的教学环境；创新"两课设计"理念，将教师定位从传统的"教书先生"提高到"教育工程师"的高度；创造"高阶教学"教育框架，实现从"教知识"向"教高阶思维和解决复杂问题的能力"的转变；实施"同频共振共鸣"理论，形成教育的最大合力；投入"情感劳动"，同时树立"教师权威"，让学生"亲其师，信其道，爱其校，乐其学"，建立"新型师生关系"等。这些教学理念的创新，让"锦城"形成了独树一帜的话语体系与教育名片。

第三个问题：学生如何求学。邹校长认为，对一所大学来说，人才培养是第一位的。如何实现学生求学的收益最大化？邹校长教导学生"做人第一，能力至上"，在全国高校中率先推行明德、知识、实践等"三大教育"，让学生成为"好人、能人、全人"；创新"深度学习"教育框架，要求学生"全身心投入学习"，指出"大学的任务不仅仅是教你思考什么，更重要的是教你如何思考"；提出"非认知能力与认知能力并重"，建立"非认知能力培育"框架，培养情商、智商、行商俱佳，适应时代所需的人才；创新教育学的"长板原理"，助力学生发现天赋、发挥特长，实现"长板更长、亮点更点"……诚如邹校长所言："教育的本质不是选拔，而是培养。"他孜孜不倦、身体力行，为党和国家培养了一批批优秀人才。

可以说，《邹广严教育文集》反映了锦城学院办学、教学、求学的学问和艺术，更反映了一位智者、学者、师者的真知灼见与良苦用心。他的文章既非空中楼阁式的理论空谈，亦非琐碎经验的简单堆砌，而是在理论与实践的交织中提炼出的真知灼见，字里行间饱含着对教育本质的叩问与对未来的殷切期待。它关乎如何坚守教育的初心，亦关乎怎样在教育变革中勇立潮头，更关乎每个个体如何通过教育获得尊严与成长。它诞生于特定时空，并永远指向未来。

　　在此，我们向邹广严校长致以崇高的敬意，也向所有为文集编纂倾注心血的同仁表示感谢。愿成都锦城学院成为"百年常青"的学府，也愿这套文集能够成为思想的火种，点亮更多教育者心中的光。

本书编辑部
2025年3月

编辑说明

本书主要依据邹广严校长的讲话、已发表文章及手稿整理而成，内容包括邹校长自成都锦城学院建校以来的讲话、意见、专论、信函、书序、札记、随笔等，这些文章有的曾公开发表过，有的系首次公开出版。

本书原分5卷，由成都锦城学院内部刊行（以下简称"内部版"）。此次正式出版，增补了2024—2025年的内容，并按照自然年度（部分学年往前后略有延伸）将各卷的内容进行了归并，共分6卷，具体为：第一卷（2005—2010），第二卷（2011—2013），第三卷（2014—2016），第四卷（2017—2019），第五卷（2020—2021），第六卷（2022—2025）。全书共计247篇文章，约180万字。

关于邹广严校长的称谓。2005年建校时习惯称"院长"，2010年后改称"校长"，也有两种称谓混用的情况，本书保留了这些习惯性的称谓，未作统一修改。

关于学校的名称。成都锦城学院前身为四川大学锦城学院，2021年经教育部批准，转设并更名为成都锦城学院，本书沿用不同时期的学校名称，未作调整。

关于学校教学单位的名称。2005年建校初期学校的教学单位均以"系"

命名，2010年起陆续更名为"学院"，其名称也历经多次调整，本书沿用各时期对应的学院/系部名称进行表述。同时，为便于读者理解，我们于编辑说明后附《成都锦城学院二级学院历史沿革表》，供读者参考。

关于本书中涉及的照片。我们尽最大可能注明了拍摄者和供图单位，但由于部分照片拍摄时间较早等原因，无法逐一核实，可能存在漏注、误注的情况，敬请谅解。

本书是在内部版的基础上重新编辑整理而成，在此对内部版各卷编辑团队严谨认真的工作表示衷心的感谢。关于邹广严校长的讲话稿，系根据邹校长讲话的录音整理加工而成，我们在编辑过程中对口语化的表述尽量不作修改，仅对讲话中涉及的引文等进行了核对。尽管如此，我们的文字整理工作仍难免存在错漏之处，敬请方家批评指正。

本书编辑部

2025年4月

成都锦城学院二级学院历史沿革表

单位名称	成立时间	曾用名	历史沿革
文学与传媒学院	2005年6月	文学与传播系 文学与传媒系	2005年6月，成立文学与传播系； 2007年3月23日，更名为文学与传媒系； 2016年11月7日，更为现名
艺术学院	2005年6月	艺术系	2005年6月，成立艺术系； 2016年11月7日，更为现名
计算机与软件学院	2005年6月	计算机科学与信息工程系 计算机科学与信息管理系 计算机科学与软件工程系	2005年6月，成立计算机科学与信息工程系； 2007年3月23日，更名为计算机科学与信息管理系； 2007年9月1日，更名为计算机科学与软件工程系； 2016年11月7日，更为现名
土木与环境工程学院 建筑学院	2005年6月	土木工程系 土木与建筑工程系	2005年6月，成立土木工程系； 2007年3月23日，更名为土木与建筑工程系； 2014年4月17日，土木与建筑工程系撤销，成立土木工程系、建筑工程与管理系； 2016年11月7日，更名为土木环境工程学院、建筑学院
工商管理学院	2005年6月	工商管理系	2005年6月，成立工商管理系； 2016年11月7日，更为现名
财务会计学院 金融学院	2005年6月	财会与金融系 财务与会计系 金融系	2005年6月，成立财会与金融系； 2010年7月7日，财会与金融系撤销，成立财务与会计系、金融系； 2016年11月7日，更名为财务会计学院、金融学院

续表

单位名称	成立时间	曾用名	历史沿革
通识教育学院	2006年10月	基础课部通识教育中心	2006年10月10日，成立基础课部、通识教育中心； 2016年11月7日，合并更为现名
外国语学院	2007年3月	外国语系	2007年3月23日，成立外国语系； 2016年11月7日，更为现名
电子信息学院	2007年3月	电子信息工程系	2007年3月23日，成立电子信息工程系； 2016年11月7日，更为现名
智能制造学院	2008年8月	机械工程系机械工程学院	2008年8月27日，成立机械工程系； 2016年11月7日，更名为机械工程学院； 2019年3月26日，更为现名
国际教育学院	2008年9月	国际交流中心	2008年9月16日，成立国际交流中心； 2016年11月7日，更为现名
人工智能学院	2018年12月	——	——
创新创业学院	2018年12月	——	——
劳动学院	2018年12月	——	——
马克思主义学院	2021年3月	——	——

目　录

2006年　凝练特色求共识

2007年　强化质量练内功

2008年　励精图治谋发展

2009年　百舸争流当勇进

2010年　继往开来话改革

附　录

2005年

筚路蓝缕创新业

这一年，"锦城"肇建；

这一年，"锦城"迎来首届2000多名新生；

这一年，"锦城"举办首届教师座谈会和学生会成立大会。

沐浴着灿烂的阳光前进吧

——在首届新生开学典礼上的讲话

（2005年10月8日）

今天我们在这里隆重举行四川大学锦城学院首届新生开学典礼，我谨代表学院董事会、学院领导班子和全体教职员工，对四川大学各位领导、学院投资方各董事单位的领导，以及各位来宾表示热烈的欢迎！对参与学院建设的各单位领导表示感谢！对各位同学以优异的成绩考入四川大学锦城学院表示衷心的祝贺！

今天，四川大学锦城学院2000多名新生和教职员工济济一堂，我的心情和大家一样，无比高兴和喜悦。新的学院、新的校园、新的起点，一切都是重新开始，可以勾画出最新最美的未来。正如《大学》里所讲，"苟日新，日日新，又日新"，"新"是这所大学的主要特点。因此，我想在这里向大家讲一讲四川大学锦城学院是一个什么样的学院，培养的是什么样的人才，并提出几点希望和师生们共勉。

一、学院的名称

我们学院的名称是"四川大学锦城学院"。这八个字缺一不可，密不可分。四川大学是教育部直属重点大学，它于 1896 年创立，已属百年老校。四川大学是国家布局在中西部的高水平研究型综合性大学，学科覆盖了文、理、工、医、经、管、法、史、哲、农、教、艺 12 个门类，可以说门类齐全。四川大学在校生将近 6 万人，教授、副教授 3298 人，院士、特聘院士 24 人，可以说人才济济、规模宏大，是中国最大的大学之一，教育资源非常丰富。四川大学锦城学院是刚刚诞生的新学院，是四川大学的战略延伸，是依托名校办名校的产物。四川大学锦城学院是在一个 109 岁的百年老校的基础上兴办的一所崭新学校，标志着底蕴深厚、潜力巨大。

二、学院的性质及其投资与管理体制

四川大学锦城学院是经教育部批准成立的独立学院。所谓独立学院，就是在中央教育体制改革方针的指引下，由普通本科高校按新机制、新模式整合社会力量即民间资本投资创办的本科层次的学院。独立学院是新形势下高等教育办学机制与模式的一项探索和创新，是更好更快拓展高等教育资源的一种有效途径，对今后我国高等教育的持续健康发展具有重大意义。

四川大学锦城学院的申办方是四川大学，投资方是四川锦城实业发展有限公司等股东单位。四川大学和各位股东对锦城学院的建设作出了重要贡献。学院实行董事会领导下的院长负责制，采用的是新的管理体制和办学模式。

三、学院的办学定位

四川大学锦城学院是一所综合性大学，目前设有6个系，涵盖了文、理、工、经、管、艺等多个学科。今年有19个专业招生，明年我们将进一步增加专业数量。

锦城学院举行首届新生开学典礼

四川大学锦城学院是一所应用型大学，其专业设置面向市场，教学内容坚持理论与实践相结合，坚持学校教育的实用性、可操作性，努力使学生在学校学会真刀真枪的实战本领，提升创新能力。学院目前以教学为主、研究为辅，一切活动都是为了培养高素质、经世致用的应用型人才。

四、学院的办学优势和特点

四川大学锦城学院是一个新生事物，它一诞生就有着强大的生命力，有着其他学校不可比拟的办学优势。

首先，品牌一流，师资雄厚。学院背靠四川大学这所全国名校，有着一流的教育品牌、雄厚的师资力量、丰富的教学经验。本学期给新生上课的教师中 70%以上是教授、副教授，而且都是川大最好的教师，这在其他学校是很难做到的。这保证了学院从一开始就进入了高起点、高水平、高质量发展阶段。

第二，体制新，机制新。学院的投资方是中外有名的一批大企业家，它们投资学院是为了支持教育、振兴教育。这些企业家的目的是给更多的孩子创造一个上学的机会，可以说眼光深远、道德高尚，他们是学院发展的坚强后盾和有力支柱，同时也为学院实行新体制、新机制创造了条件，为学院学生学习、实践、就业创造了极其有利的发展空间。

第三，资源、人脉广泛，社会各界支持。今天给学院赠送气球和花篮的企业就达 80 多个。我在这里要特别提到的是，交通银行四川省分行为学院的建设和同学们提供优质的金融服务，而且还将为品学兼优的学生提供奖学金，四川路桥集团也将在我院设立助学奖学金。我们欢迎更多热衷于社会公益事业的大企业、大公司来本院设立助学金或奖学金。我们的董事单位将为同学们提供实习基地和就业机会。学院的这些优势非常难得，我希望同学们要珍惜机会，把握机遇，在这里发奋读书，立志成才。

五、学院的办学方针和培养目标

四川大学锦城学院本着"三高一多"，即高水平、高素质、高就业、多出口的办学方针，大力推进知识、能力、素质并重的人才培养模式。

我们的目标是培养高素质、复合型、经世致用的人才。学生通过学习，要达到"三会两双"的目标。"三会"即毕业生要会动脑，会动口，会动手。"两双"即"双语交流"：学生要能够用普通话和一门外语与人交流；"双证培养"：学生要拿到毕业证和职业资格证书。学生在校期间要学会理财、创业、驾驶、外语、计算机等多种本领，所有管理类专业学生要加修一门其他专业课，所有非管理类学生要加修一门管理课，为将来的就业、创业创造良好条件。我们还要与一些大企业联合开办专业，实行订单式培养，充分体现我院"市场第一、就业第一、教学第一"的办学宗旨和理念。

"多出口"，就是除了就业之外，学院还鼓励学生到川大本部或其他大学读研，进而读博，同时，加强与国外名牌大学的联系，输送学生出国留学深造，等等。总之，千方百计使得本院学生经过四年的学习毕业之后，各展其能，各得其所。

六、学院的战略规划与发展远景

学院目前完成的仅仅是第一期建设工程，计划中的三期建设工程全部竣工后，学院的建筑面积将从现有的7万平方米扩大为50万平方米，学院将拥有完善的教学和体育设施，拥有一流的、美丽的校园环境，锦城学院将成为最适宜读书求学和教学科研之地。

"锦城"忠孝大楼（教学楼）

我们将根据国家需要和市场需求，面向社会和经济建设主战场，面向经济全球化的挑战，不断调整、充实和增加学科及专业设置。我们要进一步加强师资队伍建设，实行精干的专业队伍和优秀的兼职队伍相结合的方针，并采取措施，吸引国内外著名学者、教授来我院授课和举办讲座。

我们的办学规模是万人大学，我们的办学目标是依托名校办名校，力争在不太长的时间内把四川大学锦城学院办成西南第一、国内一流的著名的独立学院。

七、学院的教学管理

学院在教学中要突出开门办学，课程设置、教学安排、教师选择都要面向社会、面向世界；学院实行因材施教的教育方针，突出特色，我们的理念是数量不求最多，但求最优，规模不求最大，但求最好，要办出水平，力求创新；学院实行案例教学，模拟实践，使学生在学校里就初步具有职业素养；学校坚持师生互动，加强交流，将经常组织一些企业家、政府官员和专家学者与学生对话，让学生经风雨、见世面。

为了维护教学秩序，确保同学们有一个良好的学习环境，养成过硬的职业素质，学院对学生的管理坚持从难从严要求，实行半封闭式管理。星期一至星期五下午下课前不允许外出，周末回家者要及时返校，在校内一律不准抽烟、不准喝酒、不准打牌，形成严明的纪律、严肃的作风。

八、对同学们提几点希望

大学四年，是人生历程中非常重要的阶段。同学们来到大学学习，正是人生的一个重大转折。学院对你们负有传道、授业、解惑的神圣职责。因此，对同学们提出几点要求。

第一，要志存高远，充满信心。

我们是三批本科，多数同学是三本考分，似乎比别人矮了一截，这种想法是完全不必要的。事实上，如果统考的话，我省学生的分数线，比发达地区同批次的还要高。所以同学们的素质很好，是很优秀的。我们别的可以没有，但必须有一种充满自信的、勇于奋斗的精神。有了这种精神，我们就可以攻无不克、战无不胜，就可以抓住时机，规划人生，实现从高中到大学的学习方式、生活方式上的转变；就可以发挥后发优势，后来居上。

第二，要修养品德，学会做人。

有些同学认为到大学里来是为了学习知识的，是学习做事本领的。这样的认识并不错，但是是不完整的。我们修身立世，第一位的任务是学会做人，大学教育第一位的任务也是教会学生做人，并且贯彻始终。只有会做人，才能做成事。学院将教会学生做人，加强道德品质修养的教育，使你们学会待人处世之道，树立正确的世界观、人生观、价值观。学院将进行继承中华民族优良传统的教育和吸收世界其他民族优秀文明的教育，使你们做到讲诚信、讲礼仪、讲感恩，对国家、人民尽忠心，对父母、长辈尽孝心，对同学、同事尽爱心。这叫"三讲三心"，你们要以每日三省吾身的精神检讨自己的言行，踏踏实实做事，堂堂正正做人，力求止于至善，毕业之后成为一个道德高尚的人，一个有益于社会和人民的人。

第三，要勤奋攻读，学而不厌。

同学们进了大学，就像打开了知识宫殿的大门，但是否每个学生都能博学成才，那还要看个人的努力。你们正处在一个高度竞争的时代，在这个时代，要出人头地、脱颖而出，是没有捷径可走的，只有比别人十倍的刻苦、十倍的勤奋和努力才能达到。正如孟夫子所说："天将降大任于是人也，必先苦其心志，劳其筋骨，饿其体肤，空乏其身，行拂乱其所为，所以动心忍性，曾益其所不能。"要学习古人"头悬梁，锥刺股"的精神，教师要诲人不倦，学生要学而不厌。要争分夺秒地读书、读书、再读书，实践、

邹广严院长手稿

实践、再实践。靠读书增长知识，靠实践提高本领。要加大阅读量，有位留学生就说她在耶鲁大学一星期的阅读量相当于在北大一学期的阅读量。要勤学苦练、知难而进，努力攻克学习中的难点和重点。那些不畏艰苦在崎岖小路上不断前进的人，才能达到光辉的顶点。

第四，培养文明习惯，建设和谐校园。

中华民族是一个有五千年文明的民族，中国素来被称为礼仪之邦。我院培养的学生，自当是立于文明之林的佼佼者。所以在校期间，同学们就要从我做起，从小事做起，培养文明习惯，例如：

不随地吐痰，不乱扔杂物，不在公众场合高声喧哗；

要勤俭节约，不铺张浪费，反对骄、娇二气；

要讲究卫生，爱护环境，穿戴整洁；

要礼貌待人，会说话，会鞠躬，会让座，会道歉；

要热爱集体，爱护公物，热心公益事业；

要遵守交通规则，不闯红灯，不在非人行道横穿马路；

要见义勇为，助人为乐，勿以善小而不为，勿以恶小而为之；

要学会民主做事，平等待人。

同学们，这些小事做到了，这些习惯形成了，我们的校园就是一个和谐的校园，我们的同学就是一个文明的人，当我们走向社会的时候，就能更好地和国际文明接轨。

我们要继承四川大学的光荣传统，发扬四川大学的人文精神，把四川大学锦城学院越办越好。

老师们，同学们，今天是四川大学锦城学院的首次开学典礼，在座诸位都是学院的第一批教职员工和第一届学生，这第一批和第一届意义重大，因为我们是创业者，而创业者是异常艰辛的；因为我们是开拓者，而开拓者是非常伟大的。我们相信教育改变世界，学习创造未来。只要我们怀着为伟大祖国的和平崛起而学习的理想，将来我们必能为中华民族伟大复兴作出贡献。同学们，沐浴着灿烂的阳光前进吧！你们任重道远，前程似锦！

邹广严院长对锦城学院三位辅导员的谈话纪要[1]

（2005年10月21日）

时间： 2005年10月21日　星期五

地点： 院长办公室

人员： 院长邹广严，辅导员田甜、陈可、苏斌

院长邹广严谈话内容：

1.介绍了目前国内部分省份关于贫困生资助的情况，资助多集中在公办学校，民办学校几乎没有。其中，湖南省的贫困生每生每年最高可获得3000元，每生每月平均可得150元；福建省贫困生数量占全省学生总数的20%，都能得到月均100—150元的生均资助。我们应主动联系教育部，反映情况，使得民办高校的学生也能得到国家资助。

2.对住六人间的学生情况进行统计和摸底。

3.调研贫困学生的数量及思想情况。要引导贫困学生树立劳动光

---

[1]本文由苏斌记录、提供。从这份纪要中不仅可以看到邹广严院长对教育公平的追求，对贫困学生的关爱，还可以得出锦城学院劳动教育始于2005年的结论。

荣的思想，家庭和出身是不能选择的，要给学生强调不攀比，衣着干净、整洁就行，树立正确的风气。

4.开辟土地，建设农场，组建生产队，解决贫困生的吃饭和学习问题。让学生树立劳动意识，帮助贫困同学。对参与农场劳动的学生进行学分制管理。

5.空出校内部分工作岗位供学生勤工助学。

6.开展全校贫困学生情况再摸底工作。

以培养高素质人才为中心，
抓好教、学、管三个基本点

——在2005年教师座谈会上的讲话

（2005年11月13日）

今天请大家来开这个会，主要是办两件事，一是感谢大家为学院所做的努力，二是请大家谈谈一个月以来教学中遇到的问题和体会。

我们学院是一所新建院校，和其他老校不同。在校的学生是第一届，上无师兄师姐，无标杆可学，无榜样可仿，有它的特殊性。学校以培养高素质人才为中心，以教、学、管为三个基本点，大家要研究教、学、管如何进行。将来学生取得成功，即学校取得成功；反过来说也一样，学生不成功，即学校不成功。

我们希望把学院办成全国一流的独立学院，要实现这个目标，从一开始就要采取相应的措施，每一步都要反思，都要检讨，都要跟上。今天的主题是我们这样的新校、新生、新办学模式的情况下，学校的教风、学风、作风、校风如何建设？学校的秩序、氛围、习惯、传统如何形成？这些都是软件，但它比硬件如教室、设备等更重要。校风好了，传统好了，是长期起作用的因素。

我非常赞同这样一个观点，即：一本、二本、三本学生在智力上差别不大。四川的学生不是素质不好，而是学校不多。从一个多月来所反映出的我们学院的学生特点来看：一是活动能力强、活跃，现在已经有了32个社团，学生会招聘，有700多人报名，学生们的勇气、积极性、创造性可嘉；二是刻苦读书的精神不足，中国的大学往往是严进宽出，当前一个明显的问题是很多学生不上晚自习，在宿舍里上网、聊天。学院担心学生过分热衷于活动而忽视刻苦读书。要解决培养学生创造精神、活动能力与刻苦读书相结合的问题，解决学院秩序、学生管理、学习风气的问题。中国传统的理念是"严师出高徒"，有一副对联是"书山有路勤为径，学海无涯苦作舟"，杜甫也曾说"读书破万卷，下笔如有神"。在美国康奈尔大学读书，常常要"牺牲自己四年的睡眠"；北大的学生到耶鲁大学深造，也说"耶鲁一星期的阅读量要相当于北大一学期的阅读量"，都是说要从严要求，刻苦学习。教师要诲人不倦，学生要学而不厌。教育的基本要求就是刻苦，老师刻苦做学问，学生刻苦读书。

当年"抗大"[1]的校风是"团结、紧张、严肃、活泼"，岳麓书院的提法是"忠孝廉节，整齐严肃"。教师是学校的主导力量，有什么样的教师，就有什么样的学生。学院的"一个中心、三个基本点"将决定学院教风、学风、作风、校风的形成。我相信一句话：松松垮垮带不出好队伍，散散漫漫培养不出好学生。高校要讲求学术自由，但只有基础打牢了才有自由。所谓厚基础、宽口径、高素质，只有艰苦学习才能达到。

学校将采取一系列的措施，也希望老师们在三个方面配合：一是

---

[1] 抗大：即中国人民抗日军事政治大学，是抗日战争时期中国共产党创办的培养军事和政治干部的学校，其前身是中国人民抗日红军大学，1937年初改为此名。

要教会学生读书和学习，教学生在大学生活中尽快实现角色转变，尽快掌握大学的学习方法，这一点请所有老师都要讲；二是要给学生布置作业，可以以多种方式批改作业，并进行点评；三是要给学生推荐课外读物，要领导、引导、指导学生多读书、读好书。要把学生领着走、推着走、逼着走，使他们在大学里学到一种最大的本领，即学习力。学校以培养应用型人才为目标，要注意两方面结合的问题：让学生既要有很强的活动能力，又要有优良的学习成绩；既要刻苦读书，又不能成为书呆子。

最后，我再次强调，老师要严格要求学生，学生要刻苦学习，学院将为大家创造良好的教学秩序和条件。这是我院走向成功的三大要素，缺一不可。希望各位老师能够以培养高素质人才为中心，充分发挥主观能动性，搞好教学，努力工作，为学生的成长和学院的发展贡献力量！

当好桥梁，做好模范，守好信念

——在校学生会成立大会上的讲话

（2005年11月24日）

今天我们举办了四川大学锦城学院学生会的成立大会。你们制订了较为完善的工作计划，发表了热情洋溢的就职宣言，展现了为同学服务的工作态度，这些都很好。刚才上台亮相的同学精神风貌也很不错，很有朝气。我就是希望每个同学都能够有机会锻炼自己，毕业后才能够比较快地适应你的工作岗位。我们拿什么去和那些名校的同学比？就是靠我们的能力。我们的牌子没他们有名气，但是应聘面试的时候，老板问你有什么能力，你可以说我以前当过学生会的干部，做过什么样的事情。现在的中央政治局委员在读大学的时候多数都是学生干部，我们现在的国家主席胡锦涛同志以前在清华大学读书时就是学生干部。我本人在上学时也当过学生干部，所以当选的同学要珍惜这样的锻炼机会。

学生会的工作要与学校的工作紧密结合，不能够不管学校的安排光搞自己的活动。学生会搞的活动应该对学校、学生有益，比如勤工俭学。刚才我上楼的时候看见有个同学在扫地，我问他是不是在勤工俭学，他说是。我想，依靠自己的能力赚钱来解决自己的学费问题，这样很好嘛。劳动是光荣的，劳动者应当受到尊重。学生会以后要多组织同学们做这样的事情。在平时的生活中，要平等对待贫困的同学，不能歧视他们。我们学院的学生来自各个地方，都是一家人，要从学习上、生活上关心他们。另外就是要有务实的精神，要把工作落到实处。你们的计划做得很好，但是不落实就是一纸空文，所以你们学生会自身的建设要安排好，办事才有效率。在这里，我还想提一点，刚才你们的计划书上也提到了，我觉得很赞同，就是要树立爱校意识。我知道现在有些同学在抱怨学校的硬件设施不够完善，地理位置离城中心远了一点，管理又非常严格。但你们是我们锦城学院的第一届学生，是首批，锦城学院的前程要靠你们来创造。你们带个好头，以后进来的学弟学妹们都要向你们看齐。将来你们毕业了，出去工作了，如果在公司里面成天抱怨公司不好，老板肯定不高兴，最后肯定会让你另谋高就。但是如果你把公司不好的地方告诉老板，并建议这些地方应该怎样改进，老板就会认为你有主人翁精神，就会放心地把事情交给你去做。

在这里，我对学生会提出几点要求。

首先，学生会要起到"桥梁作用"。这个桥梁，是连接学校和学生之间的桥梁，要及时反映同学们身边的问题，也要协助学校落实好相关的政策。现在都在说以人为本，什么叫以人为本？在学校就是以学生为本。学生是我们学校的主体，教学和其他所有的工作都要围绕学生来展开，你们学生会就要起到这样一个桥梁作用。

其次，学生会要做到"五个模范"。

第一，要做学习的模范。学校是学习的地方，不能光搞活动而忽略学习。你社会活动能力强，但是学习成绩不好，这就有缺陷。我以前有个同学，是班上的团支书，他活动能力很强，精力都去搞社会活动去了，所以学习差，每次考试及格就算好的了。后来我们考上大学了，他没考上，就回乡了，现在在搞乡镇企业。我那个同学的活动能力是很强的，如果他能够读大学，他的前途应该更好。所以你们要抓住大好时光，发奋读书，刻苦学习，做优等生、尖子生，做出榜样。

锦城学院学生会选举大会

第二，要做工作的模范。无论你在什么样的岗位，都要做好你的本职工作，如果连自己该做的事情都做不好，以后工作了，老板就不会让你做更多的事情。日本东京帝国酒店有个女员工，在酒店里面负责打扫厕所卫生，刷马桶，她觉得这是很没面子的事情，所以做得很懒散。后来一个前辈告诉她，刷马桶有若干道严格的工序，完工之后马桶里的水应该是非常干净的。后来那个女工就非常勤奋地工作，改变了自己的人生。

第三，要做团结的模范。在学校里面，大家来自五湖四海，不论家庭富裕也好，贫困也好，不论从哪里来的，都要一样地对待、一样地团结。贫困不是一件坏事，当然，富裕也不是一件坏事。穷人的孩子早当家，对于他们，我们要给予更多的关心和帮助，你们学生会的同学，要学会帮助弱势群体，要在这方面起到带头作用。你们更要团结所有的同学，学生会一定要发挥凝聚"锦城"学子的重要作用。

第四，要争做主体性、建设性公民的模范。什么是主体性？就是要把自己当成学校的主人，要树立爱校意识，要维护学校的荣誉。锦城学院的辉煌是我们共同努力来创造的，锦城学院的声誉要伴随你的一生。我听到过这样的事，我们国家的考察团到日本去，看到路边停了辆丰田车，玻璃上面被弄脏了，一个过路人走过去用手帕把玻璃擦得干干净净的，然后把手帕放进自己的兜里走了。考察团就问身边的日本友人，友人说那个人一定是丰田公司的员工，他不希望看到自己公司生产出来的车子被弄脏，希望它们都能光光亮亮地奔驰在路上，那样更多人看了后才会来购买丰田车。以后大家看到我们锦城学院的校车脏了，会不会也去擦一下呢？所以，我们的同学也要爱惜锦城学院。前些天有两位女同学就做得很好，她们看到二楼的图书馆还未开放，不是埋怨、发牢骚，而是主动询问有没有可以帮忙的地方，这样很好嘛，有为学校作贡献的意识，值得表扬，希望同学们向她们学习，融入学校这个大家庭里去。大学是锻炼一个人综合能力的地方，我希望我们锦城学院培养出来的都是高素质的复合型人才。我们锦城学院的师资力量是非常好的，70%以上的老师都是川大的教授或副教授，这在别的学校是做不到的。所以各位同学要珍惜这样的机会，努力地锻炼自己。所谓建设性，就是说话做事要正面，要补台，要为学校的建设出谋划策，而不是到处发怨言说坏话。每个机构肯定都有它的缺点和不足，有意见可以提出来，但要有建设性，不要有破坏性。

第五，要做好为公众服务的模范。你们是为同学们服务的，不是当官的，你们要兑现自己的承诺，多做实事，不能空谈。要有清正、廉洁的作风，培养想办事、会办事、能办成事的能力，这样才能让同学信服。你们都是严格选拔出来的，我相信你们能够做到、做好。

最后，还要坚持一个信念：无论做什么事，都要做到最好。要拿这句话来激励自己努力学习和工作。锦城学院能否办得好，关键还是我们的同学毕业之后是不是都能在各个岗位上成为社会的精英，成为对社会有用的人才。

希望大家做好"一个桥梁、五个模范"，坚持"一个信念"，争取在我们的共同努力下，早日把锦城学院建设成全国一流的独立学院。

创新和创业教育利在当代，功在千秋；
利在自己，功在国家

——《创业战略管理》序

（2005年12月）

1999年，在斯图加特召开的欧洲大会上，明确提出了教育要向学生提供创业的机会和知识。会议的主题是"企业家独立性——欧洲教育的一个目标"，强调教育要有企业家的战略思维，不仅要向学生提供他们步入社会时最需要的知识和技能，更要培养他们适应社会的观念和意志。

21世纪的今天，人类步入了科技创新的知识经济时代，世界经济的竞争，其实质是知识的竞争，是人才的竞争，是民族创新能力的竞争。新世纪需要既具备广博理论知识和技能，又具备创新、创业和经营能力的"双创型"高素质人才，以适应生产力高速发展的需求。对于一个国家来说，综合国力的提高依赖于科技进步，科技创新能力是一个国家在国际竞争和全球地位中保持领先的重要因素。江泽民同志曾多次强调："创新是一个民族进步的灵魂，是一个国家兴旺发达的不竭动力。没有科技创新，总是步人后尘，经济就只能永远受制于人，更不可能缩短差距。"因此，我们可以说：创新，是时代的精神，是民族进步的灵魂！

近几年经济发展较快的发展中国家，如中国、俄罗斯、印度等，创业活动都十分活跃。特别是中、俄等国家，实现了由国家创业到个人创业的转变，极大地调动了人民群众创业的积极性。在我国，经济发展最快的地区像北京的中关村、上海的浦东、浙江的温州、广东的珠三角等，都是创业活动发展最快的地方。这充分说明，创业活动是一个国家或地区经济发展的主要推动力，创新和创业是经济活力的源泉和发展的灵魂。

在这个竞争激烈的时代，高校所扮演的角色，无疑应该成为创业者的"熔炉"，积极响应时代号召。而创业教育就是最响亮的回应。创业是一个发现和捕捉机会并由此创造出新的组织，由它提供新颖的产品或服务以实现其潜在价值的过程。它包括新创企业同时新创业务，也包括现有企业内部新创业务。创业的目的是获得相应的回报，因此就必须承担相应的风险，包括财务的、精神的和社会的风险。创业要成功就要防范和规避风险，而这需要知识和技能，包括创业机会的选择、创业方案的策划、创业市场的把握和细分、创业管理的设计实施、融资和法律等有关知识。要获得这些知识和技能，其途径有二：一是通过教育和培训，即由学校开设创业课程，让学生学而知之；二是在学生毕业后所从事的工作中学习和积累，包括从书籍、杂志、讲座，以及对别人创业的观察和对自身经验的总结等方面获得。一个人如果缺乏创业知识和技能，学术和职业方面的能力就难以发挥，甚至被埋没。创业不是单凭匹夫之勇、心血来潮就能成功的，而是需要有完备的创业知识和技能做基础。现阶段创业者最缺乏也最需要的就是系统的创业教育。

有学者将创业教育界定为企业家精神的教育，并且指出："我们提倡的'创业教育'，不仅仅是为了培养创业人才，更希望学生学会如何主动地获取新知、创造新知，并通过有效地配置自身的各种资源，将知识转化成现实的个人和社会价值，最终实现知识的最大效用。"创业教育要做好以下三个方面。

首先是对学生创业意识的培养。学生转变就业观念要做到"三破三立"，即破等待安置的旧观念，立自主创业的新观念；破一业而终的旧观念，立随机应变的新观念；破安于现状的旧观念，立开拓进取的新观念。创业意识的培养，要使得学生明白创业是实现远大理想、创造辉煌人生的一种途径，是社会进步和发展的需要。

其次是创业品质的熏陶。在创业的过程中，必然会遇到许多困难和挫折。创业者要具有艰苦奋斗、自强不息、敬业爱岗的精神，要有与别人合作的能力和团队意识，要有强烈的使命感和事业心。经过创业教育，才能树立信心，使得他们不畏困难、积极进取，勇敢地面对各种竞争和挑战，以平和的心态坚忍不拔地去努力奋斗，创造人生的辉煌。

最后是创业能力的训练。创业能力一般来说包括两个方面：第一是基本知识技能和与人交往沟通的能力，第二是创新能力和自我发展能力。大学生在校一般接受到的是基本知识和技能的训练，这种间接经验的接受是很被动而且没有机会实践验证的。如果想要具有创业能力，就必须主动地不断接受新知识，根据实践的需要不断更新知识，善于学习，敢于创造，自强不息。创业能力的训练，也是创业教育的关键所在。

比较遗憾的是，目前我国高等教育中的创业教育还很薄弱，与美国和欧洲等发达国家和地区相比，差距甚大，还处在刚刚起步的阶段。在这种大趋势下，四川省工商管理学院、四川大学管理学院为适应西部大开发的需要，自 1999 年以来，把培养成千上万未来企业家作为目标，把创业教育作为重点，开设创业课程并推行 TOPMBA 的教学模式，将 MBA 教育与创业实现有效搭接。通过自愿组成创业团队，虚拟设置各种管理职务，提出并设计出创业方案，这些方案通过教师指导和专家评估成为评价学生的重要依据。通过创业项目教育着重培训学生的创业、创新意识，倡导团队合作精神，通过项目的全过程设计、运作，全方位锻炼学生的管理技能，培育良好的管理思想，提高学生创业的能力，激发他们创业的积极性，这些做法得到学生高度认同。截至 2004 年，四川省工商管理学院历届毕业生策划设计的创业项目已达数百项，并有三分之一已经实施，收到了良好效果，为培养一批创业企业家探索了道路，为发展西部经济作出了贡献，应该说是一个成功之举。

创业教育的实施是一项庞大的系统工程，需要教育行政部门、高校、社会各界及大学生自身的通力协作，但是作为一项新世纪的人才培养工作，直接培养高级人才的高校在这项工作中必然要担任主角。当前最需要做的就是尽快在高校大学生中普及创业教育，开设创业教育系列课程，这将是一项于学生、于高校、于社会都有利的事业。

通过几年的教学实践，我们深刻认识到，创业教育是管理教育的一个崭新的领域，也是高校教育的一个新的增长点，尤其是在现阶段中国和平崛起的年代，创业教育者大有可为。为了适应社会需要，我们组织了一批有经验的专家、教授编写了这套丛书，一是对近几年我校创业教育经验进行总结，二是想通过这套丛书建立一个和全国高等院校、培训机构和立志创业教育与创业的社会各界人士交流的平台。

我相信这套丛书的出版和应用，必将促进高校创业教育内容、方法和目标的改善，必将促进全社会创业活动的活跃，必将促进千千万万创业者的成长和成功，必将为我国经济持久发展增添新的活力！

创新和创业教育利在当代，功在千秋；利在自己，功在国家。我们期待并深信，创新与创业教育一定能够撑起高校教育的一片蓝天！

四川大学锦城学院的十大特点

——在2005—2006学年第一学期期末教职工大会上的讲话

（2006年1月17日）

四川大学锦城学院是一张白纸，我们画了一张图画。画了一张什么图画呢？就是我们学院通过一学期的实践，已经初步形成了或正在形成我们自己的特点，特点多了就是特色。干什么都要有自己的特色，平平淡淡是没有出路的。独立学院要有自己的特色，研究型大学也要有自己的特色。特色既是教职员工通过实践逐步形成的，也是领导集体思考规划和创造的。现在，我们有什么特点呢？我考虑了一下，讲讲我们初步形成的十大特点。

第一，学院定位于应用型大学。这个定位是准确的、科学的、符合社会需要的。我们把学校定位为一所以教学为主、培养应用型人才为主的学校，这是根据国际国内的形势、社会的需要建立起来和确定下来的。现在很多学校都把自己定位于研究型，或者研究教学型、教学研究型，总之，放不下"研究"这个光环。如果我们也定位于研究型，我们能和川大比吗？能和电子科大比吗？能和北大、清华比吗？能和天大、南开比吗？那就是拿自己的劣势去比人家的优势，我们在这个方向上没有发展空间，我们要争一流是不可能的！但是，在培养应用型人才上，我们是和谁比？我们是和综合院校的本科教育比。我们当然有空间，因为他们的主要精力放在研究生教育上，而我们的重点放在本科教育上，我们的本科生以就业为主，这就有很大的空间。所以当中国著名高等学校都要创世界一流研究型大学的时候，我们没有那个野心，我们把学院定位为应用型大学，这就找到了我们发展的空间。如果要和高职院校比，我们的空间就更大，因为他们培养的不是本科，是专科技能型人才。今天的《参考消息》上说，中国大学生就业率只有60%，职业学院学生就业率就比较高，这是为什么呢？因为我们很多大学都不是以培养应用型人才为主。报纸上说有的大学生毕业后找不到工作，回到技术学校回炉，然后再出去找工作，这当然是个别情况，但是总体上说明社会对应用型人才还是有很大需求的。我们确立了这样一个位置，就抓住了社会的第一需要，所以这个定位是我们的特点。就是说，从学科设置上来说我们是综合型的，科研和教学的关系上我们是以教学为主的，在研究型人才和应用型人才的培养目标上我们是应用型的，培养经世致用的人才。当然不是说应用型

"邹爷爷"与学生一同种植树木

大学不要科研，应用型大学也要有科研，要把科研与创新、创业、创造结合起来。

第二，我们确定了"三会两双"的培养目标。我在开学典礼上的讲话，绝不是信口随意之说，而是对我们学院做了认真的全盘分析之后的开篇宣言。"三会两双"把应用型这个培养目标具体化了。"三会"就是"会动脑、会动手、会动口"，"两双"就是"双语交流、双证培养"。双证培养是我们的基本方针，比如，会计专业学生毕业时要有初级会计师证，土木工程系毕业生要取得施工员资格证，等等。总之，要取得从业资格，这是非常必要的。不会说中国话，不会说外语，怎么交流？能够双语交流是很大的本事，现在我们的英语水平还差得远啊，这需要我们加班加点向前赶。不要怕，这不可怕，我们会赶上的，但这不是一朝一夕的事。学生将来毕业了，到一个单位去应聘，普通话说得好，英语流利，招聘单位肯定会很高兴。所以，我们确立的"三会两双"培养目标，我看也是我们的特点。

第三，半封闭与自主管理相结合的管理模式。宏观上说，我们是半封闭式管理；微观上说，是自主管理的模式。院墙要管住，院内要自由。院内大家有充分的自由，自主管理自己的学习、自己的生活、自己的课外活动。院墙为什么要管住？这是考虑到学校所处的高新西区目前的社会秩序和治安状况，保证同学们的安全，同时也要防止我们的学生像有些学校的学生那样一放学就到外面去吃麻辣烫、唱KTV，这样会荒废学业。所以，我们是宏观上管住，微观上放活。微观上自主管理，大学生也应该是自主管理。

第四，在校内实行"三不准"的严格要求。即不准喝酒、不准抽烟、不准打牌。历史证明，一所学校没有严格的要求和严格的管理是不行的，严师出高徒嘛！龙泉国家经济技术开发区有一年邀请海尔的老总张瑞敏考察，张瑞敏想在西南地区布点建厂。结果，我把张瑞敏请来后，他去龙泉一看，桃花树下大家都在打麻将，他说四川人怎么不上班都在打麻将呢？再加上吃饭吃得也不怎么好，弄得他很不舒服，所以他说算了吧，这个地方不行，员工都打麻将，食堂也不行。所以我们要实行"三不准"。喝酒肯定不行，酒醉乱性嘛！我们学校内不准任何单位卖酒，包括啤酒。啤酒喝多了照样闹事，照样摔瓶子。抽烟有害健康，是不良习惯，而且还要花钱，当然不准。学校里不准卖烟卖酒，很多学校做不到，而我们做到了这一条。还有人在电脑上打牌，这也是不允许的。为什么不能打牌？打牌是一个消磨时间的游戏，学生时期正是一寸光阴一寸金的时候，应该严格要求自己。

第五，"一个中心、三个基本点"的基本路线。"一个中心"，就是以培养高素质人才为中心，这个要十分明确，不能含糊；"三个基本点"，就是"教、学、管"。老师是教，学生是学，行政管理人员的就是管。管理也是一个基本点，这就把三个重点突出了。我们整顿校风，什么叫校风？管理人员的作风，教师的教风，学生学习的学风，作风、教风、学风加起来就是校风，这三个基本点都是有对象的。

第六，既重视知识文化传承，又重视活动能力培养的复合型教育。我们过去重视读书，重视知识传授，这当然很重要，因为没有知识的创造和传授就不叫学校，但我们更强调社会活动能力的培养。现在学校有几十个社团组织，还有共青团、学生会，这里面有很多积极分子、学生领袖，他们利用这个平台锻炼他们的领导能力，我看很好。我们要保护他们的积极性，要加强对他们的领导、指导和引导，使他们健康成长。

第七，与国内外企业、学校紧密联合、密切合作的开门办学的方针。我们的特色是开门办学、合作办学，使学生在学校里就能接触企业、接触社会，以开阔他们的眼界，增强他们对社会的适应能力和生存能力，为将来的创业和就业打下基础。现在我们已经与四川路桥集团、四川航空公司、交通银行、海南蜈支洲岛度假中心、攀钢集团、华西集团、蓝光集团、IBM、联想集团等签订或即将签订合作办学协议，聘请他们的高管人员来院举办讲座交流，我院学生到他们那里实习，形成一个教学—实践的联合体。例如华西集团、路桥集团，他们是四川省最大的两个建筑工程公司，每年新进大学生几百人，我们和他们联办土木与建筑工程专业，不但工程类专业有了出路，而且管理类专业如会计、管理也都带动起来了。我们还正在加紧联系与国外大学的合作，就是说一开始就是开门办学、开放办学。

第八，青年专职骨干教师、终身教授、兼职教师三结合的师资队伍建设。我们的特点，是由三方面人员组成师资队伍。青年专职骨干教师是我们培养的重点，也是我院教学工作的基础，没有这个基础，一下课老师都走光了，这怎么行？我们还聘请了一部分德高望重、学识渊博的教授、副教授为终身教授，他们是我院的学科带头人，是我院学术水平的一面旗帜。他们全职在校工作，这是我院的实力所在。至于兼职教师，主要依托四川大学等正在教学第一线的优秀教师和业界精英。这样，我们师资队伍的建设就实行了三结合的方针。

第九，以转专业和辅修专业为特征的动态专业选择应对市场挑战。这也是我们的一个特点。我们为什么要形成这样的特点？就是要应对市场挑战，就是要解决市场经济下就业第一的问题，就是尊重学生的兴趣、爱好和特长。所以我们同意学生在经过一学期的学习以后，选择转入他认为满意的专业，这对他们将来就业会有帮助。同时我们提倡辅修第二专业，学工科的要兼学管理，学管理的要兼学工程，多一个本领嘛！将来学生毕业出去才会受到用人单位的欢迎。

第十，以学生为主、以教师学术背景和学校组织听课考评等共同组成的教学评价体系。对教师讲课的评价体系、评价办法，我们要建立起来。我们初步确定的评价标准是：用户评价第一，即学生评估占70%，学院组织教务、督导组听课评估占20%，教师职称占10%。你是教授、副教授，这当然很重要，但只占10%。总的来说，我们是重在过程、重在效果、重在用户。这个评价办法同样也适用于辅导员，辅导员是教学人员的一部分，也是管理人员的一部分，是双重身份，所以对辅导员也要进行用户评价。如果你带的队伍不行，你带的队伍大家都不满意，这是不行的。

这十个方面，是我院正在形成的特点，鲜明的特点多了就会形成特色。特色这东西，既要靠时间的积累，也要靠规划设计、实践和创造。我们要发扬自主创新的精神，多创造一些我们独家拥有的特色！

2006年
凝练特色求共识

这一年，提炼十大特点；

这一年，进一步明确走高素质教育、有特色办学的民办学校之路；

这一年，加强师资队伍建设，提出要造就"锦城"的光荣之师。

发挥优势，突出特色，狠抓落实，
走高素质教育、有特色办学的民办学校之路

——在传达2006年两会精神暨全院职工大会上的讲话

（2006年3月23日）

　　最近结束的十届全国人大四次会议批准了《中华人民共和国国民经济和社会发展第十一个五年规划纲要》以及温家宝同志所作的政府工作报告。教育是其中的一个重点，国家很重视，并提出"支持民办教育发展，形成公办教育与民办教育共同发展的办学格局"的方针，要求高等学校"要创新教育教学模式和方法，着力提高教育质量，培育并发挥学校的优势和特色"。我们要以此指导我们的办学。我们要贯彻胡锦涛同志所讲的三句话：坚持以科学发展观统领经济社会发展全局，构建社会主义和谐社会，建设创新型国家。胡锦涛同志提出的"八荣八耻"要立即在教室、食堂和宿舍张贴出来，所有的部门和班级都要组织学习和讨论。

　　本学期开学以来，我们的各项工作已经走向正轨，开局良好。今年我们还面临一项重要任务，就是要把学院的办学方针、办学理念以及校园建设落到实处。如果说去年学院是仓促上马，今年我们要以发挥优势、突出特色为指导思想，一步一个脚印把各项工作做实做好。

一、发挥学院的优势

学院优势是客观存在的，需要发挥出来。我们学院有两大优势，一是四川大学百年老校丰富的教育资源；二是16家股东企业都是大企业，学院与企业之间存在天然的紧密的联系。

我们要请四川大学最好的老师到锦城学院来授课。目前四川大学在锦城学院授课的教师70%以上都有教授或副教授职称，这样强的师资力量在高校里是不多见的。网上也有学院的学生议论师资情况，一位同学说锦城学院学费贵，另一位同学说学费虽然贵，但是学院教育质量高，教师都是一流的，本专业教材是由川大授课老师编写的，水平还用说吗？

企业的优势还有待进一步发挥。现在已有部分企业要在学院设立助学金，参与人才培养，还要进行联合办学。学院已与联想、微软、IBM等大公司有合作项目，开了一个好头。

二、突出学院的特色

我们除了发挥优势，还一定要突出学院的特色。有同志也许有疑问，锦城学院开办一年就能有特色？学院特色既靠时间积累，同时也靠自己创造。我们就是要创造"锦城特色"。沿着老路走，不会有出路，跟在清华、北大以及川大后面走，不会有出路。创造特色就是要找到自己生存、发展的空间。特色要靠"设计师"来设计，靠"工程师"来创造。关于确立我院的办学理念、办学方针和培养目标，汇集了大家的智慧，已经初步形成了一个完整体系。我们的目标是要将锦城学院建设成为西部第一、全国一流的独立学院。我们要根据自己的情况来设计、创造自己的特色，要用一流的工作来保证一流目标的实现。

党中央、国务院做出了建设创新型国家的决策。我们锦城学院要建设创新型学院。学校是独立思考、自主创新的实体，每个人都要思考自己在岗位上有何创新。

例如，对于后勤工作，很多学校不是包揽，就是社会化。锦城学院对后勤工作既不包揽，也不完全社会化，实行的是自身服务和社会服务相结合的办法。

再比如对于学生培养，我们要培养素质高、能力强、就业好的学生。要想就业好，不能等到四年级实习时才去培养素质和能力，从现在起就要训练我们的学生要么在创业上有特长，要么在就业上有特长；要使学生从现在起就经常与企业和社会接触。知识和能力有联系，但二者并不等同。打破按部就班培养学生的步骤，提前培养学生的实践能力，这也是一种创新，一种特色。

总之要围绕我们的优势和特色来开展工作。学院每一个岗位都要用创造性的、优质性的工作来保证建设一流独立学院这一目标的实现。

三、狠抓各项工作的落实

在我们学院，要提倡严格管理、兢兢业业、废寝忘食、以一当十的精神，挖掘潜能，提高效率，努力工作。每位教职员工还要加强学习，尤其要学教育学、心理学，无论是在假期还是学期中都要多读书，读好书。每位教职员工都要有不断学习、创新和创造性开展工作的能力。

学校要以学生为中心，教师是关键。学校的产品和用户都是学生。学生是服务对象，全体员工一定要树立服务意识，教学是服务，后勤也是服务。宿舍管理要做到整洁、有序、安全；食堂要做到价廉物美，不赚巨额利润。每一个细节体现出的都是学校的整体管理水平。

归根到底，办学的落脚点是培养学生成才。在我们学校，专业课要体现我们的培养目标，政治课也要围绕培养目标来进行，课程设计要有独特的、特色的方面。要落实怎样做人的教育，学校不仅仅是学习知识的地方，首先要学会做人，其次学会做事。要把自然科学与人文社会科学相结合，开设的课程应该有中华民族优秀传统教育、诚信教育、礼仪教育等，具体形式上可以采取上课形式，也可以采取开设讲座的形式。我们提倡学生学习要好，活动能力要强，在课程设计上还要注意跨学科的结合，培养复合型人才。

四、形成灵活的运行机制

学院要形成新型的灵活的运行机制。在人员配置上，不搞一事一岗，提倡一专多能。一个部门可能会官多兵少，但我们会打破官僚机构一层指挥一层、人员多、效率低的弊病，形成科长就是办事员、部长就是办事员的格局。例如一个系，配一个系主任，配几个干事，高效精干，系主任需要既动口，也动手。这种全员办事、高效精干的体制也是一种创新和特点。

五、走高素质教育、有特色办学的民办学校之路

锦城学院是民办大学，处于发展之中，我们要走的路是摒弃部分民办学校通病的路。很大一部分民办学校的一个通病是，由于处于初创阶段，因此依靠低分数线录取、低成本培养和扩大规模谋取效益。

锦城学院要走高素质教育、有特色的办学之路。我很赞赏上海财经大学经济学院院长田国强的文章《关于改善学风、教风的建议》，他的许多观点与我们可以说是英雄所见略同。包括对当前国内高校学风、教风的认识，以及在课程建设、教材使用、考核方式、评教方式等方面提出的一些建议，都是富有特色的办学思路。这篇文章将以活页文选的形式下发给教职员工学习。

我相信由于民办学校的机制优势，将来一定会出现类似哈佛大学、斯坦福大学的名校。当然不会一蹴而就，而是要靠长期的、艰苦的努力才行。但是要从现在开始行动，从脚下开始做起。"一万年太久，只争朝夕。"

总之，国家提出高等教育要把特色和质量放在第一位，这也是锦城学院的办学指导思想。

关于编制教学计划的指示

（2006年4月4日）

教学工作是学院的中心工作，教学质量是学院的生命线。优质的教学质量需要靠优质的教学工作来保证，优质的教学工作首先需要一整套合理且优质的教学计划来促成。教学计划是学校组织教学过程、安排教学任务、确定教学编制的基本依据，是把人物（教师和学生）、课程、时间、地点诸要素科学安排和组合的结果。它决定着教学内容总的方向和总的结构，是开展教学活动、保证教学质量、实现办学目标的重要指导。人才培养是以教学计划的实施为主线来完成的，编制教学计划的原则决定了我们培养什么样的人、怎样培养人和能培养出什么样的人。因此，我们必须高度重视教学计划的制订和实施，要有原则、有依据、有目标、有重点。制订教学计划应当注意以下五个方面的原则。

第一，要切实明确学校定位。

从学校类型上来看，我院属于综合性大学。文、理、工、经、管、艺多学科并存，有利于学科交叉。从教育功能上来看，我院在科研和教学两个方面，以教学为主。从培养目标上来看，我院属于培养应用型人才的高校，而不是培养理论型、科研型人才或技术工人等蓝领人才的高校。我们要通过教学计划的制订和实施来实现学院的办学定位和人才培养定位，使学校的教学、教育活动，生产劳动和课外、校外活动等各方面的安排都能够全面贯彻学院的办学思想和人才培养理念。

第二，要特别注意两个区别。

锦城学院定位于应用型大学，所以，我们在制订教学计划时应当注意两个区别：一是要区别于研究型大学，要强化学生的实习实践和实训，着力于学生的技术和能力培养，使学生具备纵向提升的专业技能和通过实践运用知识的能力；二是要区别于高职学院，要培养学生具有深厚的基础和底蕴，加强通识教育，提高学生综合素质，使学生具备横向迁移的适应能力和可持续发展的潜力。这两个区别的实质就是使不同性质的高校实现"学校错位竞争、人才分类培养"。

第三，要充分考虑三个环节。

教育思想、教学计划（课程体系）、培养目标是人才培养的三个基本环节。教学计划要体现学院的教育思想和理念，要保证学院人才培养目标的实现，课程体系是体现教学计划的具体安排。为了体现我院的定位和办学特色，我们必须根据国家经济建设和社会发展需要，主动地调整学科专业结构和课程设置，就是要在保证教育部要求的底线和四川大学授予学位的底线的基础上，压缩一些内容过时或关联性不强的课程，增加一些适合我院办学特色的课程。

第四，要明确做到四个突出。

在保证上述两个底线的基础上，各有关部、系、教研室要充分利用时间和空间，发挥自主创新的精神，做到"四个突出"，体现学院的办学特色。

一是突出重点。对学校来说，要突出重点学科和重点专业；对专业来说，要突出重点课程，要给够课时或学分。特别要加强重点专业课和专业方向课的学习，加强重点基础课的学习。还可以采取缩小编班、增加交流等多种办法来突出重点。

二是突出难点。基础课程的难点主要集中在外语和数学两门课程上，特别是外语，专业课程的难点主要集中在学生的实践能力培养上。当然，不同的系和专业有不同的难点。我们必须下功夫在这些难点上予以突破。

三是突出特点。实行就业教育与创业教育相结合、理论知识传授和实验实践教学相结合，是我院教育的特点。教学计划的编制要充分安排好教室教学（第一课堂）、实验室教学（第二课堂）和实践基地教学（第三课堂），在充分保证专业理论学习的基础上加大实验和实践教学的比重，保证学生有足够的实习、实训、实践的时间和机会。还要重点推进实验室建设工作，抓好与对口企业联合办学。

国旗护卫队英姿勃发

四是突出特长。要充分考虑、大力支持学生的特长发展，扩大学生选择课程体系和辅修专业的自由度，逐步扩大学生选修课的比重，让学生的兴趣、爱好和特长得到合理的发展。

第五，要构筑"一体两翼"的教学格局。

"一体"即我院教学计划的主体是自然科学和人文科学相结合的知识教育，着力提高学生的知识和能力；"两翼"即艺术和体育。艺术和体育是培养一个合格公民最重要的两极，艺术（音乐、美术等）陶冶情操，使人精致文雅；体育锻炼体魄，使人坚忍不拔。维持艺术和体育在教育上的平衡，培养出来的学生才会文雅而不懦弱、健壮而不粗野。通过"一体两翼"的教学格局，使学生具备严谨踏实的逻辑思维和富有想象力的形象思维，提升综合素质及创造能力，并帮助他们将来立足社会，树立开拓进取的精神，提高延伸学习的能力，真正成为高素质、复合型、经世致用的人才。

希望各专业的教学计划，包括课程设置、课程安排、教学方式、教学方法都要按照上述原则认真设计。针对高等教育扩招以后出现的学校定位不清、人才培养目标雷同、课程设计和教材使用不合理以及就业难等问题，我院要力争率先突破，实现我们的办学目标和教学理念。

投身"锦城"的教育大业，
造就"锦城"的光荣之师

——在2006年教师受聘仪式上的讲话

（2006年4月6日）

老师们，欢迎你们选择"锦城"！你们的到来是锦城学院的光荣，当然也是在座诸位的光荣。你们的加盟壮大了"锦城"的师资队伍，强化了"锦城"的教学实力。我谨代表校方向你们表示热忱的欢迎！

毛泽东主席在延安的时候说："我们都是来自五湖四海，为了一个共同的革命目标，走到一起来了。"我们为什么走到"锦城"来了？也是为一个共同的目标，这个目标就是投身"锦城"的教育大业，努力把"锦城"办成一流的应用型大学。我们是新办的大学，校龄不长，但我们依托四川大学和十六家中外企业股东，再加上有一批献身于教育事业的有识之士和青年才俊，已经提出了一套独特的办学思想、宗旨和理念，探索应用型人才培养模式和应用型大学的办学之路，正在形成自己的特色。我相信，在包括你们在内的全校师生的努力之下，我们一定会在不太长的时间内把锦城学院办成西部第一、全国一流的新型独立学院。

老师们，我们的老前辈徐特立说："教师工作不仅是一个光荣重要的岗位，而且是一种崇高而愉快的事业。"北大的老校长、中国的大教育家蔡元培认为："人类之职业，没有比教师更为重要的。"所以我相信，你们受聘到"锦城"任教，绝不仅仅是为了挣钱吃饭、养家糊口，而是献身于教育事业，教书育人，培养后代，造福桑梓，泽被四海。各位老师一定明白，教师这个职业之所以是崇高的，首先是作为教师的人的思想、境界和目的是崇高的。

老师们都知道，锦城学院的目标是办成一流的应用型大学。办一流大学靠什么？曾担任芝加哥大学校长长达二十二年之久的哈钦斯说："无论何时、何种情况，成为一流大学的途径只有一个，那就是要拥有优秀的教师。"优秀的教师是校长办学思想、办学理念的体现者和传播者，是学校教育质量的保证者，是学生成长、成人、成才的引路人和导师。所以建设一流的教师队伍是当务之急。

建设一流的教师队伍，对教师本身提出了很高的要求。首先要严格自律，以身作则，为人师表。对自己，学而不厌；对学生，诲人不倦，力争做到学问渊博、品德高尚，使学生心悦而诚服。第二是全心全意、全身心投入。在世界上要办成一件事，必须全神贯注，一心一意。若心猿意马，搞些"副业"，就很难搞好了。第三是热爱学生，热爱学校。爱是教育的基础，你热爱学生、尊重学生，学生就会亲其师而信其道，教师的主导作用就发挥出来了；你热爱学校，就会"不嫌母丑、不嫌家贫"，就会与学校一起创业、一起打拼，建成一个同呼吸、共命运的共同体。

建设一流的教师队伍，对学校也提出了很高的要求。学校要为教师施展才华提供平台，要为教师的学习、工作、生活创造条件。

学校要创造一个宽松的学术环境和氛围，倡导独立思考、学术自由；要使每一位教师都能心情舒畅地搞研究、做学问。学校以人才培养为中心，以教学为重点，学校的其他工作都要为教学服务、为师生服务。

　　总之，让我们共同努力，投身"锦城"的教育大业，造就"锦城"的光荣之师。

深入学习，认真分析，
搞好应用型人才培养，办好应用型大学

——在2006年"五一"节期间学习时的讲话

（2006年5月）

学习是永远的事，要活到老，学到老。锦城学院是学习型组织，既是学生学习的地方，也是教师和管理人员学习的地方。田国强教授的《关于改善学风、教风的建议》、张晓鹏教授的《美国大学创新人才培养模式探析》以及美国高质量高等教育小组所著的《投身学习：发挥美国高等教育的潜力》，这三篇文章有理论、有实际、有创新，重点突出，切中要害，是很好的学习材料，也是我们在实际工作中可以借鉴的有用理论。

我们的办学目标，是要尽最大努力早日实现把我院建设成为西部第一、全国一流的著名独立学院。为了达到目标，我们还有很长一段路要走。为此，需注意以下几个要点。

一、跳出教育看教育，对现状清醒分析

北宋诗人苏轼有一首诗："横看成岭侧成峰，远近高低各不同。不识庐山真面目，只缘身在此山中。"这首诗既写了庐山变化多姿的

风貌，也写出了一个道理，即由于人们所处的地位不同，看问题的角度不同，可能出现片面性。在座的诸位，长期在高校工作，是否对目前中国高等教育有个全面的认识？很可能由于身在庐山中，而不识其真面目。因此，我主张跳出庐山看庐山，跳出教育看教育，这样才可能有一个较为全面的认识。

现在的社会舆论认为，当代大学生缺乏三种品质和能力：公众认为大学生缺失完善的人格和高尚的品质，企业界认为大学生缺失真刀真枪的动手能力，科学界认为大学生缺失创新的思维和创造的精神。看上去这反映的是学生的问题，实质上这反映的是学校的问题，是教育的问题。

所以，我们要面对高等教育大众化之后新的形势，多做调查研究，多学学国际上的先进经验，多进行研究分析和反思。目的是改进我们的教育，办好应用型大学。

二、重视人文教育和德育的问题

人文教育和德育十分重要。学生来锦城学院学习和生活，不仅仅是来学习专业知识的，还要通过接受人文教育和德育，从而真正地完善人格、提高文化素养、培育人文精神。说到底，就是要教育学生懂得何以为人、如何做人。中华民族的优秀传统文化和西方自古希腊以来的"博雅教育"，体现了人文思想和人文精神。我们通过文、史、哲、艺等人文学科知识的传授和环境的熏陶，使之内化为人格、气质和修养。通过人文精神的学习和教育，使学生正确理解和对待诸如人的幸福、尊严、平等、宽容、自由、责任等。这些人生的基本问题，也就是人生观、道德观、价值观的教育。

美育

三、下决心突破"实践"这个环节

我们多年来宣称"教育与生产劳动相结合""理论与实践相结合"，但这个结合并未做好；大家都提倡"工学结合"，但并未完全落实。这就造成了中国教育史上"两张皮"的现象，要么只学习理论知识，要么"停课闹革命"。改革开放以来，中国教育有极大的发展和进步，但学生的动手能力差，实践仍然是高等教育特别是应用型大学教育中的薄弱环节。

要解决这个薄弱环节，要做到"一清三有"。

学生装机大赛

机械系学生进行金工实习

"一清"，就是厘清理论。中国大学的传统历来是重视知识的，并且信奉"知识就是力量"，但用这个理论指导应用型大学教育不行。应用型大学不否定知识，传承知识是大学的基本使命，学生的成长以增长知识为基石，但知识就是知识，运用知识才是力量。在知识和力量之间有一个中间环节，这就是实践和应用。用这个理论指导，更强调知识的应用能力。

"三有"，一要有时间。要调整实验、实训、实践的时间在总学时中的比例。一般地说，"三实"的时间不应少于总学时的25%—30%，这一点上，我们应向加拿大的滑铁卢大学学习。二要有地点。除了校内实验、实训场地外，要有企业作为实习基地。但很多企业不愿意接受大学生去实习，为什么呢？一件事情要做下去，大都是双赢才有可能，如果你到工厂走马观花，工厂认为你给人家添麻烦。如果你去顶岗实习而且时间稍长一些，给企业带来利益，人家就欢迎你了。当然，到企业实习我们希望企业能安排工程师或师傅给予学生指导。三要有人。什么人？"双师型"的教师。要吸收业界精英加入教师队伍，包括专职或兼职，同时鼓励科班出身的教师到企事业单位挂职锻炼，这叫双向进修，共建"双师型"教师队伍。

四、培养师生获取信息和分析信息的能力

我们组织学习的目的是什么？是获取信息和知识。我们的本事在于：一是别人获取不到的信息我们要争取获得，二是少数人掌握的信息我们要做到团队全体成员都掌握并达成共识，三是别人获得信息后没有用到、做到的我们要用到、做到，四是别人做到了的我们要持之

以恒。这是一种具有领先意识的优势培养。在当前教育市场激烈竞争的形势下，谁先获取信息，谁先利用信息，谁就会取得竞争优势。

当然，在获取信息的同时，我们还要全面、准确地分析信息。在网络新媒体时代中，充斥着各类纷繁芜杂的信息。如何有效地鉴别信息的真伪，挖掘信息的重点，穿透信息的本质，这是师生都要掌握的技能。在分析信息的过程中，我们还要反思信息对学校办学、教师教学、学生学习的参考价值，更要从中提炼、总结和发展，使信息有效地服务于我们的工作、学习和研究，有助于我们进一步创新自身的理论体系，改革我们的教育。

"锦城"成功之路

——在第一期青年教师素质技能培训班总结会上的讲话

（2006年7月14日）

各位青年教师，锦城学院志在高远，我们立志办成西部第一、全国一流的著名独立学院。我们将把这个志向作为发展道路上的第一个成功标志。下面，我与大家沟通几点。

一、"锦城"的成功，首先是要教职员工志同道合，这就要求全体教职员工深刻理解锦城学院的办学思想和理念，并认真贯彻它们

（一）做到做人与做事相结合。坚持做人第一、做事第二的原则，全面贯彻"三讲（即讲诚信、讲礼仪、讲感恩）三心（即对国家、人民尽忠心，对父母、长辈尽孝心，对同学、同事尽爱心）"明德教育，大力推进"三创实践"活动。

（二）做到传统与现代相结合。脱离民族，背离传统，是没有出路的。要将传统的忠孝仁爱与现代的科学民主结合起来，既发扬传统，又与世界接轨。我们学院在专业设置上有最传统的专业，如文传系的汉语言文学专业、土建系的土木工程和建筑学专业等，也有最新的前沿专业，如计科系的电子商务专业等，体现了传统与现代的结合。

（三）做到严格管理与学术自由相结合。《三字经》中讲"昔孟母，择邻处，子不学，断机杼"。孟母为了给年幼的孟子觅得一个良好的学习环境而用心良苦。在锦城学院，为"锦城"学生营造一个适宜读书学习的校园环境同样需要我们在座同志们的共同努力。我们要以严格的要求、严明的纪律、严肃的学风和严厉的制度加强学院管理，同时要以"人要来自五湖四海、派要出于三教九流"的理念提倡学术自由。把严格管理和学术自由两相结合，营造良好的大学校园氛围。我们要教育学生依照"三讲三心"明德教育的要求做人，依照"三练（即吃苦耐劳意志训练、组织纪律与团队精神训练、职业素质能力训练）三创（即创新思维、创造能力、创业精神）"实践教育的要求做事，依照"一体（即综合知识）两翼（即艺术和体育）"知识教育的要求提升自身素养。我们还要教育学生知书达礼，日常生活中注意行为规范和基本礼貌，做事说话都要注意分寸。

清华学校1928年改名为清华大学，1935年即成为全国一流名校；南开大学1919年由张伯苓创办，到1932年学生达到三千人；香港科技大学1986年筹办、1991年招生，而今已是亚洲前三名；还有南洋理工大学、西安翻译学院等等的成功经验为我们做出了先锋示范，我院要创办西部第一、全国一流的独立学院是完全可能的。

二、在处理具体工作事务中，我对教职员工提出一个"三要三不要"的要求

第一，要有主动性，不要被动性。即人人都是"锦城"的主人，人人要为学院着想，用创新的思维、止于至善的精神全身心投入工作中去。

第二，要有创造性，不要保守性。教育本身就是最大的创造，墨守成规会教人故步自封，只有敢于创造、敢于开拓的教育家才是一流的教育家。学院的教学、科研、行政管理、学生管理都要创造，人人、时时、事事都要创造。

第三，要有建设性，不要破坏性。就是要补台，不要拆台。锦城学院是我们的大家庭，大家要热爱之、体谅之、保护之、完善之、赞美之，牢固树立与"锦城"同呼吸、共命运的信念。

三、我们要站得更高、看得更远、不断学习

现在学院所面临的发展问题、提高问题，不是和一般学校相比，而应同著名院校相比。我们应该站得更高、看得更远，这需要全体教职员工学习、学习、再学习。每位教职员工都要以积极向上的态度、勤奋务实的作风、精诚合作的精神，力争用十年时间，把我院建成西部第一、全国一流的知名独立学院。

共担创业艰辛，共享创业成果

——在2006—2007学年首次全员大会上的讲话

（2006年8月16日）

同志们，建院一年余，我们学院从无到有，从小到大，即将迎来第二届新生入学。同去年相比，今年新生一志愿入学率明显提高，这个成绩是值得骄傲的。这标志着我们学院正向着一个朝气蓬勃、良性发展的方向迈进，这是全体员工艰苦创业的结果。

今年招生成功的原因，是我们有"三做三不做"。

"三不做"是不搞花架子和表面文章，不搞虚假宣传，不搞急功近利。"三不做"是做人的基本道德，也是我们办学校的基本准则。

"三做"中的第一做，是把教学质量看作是学校的生命线，确定"两步并作一步走"的方针，变"先抓建设，后抓质量"为"边抓建设，边抓质量"。因为我们有办学自主权，我们把教学质量放在第一位，所以我们聘请最好的老师来教书，聘请最好的辅导员来带学生。这四年，学校将提供给学生最优质的教育，促使学生成长、成才、成人。我院是一手抓建设，一手抓质量，学校建设没有停顿，学生品质和教学质量也成效显著。

"三做"中的第二做，是把创造"锦城"特色作为跨越式发展的必由之路。我们已经探索了一条把中华民族的优秀传统与科学民主的现代化理念相结合的路，一种把"一体两翼"的知识教育同以"三会两双"为目标的技能教育相结合的教育模式，一种严字当头的校园管理与学生高度自觉自律相结合的管理体制，一种规范的教育秩序、严谨的教学态度同高度的宽松的学术自由相结合的气氛，一条既要发扬川大的传统和精神又要创造"锦城"特色的路线，一个要把做人的教育和做事的教育紧密结合的目标。这六个结合就是"锦城"特色，就是我们的办学理念和治校之道。我们创造的特色是初步的，我们还要推行"四大计划"，即大学生创新创业计划、大学生科研计划、大学生助教计划和大学生阅读经典计划，加强专业教育和通识教育，全面提高学生的综合素质，培养知识全面和能力突出的高素质、复合型人才。

"三做"中的第三做，是把管理环境、学风校风建设作为建校立校的根本。学校创造环境，管理创造气氛。这好比是植物生长需要阳光、空气、水分和土壤，要创造让师生健康成长的环境和气氛。

为了实现上述目标，我要求全体员工在新学期中都要做到"三性"——主动性、创造性、建设性。工作中投入"主动性"，把责任感和敬业精神投注到每一件事情上，提高工作效率；工作中投入"创造性"，要有超前思维和创新精神，"锦城"要敢为天下先，后来居上；工作中投入"建设性"，以主人翁的精神出主意、想办法，自觉维护"锦城"的利益和声誉。在工作中，还要力争做到"零缺点"，止于至善。

此外，在推行"四大计划"的同时，我们还要推进"三项精品工程"，即打造精品院系、精品专业和精品课程，培养高素质、复合型的经世致用人才，争取在四川、在全国打响锦城学院的教学品牌，提高学院的美誉度。

在新学年，我们要继续抓好校园、学科、师资和校风建设，为全院师生创造良好的学习和工作环境。锦城学院的万里长征，我们走完了第一步，我们创业的路还很长。锦城学院的全体教职员工就是一个整合了各种优势资源的创业团队，作为团队中的成员，我们大家不仅共同承担创业的艰辛，也会在不久的将来共同享受创业的成果！

学习创造机会，教育改变命运，知识成就未来

——在2006级新生开学典礼上的讲话

（2006年9月12日）

今天我们在这里隆重举行四川大学锦城学院新生开学典礼，我谨代表学院董事会、学院领导班子和全体教职员工对各位同学以优异的成绩考入四川大学锦城学院表示衷心的祝贺！同时也对各位同学及你们的家长对四川大学锦城学院的信任和支持表示由衷的感谢！对各位同学以饱满的热情走进四川大学锦城学院，成为锦城学院的光荣一员表示热烈的欢迎！

今天，四川大学锦城学院近3000名新生和教职员工济济一堂，我的心情和大家一样，是无比的高兴和喜悦。我相信，你们是怀着这样的信念和期望来到这所学校的：学习创造机会，教育改变命运，知识成就未来。要想有更好的发展机会，就必须接受高等教育；要想选择更好的工作和职业，就必须接受高等教育。选择到四川大学锦城学院学习，就是接受最好的高等教育。

同学们，我可以告诉你们，你们的信念是对的。你们做出了你们一生中最重要的选择，也是正确的选择。

在这里，我要向大家讲一讲学院的性质和定位、办学思想和办学理念、办学措施、管理特色，并提出几点希望和师生们共勉。

一、锦城学院的性质和定位

四川大学锦城学院是四川大学申办、十六家中外企业投资、经教育部批准成立的独立学院。所谓"独立学院"，就是在中央教育体制改革方针的指引下，按新机制、新模式整合社会力量创办的本科层次的学院。

四川大学是教育部直属重点大学，它于1896年创立，已属百年老校。四川大学是国家布局在中西部的高水平的研究型综合大学，学科覆盖了文、理、工、医、经、管、法、史、哲、农、教、艺12个门类，可以说门类齐全，四川大学在校生将近6万人，教授、副教授3000多人，院士、特聘院士31人。可以说人才济济、规模宏大，教育资源非常丰富。

四川大学锦城学院是四川大学的战略延伸，是依托名校办名校的产物。四川大学锦城学院是一所综合性大学。去年，我们共有5个系19个专业招生，今年我们有6个系25个专业，涵盖了文、理、工、经、管、艺等多个学科，明年我们还将进一步扩大专业面。

四川大学锦城学院目前是一所教学型大学，实行教学为主、研究为辅，但这并不是说学院只讲教学，不讲学术研究。我们认为，研究型大学有教学，教学型大学有科研。科研的比重今后会有变化。上个学期，我们就成功组织过多次学术研讨活动。从本学期开始，我们将推行"大学生科研计划"。总之，学校的一切活动都是为了培养高素质的合格人才。

四川大学锦城学院是一所应用型大学。其专业的设置面向市场，教学内容是坚持理论与实践相结合，坚持学校教育的实用性、可操作性，努力使学生在学校学会真刀真枪的实战本领和"三创"能力[1]。

四川大学锦城学院是一所高水平的大学。学院采用的是川大"一本"的教材，聘请的是川大一流的教师，只要师生努力，毕业生除了能拿到本院的毕业证书之外，符合条件的同学将拿到川大的学位证书。

二、锦城学院的办学宗旨与培养目标

学院的办学宗旨是"传承知识、培养人才、引领社会、服务大众"，其中"培养人才"是关键。

我们要培养高素质、复合型、经世致用的人才。学生通过学习，要达到"三会两双"的目标。"三会"即学生要会动脑，会动口，会动手；"两双"即"双语交流"和"双证培养"，"双语交流"即要能够用普通话和一门外语与人交流，"双证培养"即学生要拿到毕业证和职业技术资格证。学生在校期间要学会理财、创业、驾驶、外语、计算机等多种本领。同时，为了应对市场挑战，解决市场经济下就业第一的问题，我们允许同学们在经过一学期的学习以后，按我院有关规定自由选择专业，同时鼓励学有余力的同学辅修第二专业。为了更加贴近实际，我们已与多家企业签订了校企合作协议，联合开办专业，实行订单式培养。同时我们正与多家国外大学谈判，研究合作办

---

[1] "三创"能力即创新、创造、创业能力。

学。总之，要采取一切必要措施，使我院培养的学生在动手能力上强于研究型大学，在基础知识上强于高职学院。

我们要引领社会、服务大众，就要实行培养就业者和培养创业者相结合的方针。把我们学院办成培养未来企业家的摇篮和高素质管理人才的基地，办成培养未来有创新能力的卓越工程师的平台和培养优秀文学艺术工作者的沃土。

三、锦城学院的办学思想和理念

办学思想和理念是一个学校的灵魂。我院要办成高水平的、知名的现代化大学，必须有先进的、正确的办学思想和崇高的教育理念。这些思想和理念是：

1.做人与做事结合。本院将做人的教育与做事的教育相结合，做人第一，德育优先，培养德才兼备的人才。

2.传统与现代结合。弘扬中华民族优秀传统文化和崇尚科学民主的现代精神相结合。一个民族没有传统、没有根，不行。中华民族能延续五千多年文明而不中断，就是因为它有深厚的根基。但是，一个民族不学习和接受世界上其他国家和民族的先进科学、文化和技术也不行，我们的学生要兼收并蓄，锐意创新，成为学贯中西的一代英才。

3.通识与专业结合。通识教育与专业培养是现代大学本科课程的两大支柱。我院实行通专结合的方针，既要使学生受到广泛的通识教育，又要接受精湛的专业训练。

4.严格与宽松结合。有效的组织、严明的制度、严格的要求和学生的自主管理、自觉自律、自我服务相结合，培养学生严明有序的组织纪律性、协同合作的团队精神和积极向上的精神风貌。

5.秩序与自由结合。学校是教学和学术机构，为保证教学质量，教学秩序必须规范有序。同时学校鼓励学术自由，提倡独立思考、各抒己见、百花齐放、百家争鸣。

6.传承与创新结合。既要传承川大百年老校的校园文化和"海纳百川"的包容精神，又要致力于创造锦城学院的办学特色，使之交相辉映，相得益彰。

四、锦城学院的"三大教育"

目前，社会舆论认为，大学生存在着三大缺失：公众认为大学生缺失完善的人格和高尚的品质，企业界认为大学生缺失真刀真枪的动手能力，科学界认为大学生缺失创新的思维和创造的精神。针对这些现象，结合我院的办学理念和培养目标，学院致力于推行"三大教育"，弥补三大缺失。这就是"三讲三心"明德教育、"一体两翼"知识教育、"三练三创"实践教育。

（一）"三讲三心"明德教育

有些同学认为到大学里来是为了学习知识的，是学习做事本领的，这样的认识并不错，但是是不完整的。我们修身立世，第一任务是学会做人，大学教育的第一任务是继续教会学生做人、完善人格，培养负责任的合格公民，并且贯彻始终。正如胡锦涛同志最近指出的："要坚持育人为本、德育为先，把立德树人作为教育的根本任务，加强爱国主义教育，深入开展理想信念教育，加强和改进学生思想政治工作，把社会主义核心价值体系融入国民教育体系，引导学生树立正确的世界观、人生观、价值观、荣辱观，努力培养德智体美全面发展的社会主义建设者和接班人。"所以，我们要按照教育部的要求，在学好马克思列宁主义、毛泽东思想、邓小平理论和"三个代表"重要思想的基础上，按照胡锦涛主席提出的树立"八荣八耻"的社会主义荣辱观的要求，在我院推行"三讲三心"明德教育。"三讲"即讲诚信、讲礼仪、讲感恩，"三心"即对国家、人民尽忠心，对父母、长辈尽孝心，对同学、同事尽爱心。彰显这些，就会把中华民族优秀传统文化与社会主义道德要求结合起来，使我院学生成为为人正派、品德高尚的人。

上个学期，我院文学与传播系广告学专业学生钟颖割肝救母的事迹感动了"锦城"，感动了川大，也感动了全川人民。中央电视台多次报道，充分体现了我院同学对父母的孝心，足以载入第二十五孝。她的同学们组织义演，为其四处募捐，学院和全体员工为她捐款的行为表现了大家对同学同事的爱心。这件事充分体现了我院"三心教育"的丰硕成果。

舞蹈大赛

"三讲三心"明德教育不但学院领导要抓，辅导员要抓，党团和学生会组织要抓，所有任课教师都要抓，只要课本化、课堂化、长期化地抓下去，必有成效。同学们要以每日三省吾身的精神检讨自己的言行，力求止于至善。

（二）"一体两翼"知识教育

推进通识教育是世界一流大学的先进理念，是我国大学教改的重点。专业教育是社会分工的必然要求，是培养企业家、管理者、工程师和文化工作者必不可少的环节和内容。因此，使学生们受到广泛的教养和接受良好的专业训练同样重要。我院建院伊始就按教育部教学要求，积极推进通识加专业的"一体两翼"知识教育。

"一体两翼"中的"一体"是指我院教学的主体是自然科学和人文社会科学相结合的知识教育，着力提高人的智育水平；"两翼"即艺术和体育。艺术和体育是培养一个合格公民最重要的两极，艺术（音乐、美术等）陶冶情操，使人精致文雅；体育锻炼体魄，使人坚忍不拔。维持艺术和体育在教育上的平衡，培养出来的学生才会文雅而不懦弱、健壮而不粗野。

通过"一体两翼"知识教育，同学们就可以培养健康的心态、健美的体态，具备严谨踏实的逻辑思维和富有想象力的形象思维，提升综合素质及创造能力，并帮助你们将来立足社会，树立开拓进取的精神，提高延伸学习的能力，实现我院的培养目标。

（三）"三练三创"实践教育

为了解决现代很多大学生存在的动手能力差、缺乏创新思维和创造精神的问题，实现"三会两双"的培养目标，我们按照邓小平同志的教导："要极大地提高科学文化水平，没有'三老四严'的作风，没有从难从严的要求，没有严格的训练，也不能达到目的。"[1]学院坚持课堂教学、实验室教学、实践教学三块阵地并重，特别重视实践。我们从上学期开始开展"三练三创"实践教育，目前已经收到良好效果。

"三练"即"吃苦耐劳意志训练、组织纪律与团队精神训练、职业素质能力训练"。我在这里要特别强调吃苦耐劳意志训练，这既是一种品德，也是一种本领。早在两千多年前孟子就说过："天将降大任于是人也，必先苦其心志，劳其筋骨，饿其体肤，空乏其身，行拂乱其所为，所以动心忍性，曾益其所不能。"今年夏天在近40℃高温下，我院各系学生农场团队坚持劳动，极大地锻炼了耐力，培养了能吃苦的精神。

运动会

---

[1] "三老四严"："三老"指对待革命事业要当老实人、说老实话、做老实事。"四严"指对待工作要有严格的要求、严密的组织、严肃的态度、严明的纪律。

"三创"即"创新思维、创造能力、创业精神"。学院开展"三练三创"活动的指导思想是为了更好地激发同学们的学习热情，一边学习，一边实践，让学生从实践中学习管理知识，以创业带动学业，以学业促进创业。使同学们在活动中学会经营、学会创业。目前，学院已有二十多家学生自办的模拟公司，包括农场、水吧、书店、洗涤中心、广告公司、电子商务公司等等。学院决定拿出百万资金，资助学生的"三练三创"活动。

锦城学院的"三大教育"，全面包含了人格品质的学习、知识修养的学习、实习实践的学习。对于学习，我们坚信"严师出高徒"。松松垮垮带不出好队伍，散散漫漫培养不出好学生。有一副对联是"书山有路勤为径，学海无涯苦作舟"，美国康奈尔大学的做法是"牺牲学生四年的睡眠"，等等，都是说要从严要求，刻苦学习。正如毛泽东主席所说："我们要振作精神，下苦功学习。下苦功，三个字，一个叫下，一个叫苦，一个叫功，一定要振作精神，下苦功。"所以，我院教师要诲人不倦，学生要学而不厌。教育的基本要求就是刻苦，老师刻苦做学问，学生刻苦读书。

五、锦城学院的特色管理

大学的主要任务之一就是要创造一个适宜学习的环境和氛围，提供适宜学术的条件。学院以学生为中心，以教、学、管为三个基本点，把管理环境，学风、教风、作风、校风建设作为建校立校的根本。

同学们，古人云："业精于勤荒于嬉，行成于思毁于随。"为了同学们更好地完成大学学业，学院实行严格而和谐的环境管理是完全必要的，两千多年前孟母三迁、择邻而居就是为了给儿子找一个适宜学习的环境。所以，我院在管理上建立的一些制度希望能够得到同学们的支持和理解。

（一）半封闭、准军事化管理

为了保证学生安全，让学生专心致志地学习，学校实行半封闭、准军事化管理，星期一至星期五下午下课前不准外出，周末回家者要及时返校。在学院内部，学生需要自觉、自律，充分自由、自主地管理自己的学习和生活。

（二）校内"三不准"，即不准喝酒、不准抽烟、不准打牌

学校内不准任何单位卖烟卖酒，包括啤酒。啤酒喝多了照样闹事，照样摔瓶子。抽烟有害健康，是不良习惯，而且还要花父母的钱，当然不准。打牌是一个消磨时间的游戏，学生时期正是一寸光阴一寸金的时候，同学们的每一分钟都应该用在学习和实践上。

（三）"三不支持"，即不支持烫染头发、不支持奇装异服、不支持谈恋爱

爱美是人的天性，大学生当然也不例外。我院培养的学生应当庄重文雅、朴实大方。作为新时代的大学生，要想让自己的人生更加绚丽、持久，就必须树立正确的审美观，努力提高自己的文化修养和道德素质，以勤俭节约为荣。所以，本院不支持学生烫染头发，也不支

持穿奇装异服。

至于谈恋爱，大学生活四年，光阴似箭，恋爱会花费你们大量的时间和金钱，影响你们的学业。此外，大学生心理尚不够成熟，也不足以解决恋爱带来的很多问题。所以，本院也不支持同学们谈恋爱。

（四）"锦城"文明习惯"八要八不要"

中华民族是一个有五千年文明的民族，中国素来被称为礼仪之邦。我校培养的学生，自当是立于文明之林的佼佼者。所以在校期间就要从我做起，从小事做起，培养"八要八不要"的"锦城"文明习惯。"八要八不要"已经印在入校报到时发给你们的校报上了，这些要求其实是对每一个人最基本的要求，但社会上很多人都做不到或不能坚持，学院要求大家不仅要做到，更要持之以恒，养成谈吐文雅、举止得体的君子之风。

我们要建设和谐校园、书香校园、人文校园，提倡学术自由。学院将给大家提供宽松的环境来发表自己的学术思想，坚持每周举办"锦城大讲堂"，广邀四方名师来我院讲学，希望同学们在四年大学生活中经常听一听这些名家的讲座，陶冶自己的情操，这对你们的素质提高将会大有裨益。

六、锦城学院的精神

大学以精神为最上，有精神，则自成气象，自有人才。

我院尽管建校时间不长，但在形成"锦城特色"的同时，正逐步形成"三追两谋"的"锦城精神"。"三追"即追求事实、追求真理、追求至善;"两谋"即学院谋特色、学生谋特长。

"追求事实、追求真理、追求至善"的精神,是一种热爱科学、崇尚科学的精神,是一种实事求是、不断探索的精神,是一种踏实苦干、自强不息、奋斗不止的精神,也是当代大学生应当具备的基本素质。调查是了解事实的基础,研究是找出真理的途径。在这个意义上,追求事实、追求真理、追求至善就意味着不断调查、不断研究、不断实践、不断创新,做到知行合一,达到至善境界。

在追求事实、追求真理的道路上,青年学子有着自身的优势,他们朝气勃发,敢想敢为,大胆实践,勇于创新。但是,青年人也有自身的弱点,他们往往缺乏韧劲,缺乏坚忍不拔的精神,遇到挫折和困难容易丧失信心。只有具备我院校训所教导的"止于至善"的精神,不畏劳苦沿着陡峭山路攀登的人,才有希望到达光辉的顶点。

学院要谋特色。无论干什么都要有自己的特色,平平淡淡是没有出路的。我院一定要有自己的特色。特色既是通过实践、时间逐步形成的,也是靠思考、规划和创造形成的。通过一年的实践,学院已经初步形成或正在形成我们自己的特色,这些特色正是我们的优势和力量所在。

学生要谋特长。我们的方针是使学生在德智体美各方面全面发展,但同时又特别重视学生的兴趣、爱好和特长,使他们在人际交往与沟通、组织与协调、实践与创新能力,以及某些学科方面的优势有更大的发挥,努力培养他们在某些方面突破性的发展。

"三追两谋"是独立思考、自主创新的精神;是实事求是、探索真理的精神；是差异化发展、以长取胜的精神；是追求卓越、止于至善的精神。

七、锦城学院学生的"两个转变"

大学四年，是人生历程中非常重要的阶段。同学们来到大学学习，正是人生的一个重大转折。学校对你们负有传道、授业、解惑，即教书育人的神圣职责，同学们负有完善人格、成就学业的责任。希望同学们在进入大学的学习、生活中尽快实现"两个转变"：

1.从高中应试学习到大学应用学习的转变。中学阶段，在学习内容上，高考是中心，应试是目的；在学习环境上，父母和教师的监督与呵护无处不在；在生活条件上，由于多数学生是独生子女，父母的关怀与体贴无微不至，无需自己操心。但是到了大学，学习的目的是应用，学习的环境不再有家长的"陪读"，不再有老师的时刻监督，同学们必须学会学习上自主、生活上自理，在学习方法上更加具有探究性和创造性。

2.从学校学习到适应社会的转变。你们进入大学之后，学习无疑是你们的全部生活的中心和主题。但是我们学习的目的是走出学校、踏入社会，因此我们必须提早规划、做好准备。把毕业之后要实现的从学校到社会的转变、从学业到从业的转变提前到毕业之前。所以我院要求你们从一进大学校门起就要明确目标、规划人生；就要联系实际、联系社会；就要参加实习、重视实践；积极投入"三练三创"活动，从而积累经验，学会生存和发展，极大地提高对社会和职业的适应性。

八、锦城学院的战略规划与发展远景

经过一年的努力，我院已在四川教育界崭露头角，在 2006 年全省的招生工作中已成为招生人数最多、提档线最高的独立学院。这要衷心感谢四川大学党政领导和教职员工的支持，感谢各位股东的支持，感谢奖学金设立单位的支持，同时感谢本院教职员工的辛勤努力。

同志们，虽然我们已经取得了很大成绩，但这只是万里长征走完了第一步。我们的规划目标是奋斗十年，把四川大学锦城学院办成中国知名大学，办成西部第一、全国一流的独立学院。为了达到上述目标，我们要开发"两大资源"、抓好"三大建设"，实现跨越式发展。

开发"两大资源"，首先是川大的教学资源。川大 110 年的光辉历程，积累了丰富的教学经验和雄厚的师资力量，可以说是一座宝藏，我们要开发它、依靠它，背靠大树好乘凉，依托名校办名校。

"锦城"仁爱大楼(教学楼)

其次是要开发16家股东企业和其他友好企业的资金和市场资源。他们有的是投资者，有的是助学金、奖学金的设立者，有的是合作办学单位，是我院学生实习、就业的基地和靠山。

抓好"三大建设"。第一是校园建设。两年来，我们已经建成能容纳七千多人上课和住宿的设施，给全体同学创造了一个良好的学习和生活环境。现在，建设工作将继续进行，图书馆、办公楼等将陆续开工，目标是"万人大学、千亩校园"。

第二是师资队伍建设。教师是教学的主导力量，一所好的大学不仅要有大楼，而且要有大师。我们依托四川大学建立了一支四百多人的教师队伍，包括终身教授、兼职教授、中青年专职教师等，在2005级一年级的任课教师当中，教授、副教授所占比重高达78%，这是其他高校很难达到的。

第三是学科和专业建设。我们要在四川大学学科建设的基础上，根据国家和地方经济社会发展的需要及我院人才培养的要求，集中力量抓好一批重点学科和专业建设。要建设一批精品学科、精品专业、精品课程。对应用型大学来说，要特别重视专业，进一步提高我院的知名度和办学水平。

同志们，尽管我们办学的时间不长，但我们不是在零点上起步的，我们要进一步贯彻依托名校办名校的方针，站在百年川大的肩膀上实现跨越式发展，为实现我院的十年规划目标而奋斗！

我衷心祝愿2006级锦城学院的同学们学业有成，前程似锦！

立志高远，做社会主义青年教育家

——在学院专职教师和辅导员会议上的讲话

（2006年10月14日）

今天参加会议的是专职教师和辅导员两部分人，大多数同志参加工作的时间不长。一个人投身于一个行业，来到一个新单位，应该立志做出一番成绩。我们教育学生要立志高远，作为年轻教师和辅导员，也要立志高远。立志干什么？立志当社会主义青年教育家。教育家就是以教育为职业的专家，陶行知、蔡元培、张伯苓就是我国教育家的典范。

教育家的共同特点是热爱教育、热心教育，熟悉教育规律、教育业务，为教育事业作贡献。南开创始人张伯苓先生，一生致力于兴办教育，一步一步办起了南开中学、南开大学、南开女中、南开小学和重庆南开中学，为国家培育了众多杰出的人才。北大"兼容并包"校风的形成与原北大校长蔡元培先生密不可分。美国第三任总统杰斐逊是弗吉尼亚大学的创始人，他评价自己一生最大的两个贡献，一是起草《独立宣言》，另一个就是创办弗吉尼亚大学。

作为一名教师或者一名教育管理者，可能没有做出类似著名教育家那样的贡献来，但一生致力于教育事业几十年，培养出一大批日后堪为社会栋梁的学生来，也是很大的成就。如顾毓琇老先生曾是江泽民主席在上海交大时的老师，这是很光荣的事情。

我院辅导员和专职教师从事的就是这样一个光荣而伟大的事业。现在每一位辅导员带二百名学生，这些学生将来的前途是不可限量的。辅导员和专职教师的工作一样都是教书育人，辅导员也要讲课，专职教师也要做教育学生的工作，教书和育人要结合起来。教学的内涵包含三方面：一是老师教学生学，帮助学生获得学习的能力；二是教学生用，学以致用；三是教学生创，就是创新、创造，能够举一反三。

辅导员不仅是管理者，也是教育者。学校为辅导员提供了一个平台，辅导员有好的教育思想、教育设想以及教学方法，都可以在这个平台上实施。今天在这里的58位专职教师和辅导员是锦城学院的新生力量，在某种程度上也是锦城学院的未来。你们年轻，世界是你们的。同时，你们正处于成长时期，对自己要严格要求，在新的历史时期做社会主义教育家，教育和管理好学生。

我院的专职教师和辅导员不能只满足于日常工作，必须认真研究教育。要干一样，像一样。要像什么，就得学什么。要学，就要争取学得最好。如果做什么都做得最好，就肯定能出类拔萃，就是止于至善。要达此目的，首先要读书，其次要研究问题、撰写文章和钻研业务。为此，青年教师和辅导员要制订"三个计划"，即读书计划、讲课计划和写作计划。

对于读书计划，我提三个要求。要读与本专业有关、能提高自身素质以及符合学院倡导方向的书。比如，我院提倡"三讲三心"明德教育，《孝经》《礼记》以及讲礼仪、讲诚信、讲感恩的书读过没有？这样的书很多，可以找一本来参照讲，然后可以写成自己的讲稿。再比如，辅导员需要读教育学、管理学、心理学、组织行为学等多方面的书。

要博览群书，才能做到学富五车、满腹经纶。读书不能浅尝辄止，不能一知半解，要做好读书笔记。大家都要比一比谁读的书多，谁读的书好，谁写的读书笔记好。

读书还要刻苦。我观察企业的兴衰，发现如果一个企业在晚上办公楼还亮着灯，为解决发展和经营中遇到的问题，大家在工作或者读书，这个企业一定是兴旺的。同样，学校也是这样。如果一个学校，晚上教室、实验室、图书馆的灯都亮着，这个学校肯定是有希望的。

对于讲课计划，不但教师要有讲课计划，辅导员也要有讲课计划。例如晚点名，就是一次短小精悍的讲课。"三讲三心"明德教育是我院的一大特色，大家都要讲，你讲课时讲了没有？如果没有，就要做进计划里。对于教学工作，必须明白一个道理，亲其师信其道，师道尊严，要有道才有尊严，道是学术之道，也是道德品质之道。

对于写作计划。作为应用型大学，科研论文不是最重要的，但是没有论文也是不行的。要结合学院的要求和特点来制订写作计划，利用一切机会发表自己的学术成果，宣传我们的理念。学院提倡的"三讲三心"明德教育、"一体两翼"知识教育、"三练三创"实践教育就是很好的题目，实际工作中遇到的问题也是很好的题目。要结合自己的专业，钻进去，写出有分量的论文。另外，大学生礼仪教育是当前教育的空白，谁愿意来写一本教材？礼仪方面可借鉴的资料也很多，可以边讲边完善，并由学院资助出版发行。例如，改革开放以来，一个很大的缺失是诚信缺失，这方面的教材和研究还很不足。还有艺术系有自身的特点，在学生的管理、训练和教学方面，也都可以列出题目做研究。学院很快会制定相关政策鼓励大家在各主要报刊以及核心期刊上发表文章。

学习、讲课和写作计划三者是紧密关联的，读书计划要和讲课计划关联，讲课计划要和写作计划关联。学习和教学工作的重点，也是写作的重点。锦城学院不仅要出人才，还要出科研成果。学院今后会开展职称评定工作，学院已经成立专业技术职务评审委员会，我担任主任。大家的学术前途是光明的，经济前途也是光明的。

本次会议是给大家鼓鼓劲。雄心壮志不可无，脚踏实地也不可无。大家应多工作，多实践，多总结。只要锦城学院的前途是光明的，大家的前途就是光明的！

发扬传统，保持优势，
在新一轮高教改革发展机遇中实现新跨越

——在成都电子机械高等专科学校
"新校区启用暨首批学生入住仪式"上的讲话[1]

（2006年10月23日）

各位来宾，老师们，同学们：

大家好！

今天我们怀着无比喜悦的心情，在这里欢聚一堂，隆重举行成都电子高专"新校区启用暨首批学生入住仪式"。首先，我要对电子高专全体师生和员工表示热烈的祝贺！向给予学校关心和大力支持的省、市领导和各级相关部门表示衷心的感谢！

成都电子高专是一所有着九十多年悠久办学历史的老校，多年来形成了自己鲜明的办学特色，培养了一大批机械、电子信息等行业的优秀人才，在社会上享有较高的声誉。学校在长期的办学中，坚持社会主义办学方向，认真贯彻党的教育方针，紧紧抓住高等教育改革和发展的机遇，以科学发展观为指导，强化教学管理，深化教学改革，提高办学水平，注重教育质量，充分发挥自己的优势，积极培养高素

---

[1]邹广严院长以成都电子机械高等专科学校名誉董事长身份出席典礼并讲话。

质的工程应用型人才，在满足经济社会发展的需要，促进四川省经济
建设和高等教育发展方面作出了积极的贡献。

近年来，为改善学校办学条件，全面提升学校综合办学实力，推
动学校再上新的台阶，学校在领导班子的带领下，全校教职工团结一
致、勤奋努力，围绕申办本科和建设新校区，付出了艰辛的劳动，完
成了大量的工作，并取得了许多可喜的成绩。今天，这座凝聚了电子
高专全体师生员工心血的新校区正式启用了，这标志着这所百年老校
又将迈入一个崭新的历史阶段，它必将极大地改善学校的办学条件，
拓展办学空间，对促进学校的可持续发展具有深远的意义。

当然，改善办学条件是办大学的基本支柱之一，大楼不可少，但
它不是办大学的唯一条件。大师、特色、校风都是我们办大学的重要
条件。今年，我国高等教育毛入学率达到22%，而十年前——1996年，
我国高等教育毛入学率仅有6%。对国家而言，高等教育的规模扩大
了，但是教育质量不能降；对高校而言，我们的招生规模扩大了，办
学条件改善了，但是办学特色和学科专业优势不能丢。这样，我们才
能保持自己的核心竞争力，在竞争中立于不败之地。

成都电子高专在模具设计与制造、应用电子技术、机床数控技术
等多个方面已经走在同类院校的前列。你们有近百年的工科积淀，这
是你们制胜的法宝，不能丢掉。优势是决定卓越的要素和主力，特色
是绕道加速的核心和先锋。怎样"不求全，而求精"，怎样"保优势，
谋特色"，这将是学校进入一个新的历史发展阶段需要思考的问题。

在此，我由衷希望成都电子高专能继续传承和发扬优良传统，保
持特色，以新校区的建设为契机，不断优化育人环境，完善办学条
件，进一步提高教育质量和办学水平。希望你们继续团结奋进、艰苦

创业、开拓进取，创造出更加丰硕的教育、教学成果，为促进地方经济和教育事业的发展，构建社会主义和谐社会作出更大的贡献！

我将一如既往地关心和支持成都电子高专的各项建设工作，与全校教职员工一道共谋学校的未来和发展，同时，也希望成都电子高专能在上级和相关部门的大力支持下，尽快建设起一座生态、环保、现代的大学校园，实现学校新的跨越！祝愿成都电子高专的明天更加灿烂辉煌！

谢谢大家！

上下同欲，为提高学院声誉和社会地位而奋斗

——在学院基本知识考试暨全院职工大会上的讲话

（2006年11月3日）

此次关于学院基本知识考试的内容，紧密围绕学院的性质定位、办学理念、办学措施和管理特色等，具有重要的意义。《孙子兵法》上讲"上下同欲者胜"，即从上至下，思想一致，同心同德，才能取得胜利。芝加哥大学的创始校长叫哈珀，他曾说，思想的统一是一所大学繁荣的必要条件，而如此数量众多且个性迥异的人聚集在一起，如何在长期内保证思想的统一，的确是个问题。我们要求锦城学院的每个教职员工都必须了解学院的性质、定位、办学宗旨、思想和理念以及人才培养模式等等。这些是锦城学院教职员工最低限度的共同语言，一定要记在头脑里，落实到行动中。

锦城学院的要求是学生要自主，老师要自律，干部要自觉。为人师表，先要自律。教师是一个特殊的行业，是一个自律性很强的行业。例如，要求学生不迟到，自己首先不迟到；不能离开了PPT，就不能讲课，数学、物理等课程重要的是讲解逻辑推理的过程，教师完全不写板书，有的学生难以理解推理过程。锦城学院在去年就对课堂教学、教师要求等教学方面做出了比较全面的规定，例如，要求六十岁以下的老师站着上课，要与学生互动，要批改一定量的学生作业

等。这些规定，只有在老师们严格自律的前提下才能做到。

作为管理人员，没有类似上课时间的硬性要求，要靠自觉。应付工作是容易的，难的是把事情做好、做得主动、做得让大家满意，因此干部要自觉履行职责。

锦城学院现在最迫切的任务是，共同努力，为提高锦城学院的声誉和社会地位而奋斗。四川大学作为百年老校和全国重点高校，社会地位早已形成。些许不足或缺失，动摇不了四川大学的社会地位。锦城学院刚从地平线上升起，要想获得社会认可，我们每位教职员工必须付出更多的努力。

锦城学院开办一年多来，经过全体教职员工的共同努力，有了一定的社会知名度和认可度。社会知名度和认可度是我们当前最需要的。我们要打造锦城学院的品牌，确保有大量优质且充足的生源。

要建立品牌，首先，要抓教育质量，包括教学质量、人才培养质量、就业质量等等。教育质量是一个学校的生命线，只有高质量的学校才会有较高的声誉。其次，要有特色。要认识到不能按照常规，亦步亦趋地走。现在学院的发展势头很好，"三讲三心"明德教育、"一体两翼"知识教育、"三练三创"实践教育这"三大教育"就是我们的特色，也是我们的突破点。

"三讲三心"明德教育就是要让学生学会做人，辅导员要利用晚点名、形势与政策教育课等机会加强对学生的教育。学院实行专业教育与通识教育相结合的制度，通识教育有 12 门核心课程，教务部要尽快列出并安排下去，作为"两翼"的艺术和体育也要在必修课之外开设一些选修课，着力培养德智体美全面发展的人才。"三练三创"实践教育要做成我们的王牌，提高学生的实践能力，这是应用型学校的强项和特色所在。

学院基本知识考试暨全院职工大会

再次，我们要扩大合作和开放。一是加强与国内企事业单位的合作，例如，计科系与IT公司的合作，文传系与电视台的合作，艺术系与文化演出团体的合作等。二是扩大对外开放，对国外学校、学术团体开放，建立一些出国留学的直通车等。

以上三点就是我们谋求特色的突破方向。还必须明确一点，除了措施本身，措施的落实也非常重要。很多措施并不是我们的发明，关键是我们要坚持并做好。例如创业中心，新加坡南洋理工大学有，很多美国大学有，国内一些大学也想做，就看我们谁做得好。

遇到困难就退缩，不会成功；看准的事情能坚持下去，才会成功。中国近代史上有两个人的坚持精神值得我们学习，一是孙中山先生，愈挫愈勇，百折不挠，最终推翻了清朝统治；二是曾国藩，屡战屡败，屡败屡战，最后也取得了胜利。我们提出的"三大教育"首先是要坚持，然后要完善，参与面要扩大，深度要加深。每个教职员工都要在这方面作出贡献。

每位教职员工要像爱护自己的生命一样爱护学院声誉，声誉就是含金量，学院有了声誉，就有了社会地位。我们要编写自己的教材，要有自己的报纸、电视台。同时，要利用报纸、电视台、网站等各种渠道，利用一切机会宣传学院的办学理念、办学特色和模范人物等。优秀教师评选等全国性、全省性的评选和竞赛活动，我们要争取参与，建立起参与的渠道，扩大学院的影响。我们宣传钟颖，授予她院长特别奖学金，就是因为她的行为符合我们提倡的忠心、孝心、爱心的价值观。

学院要办成学习型学校、节约型学校、创业型学校。人人都要学习，学习教育学、心理学、管理学等等，需要学习的领域很多。学院的一滴水、一度电都要节约，绿化、美化校园要尽量自己做。要培养学生的生存之道、发展之道、成功之道。人人都要爱劳动、会劳动，培养学生的劳动能力，这是基本的生存之道，我们的学生不管在什么环境都能生存下去，才谈得上发展。我们提倡的"做人与做事相结合"，提倡的"三大教育"，也是讲成功之道。所以我们的办学理念和办学措施深谋远虑，环环相扣，已经形成了培养学生学会生存、发展和成功的教育体系。

最后，我再次重申，希望全体教职员工上下同欲，同心同德，万众一心，为提高学院声誉和社会地位而奋斗！谢谢大家！

建新型现代大学，走特色发展之路

——在2006年年终全院职工大会上的讲话

（2007年1月30日）

一年多来，我院在省委、省政府领导下，在四川大学的关心支持下，经过全院职工的共同努力，在八个方面取得了进步。

一、建立了一所新型现代大学的基本框架

具体表现在以下几个方面：

首先，初步确立了学院的办学定位、培养目标、办学理念、精神支柱等，这些就是我们办学的灵魂。学院的定位是综合性的应用型大学，这个定位已经得到大家的广泛认可。培养目标方面，除了少部分学生继续深造外，更多是培养实用型人才——"三会两双"的人才，即会动脑、会动手、会动口，双语交流、双证培养的实用型和复合型的人才。

其次，学院确立了章程和治理结构，健全了内部管理。内部确立了院、部系的两级管理结构，高度精干。体制上实行董事会领导下的院长负责制，并加强了党、工、团及学生会、学生社团的合作。

再次，我们进一步完善了学院规章制度的建设，保障了学院的正常运行。在教学管理、学生管理、行政管理、安全管理等各方面建立了管理制度和管理办法将近100个，形成了自己的管理特色。作为学院象征的校歌、校旗、校徽、校训也已经完成。

二、建立了富有特色的课程设置和教学计划，保证了良好的教育质量

教育质量是一个学校的生命线，而教育质量在很大程度上取决于课程设置，它体现了我们的培养目标和教育理念。针对社会对高等教育的需求，为弥补当前学生的三大缺失，我们提出了"三大教育""四大计划"，并据此设置了必修课程、建议选修课程和选修课程，开展了通识教育。这些已经得到社会和学生家长的初步认可，并保证了良好的教育质量。例如，英语是部分三本学生的一个弱项，通过加强英语教学，我们的学生和川大的学生同时同卷考试，去年的通过率相差13个百分点，今年只相差5到6个百分点。

三、初步探索了一条应用型人才的培养之路

现在社会对大学培养应用型人才的要求很高，要求有经验、有能力，上岗就能用。我们对应用型人才的要求是，理论知识要比高职和专科学生强，动手能力要比研究型大学强。培养应用型人才的思路是通识基础教育、专业分流培养、强化实践环节。我们认为学生要具有

三大支柱——知识、技能和素质，才能在社会上立足。因此，我们把学生毕业之后要实现的从学校到社会的转变提前到毕业之前进行，使学生更加适应实际工作，真正实现与社会的无缝对接。各个系在培养应用型人才方面已经进行了探索，并取得了很好的成效。

2006年年终全院职工大会

四、建立了一支专职和兼职相结合的师资队伍，以及思想政治工作队伍和管理队伍

现在学院共聘请教师422人，其中专职青年教师49人，终身教授66人，聘请企业家、艺术家、新闻界人士等担任客座或兼职教授43人，专职辅导员43人，还有一部分兼职教师，形成了以老带新，老、中、青三结合的局面。

五、进行了宽严相济、紧张和谐的校园管理，初步建立了良好的学风、校风

为了保证学生安全和专心致志地学习，学校实行了半封闭式的管理。同时还实行了校内"三不准"和"三不支持"，实行了专职辅导员和兼职班主任的管理制度，各系在"三讲三心"明德教育方面已经做了很多实际工作，取得了成效。学院在严格管理的同时还提倡学生自治、自律、自主。大学生助教活动就是学院谋特色、学生谋特长的良好形式，也充分发挥了学生的能动性和创造性。在管理上，管死容易，放纵也容易，难的是既管理严格，又能激发学生的能动性、创造性和灵活性。我们在这方面已经取得了初步成效。

六、开放式的办学取得了新的进展

我们已经和两所英国大学、两所美国大学进行了办学方面的洽谈，其中与英国格拉斯哥大学达成了合作协议，将进行"3＋1"和"2＋2"的合作。我们还与一所美国大学达成了学生交流的协议。我们还聘请了八位外籍教师做锦城学院的兼职教授。通过与企事业单位合作，各个系还与风景区、酒店、电视台、电影厂、剧团、IT公司、建筑公司、印钞公司等建立了合作实习关系。今后，我们还要按照"三开放"的原则，即向国外开放、向国内开放、向企事业单位开放进行办学。加大开放力度，有助于促进学生就业，有助于培养符合社会要求的人才。

七、基本建设和教学设施进一步完善

经过近两年的建设，学院现在已投入近4亿元建设资金，完成建筑面积25万平方米，基本完善了教学、实验、食宿、运动等基本设施的建设。今后，我们还要本着节约和与教学需求配套的原则，进一步加强实验室建设，还要加强图书馆建设，将新图书馆建设成为锦城学院的标志性建筑。

八、知名度进一步提高，学院形象进一步树立起来

我们的规划目标是奋斗十年，把四川大学锦城学院办成中国知名大学，办成西部第一、全国一流的独立学院。去年以来，我院的知名度得到进一步提高，因为我们的一些办学特色吸引了记者来采访报道，包括举办学生农场、推行劳动学分和创业学分、"三练三创"实践活动以及钟颖同学割肝救母的事情。去年我们获得了三个比较重大的荣誉称号，一个是全国"十大特色独立学院"，一个是全国"独立学院综合实力20强"，一个是2006年全国"创建平安校园示范学校"。学院知名度和形象的提升将对学院招生和发展都产生积极的影响。

以上八个方面概括起来就是，一所现代化的大学建立起来了。锦城学院的教职员工都是这所大学的创业者，我们用自己的双手在一块平地上建设起一所新的大学。

下学期总的任务是以科学发展观总揽全局，走特色发展之路，实现跨越式发展。要重点抓好以下三条：

"锦城"校园一隅

1.教学质量是生命线。学生是学校的主体，教师是学校的主导，这两个作用都不能偏废。学校的行政管理人员都要围绕提高教学质量开展工作，为师生服务，将教学质量作为我们立足社会的根本。通识教育和专业教育相结合的理念要继续贯彻，通识教育要走出自己的路，按照必修课、建议选修课、任意选修课三部分确定课程。要新开创业课，作为全校学生的必修课。

2.稳定和安全也是我们的生命线。要形成全员育人的布局和传统，系主任、班主任、辅导员、党团组织、学工部，以及所有的管理部门，都要管理学生，全员育人，保持学校的稳定和安全。

3.继续在树立"锦城"形象、提高知名度方面努力。知名度就是财富，知名度就是号召力。锦城学院的理念是正正规规办学，堂堂正正做事。要有长远的打算，也要有短期安排，要加强宣传，着力维护，任何人不可做有损"锦城"声誉的事情。

2007年

强化质量练内功

这一年，深入推进独具特色的劳动和创业教育；

这一年，塑立孔子像，致力于继承中华民族优秀之传统；

这一年，狠抓落实，创造性地探索应用型人才培养模式和教学质量保障体系。

深入推进劳动和创业教育，
构建"锦城"特色的教育体系

——在2007年全院教职工大会上的讲话

（2007年4月6日）

关于劳动教育

将劳动列入教学计划和教学大纲，每个学生必修，是我院的办学特色之一。劳动不是锦城学院的发明，但将劳动列入大学课程并且作为必修课则是我院的特点，我们将劳动育人的教育理念付诸实践。

有的同学说，我到锦城学院是来读书的，不是来种地拔草的，不是来劳动的，这种认识不对。

大家知道，列宁有个很重要的教育思想，就是教育要与生产劳动相结合。邓小平同志说："马克思、恩格斯、列宁和毛泽东同志都非常重视教育与生产劳动的结合，认为在资本主义社会里这是改造社会的最强有力的手段之一；在无产阶级取得政权之后，这是培养理论与实际结合、学用一致、全面发展的新人的根本途径，是逐步消灭脑力劳动和体力劳动差别的重要措施。"

苏联著名教育家苏霍姆林斯基对"劳动教育"进行过独到的研究。他认为，劳动是人全面发展的基础，具有强大的教育作用。因此，他提出"劳动的乐趣是一种巨大的教育力量"，"学校教育的使命就在于，使劳动进入个人的精神生活、进入集体的生活"，"劳动教育是对年轻一代参加社会生产的实际训练，同时也是德育、智育和美育的重要因素"。所以，把劳动列为必修课是十分必要的，意义重大的。

首先，劳动能培养一个人的生存本领。人要发展，必先要能生存；要生存，必先具备生存本领。而要掌握生存的知识、技能和技巧，不仅要在课堂上学习，而且还要通过课堂之外的劳动实践来获得。自力更生的本领就是劳动，通过自身的劳动，满足自己，服务他人。劳动创造财富，劳动改造世界。《鲁滨逊漂流记》中的鲁滨逊正是因为具备相当的生存技能，才能一个人在荒岛上生存下来并坚持到获救。对锦城学院每一个学生来说，虽没有鲁滨逊一样的际遇，但面对竞争激烈的现代社会，都必须通过培养和训练来逐渐习得最基本的谋生之道以面对未来的各种挑战，而劳动正是重要途径之一。

农场劳动　　　　　　　　　　　收获喜悦

第二，劳动也是培养勤俭美德的一个重要举措。勤俭是中华民族的优秀传统之一，勤以修身，俭以养德。学生通过劳动思考一粥一饭的来之不易，通过"锄禾日当午，汗滴禾下土"的实践理解和珍视他们从社会得到的福祉的来源，从而懂得珍惜，懂得感恩，以此培养勤俭节约的美德和品质。

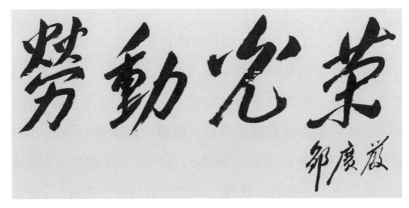

邹广严院长为"三练三创"办公室农场劳动教育工作题词

第三，劳动也是培养学生珍惜劳动成果的美好情感的良好方式。投入精心的劳动，会对自己的劳动成果萌生出喜爱、爱护、加倍珍惜的情感。例如，学生亲身参与校园建设和维护，看到学校逐渐壮大，就会加深对学校的亲近之情；当亲手装饰出整洁大方的寝室，就会对自己的居住环境更加喜欢，从而更好地去爱护。因此，亲自参与并投入劳动过程中所产生的美好情感是袖手旁观者所不能体会的。同时，也能培养学生热爱劳动、热爱劳动人民的感情。

第四，劳动是神圣的、光荣的、具有荣誉感的。毛泽东同志曾在中华人民共和国成立初期提倡"五爱"（即爱祖国、爱人民、爱劳动、爱科学、爱护公共财物），其中就有"爱劳动"。邓小平同志曾说过"从青少年起教育他们热爱劳动有好处"，强调从小培养劳动习惯的重要性。胡锦涛主席提出的"八荣八耻"中更有"以辛勤劳动为荣，以好逸恶劳为耻"的内容。苏联著名教育家苏霍姆林斯基也曾说，劳动能给人以欢乐，充实人的精神生活。因为劳动是一种创造，在劳动中能展示人的能力、禀赋和天才，从而能够确立人的尊严感。由此可见，劳动的荣誉感正是建立在汗水和辛勤的耕耘之中的。

劳动相对于德育、智育、美育和体育而独立成为教育内容，是苏联著名教育家苏霍姆林斯基最早提出的。他同时指出："我们是紧密联系德育、智育、美育来看待劳动教育的。"中国伟大的教育家陶行知先生一生致力于生活教育的推行，提倡"教学做合一"，即在课堂教学的同时辅助以生产劳动的身体力行，为学生塑造完整的教育模式。紧密联系德育、智育、美育、体育来看待劳动教育，我们不难发现，劳动教育和人的全面发展是息息相关的，德、智、体、美、劳都获得发展的人才是全面发展的人。所以，劳动是培养一个全面、和谐发展的人的必备条件之一，是一种非常可贵和重要的品质，应该让劳动在一个人的青年时期融入其精神生活，使其因内心的真挚热爱而参与到集体生活的劳作中去。因此，要培养出热爱劳动、不畏困难、符合我院应用型一流人才培养目标的学生，将劳动纳入我院的教育体系势在必行。

邓小平同志指出："各级各类学校对学生参加什么样的劳动，怎样下厂下乡，花多少时间，怎样同教学密切结合，都要有恰当的安排。"所以，早在2006年11月，我院就已向全院各部系下发了一份《关于将参加劳动作为必修课的通知》。前不久，我们又印发了《四川大学锦城学院劳动教育实施细则（试行）》。学生通过参加农场劳动、工厂劳动和清洁劳动、敬老院劳动等义工性质的公益劳动，在劳作中实践生存技能，养成吃苦耐劳的习惯和劳动素养，发展并完善人格，培养社会责任感，同时必须修得两个学分。这两个学分很重要，是毕业的必备条件之一。更重要的是，学生能逐渐认识到一个人获得的生活福利和社会财富是与他个人参加共同劳动有着紧密联系的，从而更加懂得劳动的尊严和荣誉，懂得珍惜和感恩。让劳动尤其是农业劳动进入高校课程，这一开创性的举措让四川大学锦城学院一时间成为全国教育

"邹爷爷"与学生一起收获劳动果实

界和媒体关注的焦点。须知，毛泽东同志曾对刚从苏联回国的毛岸英语重心长地叮嘱，要"补上劳动大学这一课"，让儿子在延安的广阔天地中学农习耕来充实课本以外的民生认知，可谓用心良苦。在今日之锦城学院，农场劳动教育正是我们所推行的多种劳动必修课教育形式中的一个重点课程。在争论和关注中，我院的劳动教育正在系主任、辅导员和班主任等全体教职员工的共同带领下稳步推进，以扎实有力的步伐一步步证明劳动教育理念的前瞻性和有效性，展示着锦城学院学生在书本学习之外的巨大潜力和优秀品质。当前任重道远、前景宽广，锦城学院相信，劳动可以改造世界，劳动更可以塑造经世致用的优秀大学生人才。

关于创业教育

创业教育也不是我们的发明。实际上，美国在20世纪40年代就开始进行创业教育。但是在国内，将创业列入必修课是我们的首创。

创业的定义有两层。定义一：创业是一个发现和捕捉机会，并由此创造出新颖的产品和服务，实现其潜在价值的过程。定义二：创业要付出时间和精力，要承担精神和财务上的风险，并能获得独立自主的权利和金钱的回报。

创业分为两种类型：一是新创企业，就是创造出一个全新的独立的法人实体企业，提供某种新颖的产品和服务；二是企业内创业，这就要求企业的高层管理者激励和保护新的创意，改善企业内部环境，改革管理体制，调整组织结构，进行直接的资金支持等，在此基础上加以推动，在一定意义上来说，它也是对公司的再造。

创业有被动创业和主动创业。我国改革开放以来的创业大部分是被动创业，这部分人最初主要是为摆脱家庭困境或无职业，因此被"逼上梁山"，四川很多企业家都是这样起步的。主动创业也有，比如政府官员下海、国企职工退职等。现在，主动创业越来越多。

一、创业的重要意义

第一，创业是一个国家或地区经济发展的源泉和动力。

创业活动越发达、越活跃，经济就越发达、越活跃，这是一个普遍规律。美国考夫曼企业家研究中心1999年6月的一份研究报告显示，每12个美国人中就有1个人打算创业，这一比例在10个发达国家中最高，91%以上的美国人认为，创办自己的企业是一项令人尊敬的工作，而持相同看法的日本人则仅为8%（这与日本经济近二十年的下滑有关）。美国在20世纪50年代，每年产生的新企业有约93000个，到20世纪80年代，新企业产生速度增加到每星期约12000个。近几年，中国、印度、俄罗斯等国经济发展较快，这与创业活跃有关。特别是中俄两国，由国家创业转变为国家、民间、外资竞相创业，极大地推动了经济快速发展。但是，在中国，创业发展最快的省份主要集中在民营经济发展较好的南部、东部地区，如广东、江苏、浙江等。据另外一项研究，2002年，中国每千人拥有的企业不足7个，发达国家平均拥有40到55个。四川省有大量劳动力前往珠江三角洲、长江三角洲以及北京等地区打工，就是因为四川省没有足够的企业容纳大量劳动力。所以，鼓励创业就是助力经济发展。中国在计划经济时代，只有国家创业，老百姓没有创业积极性，因此经济发展必然受到影响。

第二，创业是扩大就业和吸纳劳动力的主要途径。

安居乐业才能有民生，就业是民生之本。从发展经济学的观点来看，发展中国家剩余劳动力的转移和就业主要靠新增企业。在大多数国家中，99%的企业是中小企业，吸纳了65%至85%的劳动力，因此发展中小企业有利于就业。1977年到1980年，美国五百强企业减少了300万个就业岗位，同期，新企业增加了2000万个就业岗位。2004年，我国就业人口中，国有企业职工为6438.2万人，在私营企业就业的人数为5017.3万人，在个体企业就业的人数为4587.1万人，在私营企业和个体企业就业的人数相加占就业人口总数的60%。我国国有企业就业人数较多，但这些年一直呈下降趋势，1995年国有企业就业人数达到10955万人的峰值，此后逐年下降，到2004年降到了6438.2万人。所以从我国的现实看，中小企业也是吸纳劳动力的主力。

从大学生就业情况来看，2006年，北京市创业的大学生仅有100余人，不到毕业生的千分之一。我院实行就业与创业相结合的教育，大部分学生将被培养成为适应社会需求的就业者，但在学生出口上既可以就业，也可以创业，部分学生可由就业岗位的竞争者成为就业岗位的创造者，进一步拓宽了就业渠道，为社会创造新的贡献。

第三，创业活动极大地促进了科技创新和发明创造。

创业不等于科技创新，大量的新企业也并不一定属于高新技术企业。但是，推动创业对于"科教兴国"战略的实施和科技创新能力的提高有着十分重要的意义。创业可以推动科技创新，促进新发明、新技术、新产品的出现，从而推动经济发展，因为创业活动有助于创新意识的培养和风险精神的形成，为科技创新创造了社会氛围。创业企业的机制和体制使得科研经费的使用效率大为提高，从而大大加快了新产品的研发速度。据美国中小企业局统计，新公司创造的新产品数比大公司多250%。美国国家科学基金会的一项研究认为，新公司每1美元研发费用所获得的创新是大公司的4倍，而且新公司可以在较短的时间内使新产品更快地进入市场，平均为2.2年，而大公司需要3.1年。同时，中小公司可以更快捷地提供市场所需的产品和服务。

二、创业教育在全世界的发展

创业是一个艰难复杂的过程，创业教育是一种综合性很强的教育。创业学是一个综合交叉的学科，是在实践基础上综合管理学、心理学、金融学、法律学等学科研究成果建立起来的实践课程体系，它需要多学科的教授的共同参与。

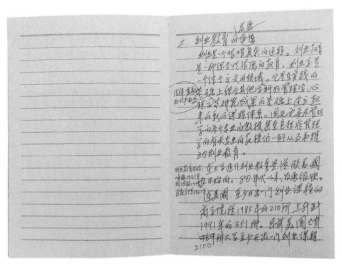

邹广严院长手稿

哈佛大学从1947年开始创业教育，斯坦福大学从1949年开始创业教育。20世纪80年代以来，创业教育在美国发展得很快，至少开设一门创业课程的大学从1991年的351所增加到现在的大约2100所，超过美国大学总数的50%。开设创业课程的不仅有商学院，还有经济学院、工程学院、艺术学院、护士学院等。哈佛大学、宾夕法尼亚大学已经开始培养创业学方向的工商管理博士，各学院的创业学首席教授已经有100多位，创业活动中心、孵化器等也为已在创业的人员提供培训。在美国已经形成了从中学到大学的正规创业教育体系。在创业教育上，别人已经走在前面，我们可以学习和迎头赶上。

创业教育的发展促进了创业学的研究，创业学的研究成为创业教育的有力支撑。创业学的研究主要有四个角度：管理学、经济学、社会学、心理学。

1998 年，联合国教科文组织在巴黎召开的首次世界高等教育大会上，发表了《21 世纪高等教育世界宣言：展望与行动》，提出"高等学校必须将培养创业技能和创业精神作为高等教育的基本目标"，要求 21 世纪的青年除了接受传统意义上的学术教育和职业教育外，还应当拥有第三本护照——创业教育。

中国的创业教育起步晚，但是发展快，成为管理教育的增长点。严格地讲，1998 年是中国创业教育的起始，这一年清华大学在国内率先推出学生创业大赛，并允许优秀学生休学创业。到 1999 年，该校涌现了 11 家创业企业。1999 年 3 月，复旦大学管理学院五位 MBA学员参加了亚洲创业计划大赛，在 13 所商学院中脱颖而出，创业方案获得冠军。四川工商管理学院 1999 年开办以来，引进 TOPMBA 教学模式，实现了 MBA 教育与创业教育的结合，以团队策划、创业方案代替论文写作，目前学生创业方案已有数百项，其中三分之一得到了实施，培养了一批创业企业家。

锦城学院木格子团队荣获 2007 年四川省大学生创业大赛一等奖

锦城学院木格子团队成立实体公司，举行开业典礼

1999年，江泽民同志在第三次全国教育工作会议上指出，要帮助受教育者培养创业意识和创业能力。通过教育部门的努力，培养出越来越多不同行业的创业者，就可以为社会创造更多就业机会，对维护社会稳定和繁荣各项事业就会发挥重大作用。2000年，西北工业大学开设了创业课程。2002年，教育部选定了清华大学、中国人民大学、西北工业大学等九所高校作为开设创业课程的试点。由此，创业教育正式进入我国高校。

根据欧美及我国创业教育的实践经验，创业教育一般包括：开设创业课程、开展创业学研究、师生参加创业实践，有的还可以分享创业成果。在教学方法上，案例教学和经营计划是教学的中心环节，处理各种创业问题如法律、税收、知识产权、企业评估以及合同管理等的专家被邀请参加课堂教学，很受欢迎。

三、创业教育的内容和重点

被英国《经济学人》杂志评选为"全球管理大师"的日本战略之父大前研一教授在其《创业者之道》一书中指出，一个成功的创业者应具备三个条件：一是要有创业的大志，二是要有体现自己想法的商业计划，三是要有对商业计划身体力行的能力。美国著名创业学教授罗博特·D.希斯瑞克在其《创业学》一书中提出一般的创业过程应包含四个阶段：一是识别和估价市场机会，二是准备并撰写经营计划，三是确定并获取创业所需的资源，四是管理新创企业。这三个条件、四个阶段就是我们创业教育的重点。我院在创业教育中应重点抓住以下三点。

首先是培养学生的创业意识和创业精神。一要培养学生敏锐地发现机会并追逐捕捉之的企业家精神。二要培养学生能够创造出某种有价值的新事物的精神即创新精神。三要培养学生能够承担财务和社会风险的精神。将创业与风险联系起来是17世纪的一位经济学家理查德·康替龙提出的，他发现那些商人、手工艺者和其他个人业主"按一个确定的价格买入，再按一个不确定的价格卖出，他们的经营充满风险"。因此，他把企业家视为"风险承担者"。四要培养学生有屡败屡战的顽强精神。创业可能失败，如果失败就停止不干，那成功的机会就渺茫了。一项调查显示，26.5%的受访者有创业的经验，69%的创业者经历过失败，只有3.5%的人经历失败后拒绝再次创业。

锦城学院第六届大学生创业设计大赛决赛

其次是培养学生的创业本领和实践能力。培养学生的创业意识和创新意识是解决"想创业、敢创业"的问题，培养创业本领和实践能力解决的是"会创业、能创业"的问题，这里的重点是：

一要培养学生识别和把握机会的本领，这需要学生能对宏观经济环境、行业环境和微观环境等客观环境进行分析。其中，宏观经济环境分析是指能不能进入某个地区进行经营，因为机会是环境变化造成的，当环境变化，消费也会随之变化，客观上存在尚未满足的新需要，这就是机会。例如：因城市化加快，城市人口增加，垃圾清理技术和污水处理技术等需求产生了；石油涨价，对替代品如甲醇的需求产生了……但不是所有的环境机会都是可用的，只有那些符合创业者自身优势和能力的才能转化为创业机会。分析宏观环境，包括政治环境（政局和政策等）、经济环境（经济发展水平和经济结构等）、社会环境（人口、习俗、生活方式、宗教等）、自然环境（资源、环境容量等）。

行业环境分析指能不能进入某个行业进行经营，创业者通过了解行业基本竞争情况及潜在的发展机会，以做出正确决策。它包括行业发展阶段（孕育、成长、成熟、衰退）、行业进入壁垒（如产品的技术含量、经济规模、最低投资额、资源支持、产品差异等）、行业退出壁垒（如资产再利用性、善后处理费用、社会压力等）、行业发展前景和市场前景（竞争、威胁、替代品等）。

微观环境分析包括对企业、供应链、顾客、竞争者和公众等的分析。

通过对以上三个方面的分析可以发现在哪些地区、哪些行业、哪类企业存在机会。识别机会是创业者最重要的任务之一，无论对个人还是对公司来说，创造性地寻求机会都是创业的起点。

二要培养学生制订创业计划书，即创业方案。创业计划书是对创业项目（企业）所有事项进行总体安排的文件。创业计划书是一种蓝图，有两个作用：一是说服他人对策划项目赞同或加盟的依据，二是吸引他人投资或银行贷款的依据。创业计划书主要包括两部分——方案和论证。方案中五大因素不能少，包括：成立什么样的公司、提供的产品和服务、目标市场、预期收益、管理团队。论证就是可行性研究：市场可行性研究包括对市场进行细分、市场占有率、竞争对手、营销策略、营销渠道等方面；技术可行性研究包括工艺、设备、产品档次、技术含金量等；财务可行性研究包括资金回报率、资金回收期、盈亏平衡点、敏感性等效益分析；法律和政策可行性研究考虑法律和政策方面的限制因素。

三是方案的实施。主要包括以下五个方面：强大的组织团队，筹措资金支持，工程设计概算招投标，完善的法律手续，工程项目管理及实施。其中，工程项目管理要重点抓好三大控制：工程进度控制、工程质量控制、工程概算控制。

创业教育中需要重点抓住的第三点是管理和经营好企业，达到或超过预期目标，这方面就和现在的企业管理学等课程结合起来了。

同时，我们还要理清对创业和创业教育的几种误解。一是认为接受创业教育后，创业时间越快越好。创业教育是一种基本教育，接受创业教育使学生具有创业精神和创业本领，至于何时创业应视发展机会而定。二是认为创业项目技术含量越高越好。这是一种愿望，但应实事求是，一般在创业初期，所上项目的技术含量有一个从低到高的过程，当然也有一些项目一上马就属于高科技。三是认为创业项目投资量越大越好。这是不一定的，一般地说，投资是有风险的，投资量越大，则风险越大，而且增加了筹资的难度，从可行性的角度来看，一般创业投资从资金量少的项目开始。

李嘉诚创业是从当学徒白手起家的。他14岁在舅父中南公司的茶楼当堂倌，学会了察言观色，后来在一间钟表店里当店员。17岁到五金厂当推销员，推销铁桶。18岁到塑胶公司推销玩具、塑胶桶。这期间，他勤奋好学，精明能干。到22岁，他把握时机，看准了当时做塑胶花生意投资少、见效快、加工容易、市场容量大的特点，用平时省吃俭用积蓄的7000美元创办了自己的"长江塑胶厂"。

松下电器的创始人、被人们誉为"经营之神"的松下幸之助在23岁时以200日元为本钱在10平方米的一个小房间里开了一个小作坊，生产新式电灯插口。一年后，他在大阪创立了"松下电气器具制作所"，生产电灯。经过艰苦创业，七年后，他就成为日本收入最高的人。

我们要推行新的教育内容，一定要把思想政治工作做好。今天开会就是统一全院认识，认识到劳动光荣、创业必要，然后才能对同学们进行教育。有同学说大一很多问题都不懂，怎么创业？要告诉他们，李嘉诚从十多岁开始创业时也是什么都不懂，关键是要通过教育培养悟性，正是不懂才需要进行教育。要允许学生失败，可以总结经验重来，也可以作为案例分析失败原因。我希望全体教职员工一起深入推进劳动和创业教育，共同来构建"锦城"特色的教育体系，促使学生进行吃苦耐劳意志训练、组织纪律与团队精神训练、职业素质能力训练，具备创新思维、创造能力和创业精神。

深化高教改革，构建应用型人才培养模式

——在学院"五一"座谈会上的讲话

（2007年4月29日）

中国的高等教育在扩招之后，面临着许多问题，其中之一就是改革和构建新的人才培养模式的问题。现在我结合学院情况，就构建应用型人才培养模式讲几点意见。

一、关于人才培养模式问题

（一）培养模式问题是如何产生的

这是我国高等教育快速发展带来的一个新问题。在20世纪五六十年代，高等教育不发达时，没有这个问题。那时高校经过院系调整，提倡专业化，培养方向单一。例如，清华大学属于工科，北京大学属于文理科，都是培养所谓精英。当时高等学校数量少，1965年全国高校只有434所，现在全国有招生资格的高校达到了2168所。高校发展了，学生数量增加了。"文化大革命"后恢复高考的1977年，全国录取学生数为27万人，录取比例为1：29。而现在大学的毛入学率已经达到22%，今年的大学毕业生已经达到495万人。学校多了，

学生多了，标志着高等教育迎来了一个历史性的转折——从精英教育向大众化教育的转变。大众化教育带来一个新问题，那就是学校要区别定位，人才培养目标要分类，这叫作错位竞争、分类培养。

看看美国大学分类的情况。第一种类型是研究型大学，包括私立的哈佛大学、耶鲁大学、斯坦福大学等，公立的加州大学等。美国著名大学多数是私立的，跟中国的情况刚好相反。第二种类型是本科学院，没有硕士生和博士生，只有本科生，美国前总统里根毕业于伊利诺伊州尤里卡学院，就属于这种本科学院。第三种类型是为社区服务的社区学院。

中国大学的分类，现在方法很多。我看大致分为三类：第一种是研究型大学，是少数；第二种是应用型大学，是多数；第三种是高职院校，在其名称上是标明了的。其中，应用型大学的学生，基础知识要比高职院校学生强，动手能力要比研究型大学学生强。锦城学院就属于应用型大学，中国的大多数大学都属于这种类型。

怎样办好应用型大学，很多学校都在探索，包括省属、市属地方院校和独立学院。比如，华中理工大学武昌分校在校生一万八千多人，规模很大，军事化管理是其一大特色。但这些地方院校和独立学院都面临一个问题，即培养模式没有彻底明确，所以还在经常讨论教学计划改革。如果我们的高教发展阶段变了，学生就业方式变了（双向选择，不包分配了），但是我们的人才培养模式不变，还停留在计划经济阶段，那就脱节了。所以我们必须认真探讨构建人才培养模式的问题。

（二）学校定位

学校定位也是构建人才培养模式的一个重要方面。锦城学院在类型定位上，文、理、工、经、管、艺学科都有，属于综合型学校。综合型学校的优势在于有利于通识教育，有利于跨学科教学，交叉培养，有利于培养学生全面发展。在功能定位上，锦城学院培养的不是研究型人才和技能型人才，而是应用型人才，属于应用型学校。在培养目标定位上，锦城学院要培养具有一定理论知识和实践能力的高素质、复合型、经世致用的人才，学生通过学习，要达到"三会两双"的目标。

（三）培养措施

明确了学校的分类和定位，也就明确了我院要构建的是应用型人才培养模式，这就要有培养措施作保障。在培养措施方面，我提出四个问题请大家来研究。

第一个问题是指导思想和专业设置。社会和企业用人首先看专业是否对口，所以专业设置要依据市场分析，对口市场分类，迎合市场需求。专业设置不当，最后可能造成无功而返，因此不合适的专业就要调整。社会急需而我们没有的专业，要根据可能予以增加。

第二个问题是课程设置和教学计划。培养应用型人才，在理论知识传授上应该教哪些？应该开哪些课程？请哪些教师来开？除了我们提出的"三大教育"之外还有哪些知识是必须具备的？比如工商管理系的学生，根据我的体会，一定要学一些生产工艺知识。既懂管理，又懂具体行业的生产工艺知识，才能从事某个行业的管理工作。就像钢铁行业，要知道选矿、炼铁、炼钢、轧钢等整个生产环节的基本知识，才能从事钢铁企业管理；对于化工行业，要知道原料添加、反应过程、产品生成等各环节相关知识，才能从事化工企业管理。为此，学院正在委托编写生产工艺知识教材。我们鼓励学生选修相关课程和辅修第二专业，就是为了迎合社会对复合型人才的需求。

第三个问题是实践能力的培养，这也是构建应用型人才培养模式的重要环节。我们一直重视实践能力的培养，但这个问题还没有得到彻底解决。我们正在探索培养实践能力的路子，应该说，取得了突破性的成果。例如，开门办学，学校教育和社会实践相结合，学生参加"三练三创"活动，土木工程系学生到工地实习，参与学院校门设计，财金系学生开展审计实践，等等。让学生真刀真枪地干，这就是培养实践能力。

第四个问题是师资队伍问题。要有一支能动口又能动手的"双师型"教师队伍，才能培养出应用型人才，这就涉及教师的选拔和培养的问题。要订出一个计划，争取在几年内，"双师型"教师所占的比重大大提高。

（四）考核标准

研究型人才的考核标准是作实验报告和发表论文，应用型人才的考核标准是什么？我们既不能照搬北大、清华或川大的课程体系和人才培养模式，也不能照抄他们的考核标准和考核方式。锦城学院作为应用型大学，要和研究型大学错位竞争、差异化发展，不能搞同质化。所以，我们要研究探索应用型人才的考核标准和考核方式。四川省工商管理学院在这方面有所创新，学生做的一个创业方案通过了，可以替代毕业论文，因为培养目标是成为企业家。要当企业家，就是要创新、创造、创业。所以，我们要创制一套应用型人才的考核标准和考核办法，那就是以毕业生被社会需要和认可为尺度。

（五）处理好六个关系，做到三个"为主"、三个"并重"

要建立应用型人才培养模式，还要解决好六个关系问题，这就是：科研与教学的关系——以教学为主，搞科研活动，也要以应用型研究为主；创造知识与传授知识的关系——以传授知识为主，并且注意把知识活学活用；引领社会与服务社会的关系——以服务社会为主，强调教育为经济建设和社会发展服务；理论教学与实践教学的关系——二者并重，特别注重实习、实训、实践；校内教育与社会教育的关系——二者并重，着力于和社会各界建立紧密的伙伴关系；就业教育与创业教育的关系——二者并重，使学生的出口多元化。

总的来说，这六个问题都是围绕人才培养模式来讲的。这个模式就是要解决培养什么样的人和怎样培养人的问题，是当前高教改革和发展的核心问题，今天提出来，希望大家共同研究，把我们学校这篇文章作好。

二、关于两条生命线

我院自建院伊始，就提出了一个办学指导思想：教学质量是学院的生命线，稳定和安全也是学院的生命线。这个两条生命线的指导思想，充分说明了我院对教学质量和稳定安全的高度重视。

众所周知，稳定安全是学校发展的基础和前提，而教学质量则是一个学校的旗帜和品牌。学校的实力是什么？教学质量！学校的声誉是什么？也是质量！实践证明，一个没有教学质量或质量较低的学校是没有竞争力和发展前途的。

当然，评价质量的标准值得研究。既然学校分类了，就不能用同一把尺子来衡量，而应该用不同的质量标准来评价不同类型学校的教育质量。

教育质量问题不仅中国有，外国也有。我们去年学习研究了美国教育部的两个文件《国家处在危险之中：教育改革势在必行》《投身学习：发挥美国高等教育的潜力》，这两个文件讲的是美国教育质量问题。在中国，提高教育质量已成为高校扩招后公众关注的焦点，也是高等教育实现跨越式发展之后的主要任务和战略重点。

学院针对这两条生命线已经各制定了十条措施。我们现在要在更高的高度上更深刻地认识到，"双十措施"的目标是建设两个保障体系，保障教学质量，保障稳定和安全。

1979 年，中国从日本引进了一种管理思想和方法——全面质量管理。全面质量管理的理论是美国统计学家戴明发明的，但做得最好的是日本，将它发扬光大，推广普及。全面质量管理的核心是全面的质量管理、全过程的质量管理、全员参加的质量管理，管理工作从过去对产品的事后检验，转到对生产经营全过程的控制。现在开展的企业管理认证活动也是遵循这种思想。

我们可以将全面质量管理的思想和做法引入教育领域，就是通过对教育质量和稳定安全进行全员、全方面、全过程的管理，形成两个保障体系，达到教育质量不断提高和稳定安全不断增强之目的。这两个保障体系各有其具体内容和着力点，我们现在先讲一些原则。

首先，要确定一个责任主体。这个主体就是校、系二级领导者，学校和校级领导班子是主体，部系主任、书记是主体。

其次，就是要有软硬两种力量支撑。学校不仅要有硬实力，如教学楼、实验室、图书馆、运动场及其他教学、生活服务设施，也要有软实力，如学校的机制、体制、办学思想、理念，学校的规章制度、学风、教风和校风，学术氛围，学校文化，等等。

再次，要充分发挥社会、学校和家庭三方面的协调、支持和配合作用。教育质量的提高绝不仅仅是学校的事情，社会（包括政府、企业、媒体等）形成一个良好的环境和氛围，对促进教育质量的提高有极大的作用和影响。同样，学生家庭的合作与配合也不可缺少。

最后，要建立四个子系统。

1.计划和指挥系统。其主要职能是按照学校的指导思想制订计划，确定目标或标准，确定目标实现的各项措施。要有分析、有计划、有安排、有预案。凡事预则立，不预则废。

2.执行和落实系统。这个系统的主要职责是执行计划、组织协调，按照过程中的每个环节，使之达到计划要求的标准或目标，为此必须依靠教师、管理者、学生三支队伍并发挥他们的积极性。

3.支持和帮助系统。学校教育质量的稳定和提高需要各方面的支持和帮助。这包括加大投入、物质和精神方面的支持，包括学校内部各方面的支持（如思想政治工作、后勤服务等），学校外部各方面的支持（如实习基地、环境秩序等）

4.信息反馈和评估系统。其职责是组织督导和检查、获得信息、开展评估。要采用多种方式，如校内检查、自我评估、政府监督、社会评价等等，及时将信息反馈给学校主管机构，以便于总结经验，纠正偏差，发扬成绩，克服缺点。

我们这一套保障体系就是要全员参与，每个员工都要找准自己的位置，履行自己的职责；要全方面参与，无论是教学、科研、人事、后勤、党团活动和学生管理都要服务于和服从于教学质量和稳定安全这个大目标。要全过程参与，从专业设置、招生入学、备课教学、实验实训、学生课外活动到社会实践，每个环节都要高质量运行。全校任何单位、任何个人、任何工作都要纳入保障体系之中，不能在体系之外，在体系之外的就是边缘化了的，是多余的。

建立两条生命线的保障体系，不但学校要做，各系、各部门包括教研室也要做。只要大家都牢固树立人才培养是学校的根本任务、质量和稳定是学校生命线的观念，把校、系、专业、班的保障体系建立并落实下来，我校的生存和发展就将基础日厚、声望日隆、蒸蒸日上，自立于中国著名大学之林。

三、关于辅导员工作

关于高等学校辅导员的工作，自设立时起就一直在讨论。讨论的焦点是辅导员的岗位属性和专业属性。

有一些同志认为辅导员"三有三无"：有职业无专业、有岗位无标准、有成绩无前途。其本质是对辅导员工作的性质、定位、属性认识不清或认识不足造成的。

首先要明白高校是一个什么样的机构。从对古今中外的高校分析可知，高校是一个以培养人才为目标的学术机构。这个机构要正常运转，就需要两样东西——管理和服务。

高校从大的方面讲有两类活动：一类是学术活动，包括教学和科研等；一类是管理和服务活动，包括对物的管理和对人的管理，对教师的管理服务和对学生的管理服务等。

辅导员在学校是从事什么活动的？显然主要是从事管理和服务活动的。教育部的文件说："辅导员是高等学校教师队伍和管理队伍的重要组成部分，具有教师和干部的双重身份。"从我校的实践来看，辅导员是要做一些教师工作和学术活动的，例如开设一些思政课、道德课和学生职业生涯指导课等等，但主要的还是以管理服务为重。一个辅导员管理200个学生，这个岗位的性质是什么？是管理。它管理的对象是学生，管理的具体内容是学生事务，因此它的专业就是学生管理专业，就像企业里管理人的专业是工商管理一样。所以，辅导员这个工作是有职业、有岗位、有专业的。

辅导员的岗位职责标准是什么呢？根据我校的特点，我看主要有四条。

第一是思想政治辅导。辅导员的首要职责是要抓好思想政治工作和德育工作，贯彻党和国家的方针政策，帮助学生树立正确的世界观、人生观、价值观，指导学生全面发展。

第二是生活心理辅导。现在的孩子是在一个新的环境条件下长大的，生活上、感情上的问题，很多学生不会应对，这就需要辅导员对他们提供必要的关心、帮助和服务，有些心理问题要进行咨询和化解。对于这些年轻的孩子，辅导员既是良师，又是益友。要对他们动之以情、晓之以理，既严格要求，又体贴关心。

第三是创业、劳动和就业辅导。实行"三大教育""四大计划"，创业和劳动作为必修课，贯彻创业和就业相结合的培养方针，是我院办学特色。辅导员要指导学生做创业方案，指导学生劳动和创业实践，指导学生做就业准备，完成学校的培养计划。

第四是读书学习辅导。学生在学校的首要任务是学习，通过课堂和书本传承知识必不可少。部分学生在中学养成的学习习惯不好，学习兴趣不浓，甚至认为到大学该松口气，凑合着混一个文凭即可，这种观念给建立良好的校风，培养出色的人才制造了不少的困难。辅导员辅导学生学习，当然不能代替任课教师，而是要帮助、教育学生端正学习态度，明确学习目的，掌握学习方法，建立良好的学风和校风。就像陶行知先生所讲，不是教师教，学生学，而是教师教学生学，教会学生获取知识的能力，即所谓授人以渔。

为了做好以上四条，我们要求辅导员做到"三访两沟通"。"三访"即访问学生宿舍、访问课堂（随堂听课）、访问实习场所；"两沟通"即及时、经常与学生家长沟通，与任课教师沟通。

以上四条就是辅导员岗位的大体标准，做到了这四条，就是称职的辅导员。

要做到以上四条并不容易。首先，是它涉及的知识面很宽，需要学习，需要广泛地、艰苦地、不断地学习，要学习教育学、教育史、管理学、心理学、创业学、社会学等等。其次，它的要求高、难度大，要求爱岗敬业。要有不怕苦、不怕累的精神，要有沉下去和学生打成一片的作风，要有创造性工作、敢于争先突破的魄力，要有信心、爱心和耐心。再次，由于四条职责标准中有不少是本校特色、特殊要求，因此每个辅导员要讲求职业忠诚，要忠诚于党的教育事业，忠诚于学校的办学思想和理念，要同心同德，共存共荣，克服浮躁情绪和消极思想，树立为学校创牌子、树旗帜、共同奋斗的思想。

同志们！以上讲的是一个轮廓，具体我们还要按中央和教育部的要求，制定详细的辅导员工作制度，包括配备、选聘、岗位职责、管理考核等等，特别是在管理职务的升迁和学术职称的评定方面要有明确的规定。

这里我特别要讲一下考核。大家知道，在高等教育体系中，学术事务产生科研成果，学生事务产生人才成果。对从事学生事务管理的辅导员的重要考核指标是看学生的表现，你工作的全部成果都体现在你所管理的200个学生身上。当然，如果你能将你的卓有成效的工作再进行理论的研究和经验的总结就会更好。

一个人管理200个学生，建立了若干个班、组和社团，这是一个大舞台，一个有作为的人就会在这个大舞台上演出精彩的戏剧来。我希望通过今天的会议，推动我院辅导员队伍的职业化、专业化建设，为建立一支高素质、高效率的学生管理团队而奋斗！

弘扬优秀传统文化，建设现代化一流综合性大学

——在学院孔子塑像揭幕仪式上的讲话

（2007年5月12日）

尊敬的遥远先生，各位老师，各位同学：

今天我们在一起隆重举行孔子塑像揭幕仪式。首先，让我们全校师生员工用热烈的掌声感谢遥远先生赠送这座孔子塑像！

孔子生活在公元前551年至公元前479年，是春秋时期鲁国人。孔子是中国也是世界上最伟大的思想家、教育家、哲学家之一。

孔子是伟大的思想家。孔子的思想如仁义、礼治、"己所不欲，勿施于人"、"己欲立而立人，己欲达而达人"等等，至今仍然在中国人的心理积淀和行为习惯中有着深远的影响，是中华民族宝贵的精神财富，他的思想现在也不过时。

孔子是伟大的教育家，是中国民间学校的老祖宗和创立者。孔子之前没有真正意义上的民间学校。他在杏树下讲学，即称作杏坛。孔子"弟子三千，贤者七十二"，而当时中国人口不过450万，可见孔子的办学规模很大，非常了不起。孔子创造了自己的教育思想体系，如"有教无类"的教育理想、因材施教的教育方法等。他还讲究与学生互动，"不愤不启，不悱不发"。孔子的教育思想、教育方法以及教学成果在中国历史上都是伟大的。我们树立孔子像就是要继续发扬

学而不厌、诲人不倦的师德师风。

孔子的思想和他所创立的儒家学说成为中国传统文化的主干。当然中国传统文化也包括道家思想，以及从印度传进来的佛家思想等。历史上对孔子的地位和作用有很多论述，代表性的说法有三种。

西汉著名史学家司马迁在《史记·孔子世家》专门赞扬孔子，他说，《诗》中有"高山仰止，景行行止"的说法，虽然我们不能达此境界，但内心要追求此方向。从古至今，帝王将相众多，在世时荣耀富贵，殁去如过眼云烟。孔子以平民传世十余代，受到学者推崇，受到天下人尊敬，可称之为至圣。

宋朝开国宰相赵普，三次为相，匡扶两朝，周旋三纪，读书手不释卷，朝中文人多讥讽他所读者不过《论语》而已。宋太宗问赵普："你只读《论语》吗？"赵普说："确实如此。昔日我以半部书辅佐太祖定天下，今天我以半部书辅佐陛下治理天下。"这就是"半部《论语》治天下"的典故，说明了《论语》在中国文化中的地位和作用。

宋朝著名理学家、教育家朱熹引用他人的话说："天不生仲尼，万古如长夜。"类似的话，恩格斯赞扬马克思时曾这样说过，邓小平同志赞扬毛泽

艺术家遥远向锦城学院赠送孔子铜像

东同志时也曾这样说过。中华文化上下五千年，其中前两千五百年，多种文化经典经过孔夫子辛勤的整理、收集、归纳、编述而得以传承；后两千五百年，孔子及其弟子的思想学说一直延续，使中华文化得以发扬光大。可以说孔子是中华文明的承前启后者。

1988 年，一批诺贝尔奖获得者在巴黎聚会时发出感言："人类要在 21 世纪生存下去，必须回首 2500 年前，从孔子那里汲取智慧。"

毛泽东同志在《中国共产党在民族战争中的地位》中有一段非常精辟的赞扬孔子的话："我们这个民族有数千年的历史，有它的特点，有它的许多珍贵品。对于这些，我们还是小学生。今天的中国是历史的中国的一个发展；我们是马克思主义的历史主义者，我们不应当割断历史。从孔夫子到孙中山，我们应当给以总结，承继这一份珍贵的遗产。这对于指导当前的伟大的运动，是有重要的帮助的。"

邓小平同志提出了奔小康的奋斗目标，其中小康社会、大同社会的说法来自孔子弟子及后世儒者的文章结集而成的《礼记》一书。胡锦涛同志、温家宝同志多次引用过《论语》中的话，如"德不孤，必有邻""士不可以不弘毅，任重而道远""不愤不启，不悱不发"等等。

我们当前也在进行一项伟大的运动，就是中华民族伟大复兴，就是建设和谐社会，就是让中国置身于世界强国之林。所以，我们今天树立孔子塑像的意义就在于发扬中华民族优秀传统文化，发扬孔子兴学重教的光荣传统和教育思想，把锦城学院建设成为现代化的一流的综合性、应用型大学！

我在这里还要特别介绍遥远先生。遥远先生是文天祥之后，他首先是一个爱国者，曾在 2004 年诺曼底登陆战役六十周年时，向法国诺曼底地区赠送了一座高10米的"世界和平女神像"，因为他希望让全世界人民了解中国人民是爱好和平的人民，中国文化是讲求和谐的文化，他希望将中国文化传播到世界各个地方。然后，遥远先生才是一位艺术家，音乐、雕塑、编导都会，多才多艺。同时，遥远先生还是一位乐善助施、助学为荣的慈善家。

最后，我希望这座孔子塑像的落成，能对我院的建设和发展，对教育事业的发展，起到极大的推动促进作用！

让创新与创业教育撑起高校教育的一片蓝天

——《大学生创业基础教程》序

（2007年8月）

1998年1月联合国教科文组织在巴黎召开大会，发表《21世纪高等教育世界宣言：展望与行动》，提出高等学校必须将创业技能和创业精神作为高等教育的基本目标，并且认为这是大学生的"第三本护照"。

实践证明，创业在人类文明发展的历史上有十分重要的意义。

首先，创业是一个国家和地区经济发展的源泉和动力。众所周知，美国是世界上经济最强大的国家，也是创业活动最活跃的国家，1999年6月美国考夫曼企业家领袖中心发表的一份报告显示：每12个美国人当中就有1个人期望开办自己的企业。这一比例远高于其他国家。而近几年经济发展较快的发展中国家，如中国、俄罗斯、印度等，创业活动也十分活跃。特别是中、俄等原计划经济国家，实现了由国家创业向个人创业的转变，极大地调动了人民群众创业的积极性。在我国，经济发展最快的地区像北京的中关村、上海的浦东、浙江的温州、广东的珠三角等，都是创业活动最活跃的地方。这充分说明，创业活动是一个国家或地区经济发展的主要推动力，创新和创业是经济活力的源泉和发展的灵魂。

其次，创业活动极大地促进科技创新和发明创造。尽管创业并不等于创新，但推动自主创业对科教兴国战略的实施和科技创新能力的提高十分重要。创业可以推动新发明、新创造、新产品以及新的管理方式和管理体制的出现，从而促进创业精神的培养和风险意识的形成，为科技创新创造良好的社会氛围。

再次，创业是扩大就业和吸纳更多劳动力的主要途径。从发展经济学的观点来看，对于发展中国家剩余劳动力的转移和就业来说，日益增加的企业数量是十分重要的。世界性的规律是：一个国家的全部企业中，99%是中小企业；一个国家总的就业人口中，70%—85%在中小企业，而中小企业正是创业活动的结果之一。

但是，创业并不是靠一时的冲动和盲目就能完成的。创业是一个发现和捕捉机会并由此创造新的组织，由它提供新颖的产品或服务以实现其潜在价值的过程，它包括新创企业同时新创业务，也包括现有企业内部新创业务。在这两种情况下，无论从事哪一种创业活动，都需要有知识和技能。同时，创业要获得相应的回报，就必须承担相应的风险，包括财务的、精神的和社会的风险。创业要成功还要防范和规避风险，这也需要知识和技能，包括创业机会的选择、创业方案的策划、创业市场的把握和细分、创业管理的设计实施、融资和法律等。要获得这些知识和技能，其途径有二：一是通过教育，即由学校开设创业课程，让学生学而知之；二是学生由毕业前后所从事的创业实践中获得，包括自身的经验和对别人的观察等。总之，创业不是单凭匹夫之勇、心血来潮就能成功的，而是需要有坚实的创业知识和技能做基础。现阶段创业者最缺乏的，也是高校最薄弱的就是系统的创业教育。所以，在高校推行创业教育十分必要。

江泽民同志在第三次全国教育工作会议上指出："要帮助受教育者培养创业意识和创业能力。通过教育部门的努力，培养出越来越多不同行业的创业者。"我院进行的创业教育，不仅仅是希望学生学会如何主动地获取新知识、创造新知识，还希望他们通过有效地配置自身的各种资源，将知识转化成现实的个人和社会价值，最终实现知识的最大效用。我们不但要通过创业教育培养青年学生的创业精神和风险意识，培养和锻炼学生不怕困难、不怕挫折的顽强意志，同时要教给他们创业的知识和创业的本领，提高他们的创业能力。创业教育的实施，将造就成千上万的创业者和企业家，使我院学生的"出口"实现就业和创业相结合，一些成功的同学将由就业岗位的竞争者变成就业岗位的创造者，这真是利国利民之举啊！

但是，和目前我国高等教育中的就业教育相比，创业教育还很薄弱，与美国和欧洲等发达国家相比，差距甚大，可以说处在起步阶段。在这种形势下，四川大学锦城学院根据自己的办学思想和理念，为了实现高素质应用型创新人才的培养目标，自 2005 年以来，决定开设创业课，作为学院"三大教育""四大计划"的主要内容之一，并将创业课程和实践在教学计划中提升到学生必修的高度。学院的创业教育主要包括三个方面的内容：第一，开设针对全院学生的创业教育课程，将创业教育课本化、课堂化、长期化；第二，举办大学生创业设计比赛，通过自愿组成创业设计团队，制订创业计划书或设计创业方案，这些方案通过教师指导和专家评估成为评价学生成绩和水平的重要依据；第三，创办学生模拟公司，让学生组成创业团队在学院内部进行创业实践，学院提供资金、场地、公共管理职能模拟、教育培训等支持，通过对具体创业项目的全过程设计、运作，全方位锻炼学生的管理技能，培育良好的管理思想，提高学生的创业能力，激发他们创业的积极性。这些做法得到了学生和社会各界的高度认同。截至2007年，四川大学锦城学院两届学生策划设计的创业项目已近两百项，部分作品参加四川省举办的相关竞赛并获奖，学院还建立了30多家模拟公司，由学生亲自操作，取得了良好效果，应该说是一个成功之举。

创业教育的实施是一项庞大的系统工程，需要政府、高校、社会各界及大学生通力合作，其中作为直接培养社会主义建设人才的高等学校负有重要责任。为了满足创业教育课程实施的需要，四川大学锦城学院组织编写了这本教材，一是对近几年我校创业教育经验的总结，二是为教师教学和学生学习提供一个简明实用的基础读本。我相信这本教材的出版和应用，必将促进我院创业教育内容、方法和目的的改善，必将促进学生创业活动的活跃，必将促进大学生创业者的成长和成功！

我们期待并深信，创新与创业教育一定能够撑起高校教育的一片蓝天！

邹广严院长在天津大学第八届世界校友大会期间接受天津大学记者专访实录[1]

（2007年8月24日）

记者：邹省长您好，感谢您接受我们的采访。您这次回到母校有什么感受？

邹广严：我回到学校以后一个突出的感觉就是学校的基础设施、校区的建设和规模发展得很快。我们没有像四川大学、吉林大学那样并校，而是坚持了稳步、适当扩大规模的方针，扩大了研究生在学生中的比重，我觉得这是很正确的。因为我国的高等教育完成从精英教育到大众教育的转变后，不可能所有的学校都办大众教育。我们必须保留一部分所谓高精尖的学校，不是扩大规模，而是提高质量，向世界一流大学冲刺。天津大学选择了这样一个定位是很重要的，这正是国家所需要的，也是大众对这种历史长、实力雄厚的学校的一种期望。

---

[1] 邹广严院长于1963—1968年在天津大学化工系金属物化专业学习，毕业后无论身在何方，始终心系母校，担任天津大学兼职教授、天津大学四川省校友会会长等职，多次回母校看望恩师，参加活动。本文是邹广严院长在参加天津大学第八届世界校友大会期间，接受该校记者采访的实录。

记者： 通过您对学校的理解，您对学校的事业发展有什么建议？

邹广严： 我这一辈子填表填得最多的两项：第一是我的籍贯，第二就是我的母校天津大学。无论走到哪里，我们的个人表现、个人成就都是和母校联系在一起的。我们为母校是中国近代第一所大学而骄傲，走到哪里我都会说我们是"天字第一号"。校友们都很关心学校的发展，尽管我们都毕业了，但我们都认为学校的发展和我们个人的利益息息相关，所以作为校友，关心学校发展是理所当然的。我说一点建议的话，学校现在的基础很好，方向、定位都是正确的。我觉得主要应该抓两条：

第一条就是抓实力。学校是靠硬实力和软实力来支撑的。硬实力是指学校的办学条件、师资水平和科研成果。硬件条件、科研是否在重大问题上有所突破，是学校提升声誉的重要举措。不搞科研不行，不培养出优秀的学生也不行。一定要在这些方面下功夫。同时，我们要在软实力上下功夫，软实力就是校园的文化，就是学校领导的教育思想、教育理念，学校教学和培养人才的方式、方法等。

第二条，学校在社会上的知名度和认可度是无形的力量。我们认为哈佛大学是世界上最好的大学之一，就是因为这所学校的知名度和认可度高。所以要想提高学校的知名度和认可度，除了我们的自身实力以外，还要加强宣传。

记者： 您认为加强宣传应该从哪些方面入手呢？

邹广严： 第一，要加强对我们学校重大问题的研究，包括加强对学校历史的研究。我们学校是中国近代第一所大学，是中国第一所和国际接轨的大学，一开始就引入了西方先进的教学内容，聘请了美国具有先进教育理念和丰富教学经验的教师担任学校的教习。这些在中国都是第一个，但过去并没有在国内形成共识，国内有一些有关高等教育史的书，把别的学校当作第一所。我们应该召集一些专家，召开一些会议，出版一些书籍，来确认这件事情，形成社会共识。

第二，我们要很好地宣传我们学校的特色。北洋大学建校的时候就以工科和法科见长。《关税及贸易总协定》《联合国宪章》等文件的起草都有我们学校毕业生的参与，这是很伟大的。我们的工科优势也非常明显，可以说，北洋大学是中国工业院校的"航空母舰"，中国的工业教育是从北洋大学发源的，以我们学校为基础分出了十几所高校来。这样一个贡献在我国的教育史上是空前伟大的。这些都要宣传，要形成共识。

第三，我们要更好地宣传学校历任书记、校长们的办学理念和思想。这一点，兄弟院校做得比我们好。北京大学宣传蔡元培，清华大学宣传梅贻琦，复旦大学宣传马相伯，南开大学宣传张伯苓，天津大学宣传谁？历史是一种巨大的力量，没有历史的学校是不会有深厚的底蕴的。我们学校的创立者和历代教育家、领导者也有很多闪光的思想和理念，我们需要发扬和宣传。这不是个人的问题，而是和学校密不可分的。

第四，我建议学校要很好地宣传学校的老师。教师是学校的主导力量，教师的水平和成就决定着学校的水平和成就。对那些优秀的教授和科学家，尤其是取得了重大突破的教师，我们应该积极宣传。

2007年8月23日上午，邹广严院长在天津大学第八届世界校友大会上演讲

第五，我们要宣传学生和作出了贡献的校友，要宣传在政界、学术界和企业界有影响力的校友。我们的校友中有很多教授、工程师、设计师和政府官员，他们的成就对下一代的影响是很大的。社会评价学校水平的高低是从学校的毕业生的成就来看的。美国的高校也是这样宣传的，它们以培养了多少总统和诺贝尔奖获得者为荣。所以应该重视对我们培养的学生的宣传，包括政治家、企业家、各类学术专家等等。

天津大学的传统作风是实事求是、埋头苦干，这是很好的。但在现在这样的背景下，只靠埋头苦干是不够的。要一边埋头苦干，一边重视宣传，让社会认识和了解天津大学，否则就只能是"养在深闺人未识"。

所以，在我们学校方针确定的情况下，要一手抓"硬实力"，一手抓"软实力"；一手抓业绩，一手抓宣传。使学校在不太长的时间内跻身国内前列，再用不太长的时间跻身世界一流。我们要有信心，香港科技大学就是一个很好的例子，它用了 10 多年的时间跻身世界一流。我们要集中力量，握紧拳头，重点突破，在发展特色上打一场漂亮仗，这样才能取得成功！

（天津大学党委宣传部校友大会采访组　供稿）

学会正面思维，加强师德修养，
做一个好员工、好学者和好导师

——在2007年青年教师培训班结业典礼上的讲话

（2007年8月31日）

各位青年教师，经过暑期的高校教师培训，你们即将走上教师岗位，加入我们锦城学院这个大家庭。我谨代表学院全体师生员工对你们的培训结业表示祝贺，并对你们的加盟表示热烈的欢迎！锦城学院自开办至今已有三年，我们立志建成西部第一、全国一流的知名独立学院。为了这个目标，我们已经付出了相当大的努力，也获得过不少的优秀成绩。今天，由于你们的加入，学院又朝着奋斗目标迈进了一步。开学在即，我有两件事想和你们谈一谈。

一、希望你们加深对学院的了解

第一件事，希望你们能够加深对学院的了解，包括学院的性质、定位、思想、理念和发展路线等等，加深了解才能达成共识，达成共识才有一致的行动。

（一）希望你们了解我们是一所什么性质的院校

我相信，你们已经对锦城学院的大致情况有过初步的了解，在这里我还要强调的是，我们学院在性质上、体制上与你们刚刚毕业的大学有所不同。我们学院是四川大学申办、十六家中外企业投资、经教育部批准成立的独立学院。独立学院是专指由普通本科高校按新机制、新模式举办的本科层次的学院。根据教育部的文件，独立学院应是具有独立的校园、独立的教学组织和管理、独立进行招生、独立颁发学历证书、独立进行财务核算，应具有独立法人资格，能独立承担民事责任的。这就是说，一方面，它是四川大学的战略延伸，是依托名校办名校的产物。另一方面，它是一所公办私立的学校，是社会力量投资创办的学校。

私立学校有无前途？这是大家要了解的。私立学校在中国有悠久的历史，两千五百年前的孔夫子就是民间办学的老祖宗。直到20世纪上半叶，我国的高校结构中，私立和教会（外国人）办学仍占一半左右，著名的南开大学、复旦大学都是私立，严格地说，同济、华西医科等大学也是私立。我们再来看国外，高等教育发达的美国拥有为数较多的优秀大学。根据上海交大的世界大学排名报告，美国有17所进入了前20名。而根据美国新闻和世界报道的排名来看，美国最优秀的大学中大约有85%都是私立大学，如哈佛大学、普林斯顿大学、耶鲁大学、麻省理工学院、斯坦福大学等等。在美国，私立大学的数量占大学总数的74%；在日本，私立大学占73.4%。这就是说，古今中外的历史证明，私立学校可以办得很好，私立学校很有发展前途。那么，私立大学为什么可以办得很好呢？

《与未来同行》的作者李开复是一个海归派，他在国外曾供职于微软、谷歌等知名公司，最高位居中国区总裁。他在书中说，美国私立大学之所以创造了人类最伟大的辉煌，主要有三条原因。第一，它的创办人、它的校长、它的领导团队有很好的理念。第二，每一所学校都有一个很好的特色，而且每一个学校的特色是不一样的，但是一般公立大学的特色就被平均化了，所以就没有那么有特色。比如哈佛大学商学院就是世界顶尖的，麻省理工的工科就是顶尖的，耶鲁的法学就是顶尖的，它们都有自己的特色。第三，它的运作比较灵活，不会受美国政府政策的限制，不用非要跟随某一个政策去做，而且私立学校的资金是从基金会来的，所以可以自行给老师发薪资。

这其实就是我们平常说的体制新、机制活。先进的办学思想和理念，鲜明的教育目标和特色，创新灵活的体制和机制，这些我们学校都有了，所以我们的前途是光明的，你们的前途也是光明的。

（二）希望你们能够了解锦城学院的发展路线是什么

独立学院发展，走什么样的路子呢？有的学校选择走低质量、大规模、以营利为目的、短期行为为特征的路子。同志们，我可以告诉你们，我们不走这条路线。

我们首先是把办学作为一项崇高的事业来做。你们知道美国第三任总统托马斯·杰斐逊吗？他一生担任公职四十余年，从议员、外交官到总统。但他认为最重要的是年轻时起草了美国《独立宣言》和晚年创办了弗吉尼亚大学。他为自己撰写的墓志铭是：

托马斯·杰斐逊之墓

美国《独立宣言》与《弗吉尼亚宗教法案》的起草人

弗吉尼亚大学的创建人埋葬于此

这是何等高尚的精神和情操啊！

所以，我们不以营利为目的，不搞急功近利。我要感谢我们的股东们，他们都支持我们的思想和路线。

我们要搞百年基业，长期地可持续发展，决不能搞短期行为。你们加盟我院，就要准备长期奋斗、共同创业，而不要企图打一枪换一个地方。

我们要走质量兴校的路线，把教学质量作为我院的生命线。我们不遗余力地搞好"三大建设"（教学设施和环境建设、师资队伍和学科建设、校园文化和学风建设），都是为保证和提高教学质量服务的。

（三）希望你们了解我们一直致力于树立的公众形象是什么

学院的公众形象，就是所谓口碑，就是学院的品牌，就是社会公众对学校的信任度和认可度。就如我们说到北大的公众形象就是兼容并包、学术自由一样。按照公共关系的形象系统理论，它首先是可以被识别的，以它特有的理念（价值观、政策、目标等）和行为（管理规范、行为准则）为标志，由公众通过视觉、听觉、感觉甚至味觉来识别。

我院致力于树立的公众形象有三个方面。第一，这是一所管理严格、学风严谨的学校，就是校长严肃治校、教师严格治学、学生严格自律，讲求认真，一丝不苟。学校的各项管理制度都是据此而设的。第二，这是一所教书育人、高度负责的学校。既对学生负责，也对家长和社会负责；既对学生在校的学习成长负责，也对学生毕业后的长远发展负责。学校的"三大教育"和"四大计划"就是据此而定的。第三，这是一所联系实际、学以致用的学校。学校以深厚的理论为基础，崇尚实践，能力至上，以培养改造客观世界的行家里手和干练人才为要旨。我校培养"三会两双"人才的目标和开门办学、"三个课堂"并重的措施就是据此而立的。

正是因为我们身体力行、形象鲜明，所以尽管办学时间不长，但我们的公众认可度很高，名声日隆，为我院跨越式发展创造了条件。

二、怎样做一个有前途的好员工

第二件事，就是你们加盟"锦城"，怎样才能做一个有前途的好员工。

（一）要学会正面思维，做建设性的员工

我们对员工的基本要求就是，要有积极向上的精神状态，要有主动的、创造性的、建设性的工作态度，要有圆满的、止于至善的工作效果。但这些东西从何而来呢？那就是要学会正面思维。有人说"思路决定出路"，准确地说，正面思维的思路才有好的出路，而负面思维的思路是没有出路的。

那么，何谓正面思维呢？就是凡事都要从积极、主动、乐观的意义上去分析事物，都要从光明的、阳光的一面看问题，都要朝成功

的、胜利的方向去努力行动；而不是消极、被动，只看到阴暗面，一味抱怨，心理不平衡。我们希望你们能看到自己的正面，明白自己的优势和潜力，就不会知难而退，轻言放弃，而是心怀天下，屡败屡战；看到同事的正面，就会见贤思齐，加强团队合作意识，把蛋糕做大；看到上司的正面，就会合理配合好、处理好工作，上下相得、如鱼得水；看到下属的正面，就会用其所长，调动其积极性，实现多方共赢；看到单位的正面，才会凝聚人心，忠诚于自己的团体和工作岗位，在创业守业的道路上和单位共肩风雨。

正如我们的一位学生家长来信所说的："那些只知道抱怨、攻击、谩骂的人没有任何一个组织会接纳，最终只会被社会遗弃。"所以我们所有的教职员工都要学会正面思维，同时也要教育学生学会正面思维。例如增加英语课时，正面来看是着力提高英语教育质量，从负面来看就成了给学生增加负担；例如我们严格管理，从正面看是为了保证学习环境，这和"孟母三迁"是一个道理，从反面看就是抱怨管死了、不自由。在我们学管理学的时候，有个案例讲的是一个公司派人到非洲一个国家去调查鞋类市场，第一个去的人回来汇报说那个国家没有市场，因为那里四季炎热，人们都不穿鞋；第二个去的人回来汇报说那里市场大得很，如果让那里的每一个人都认识到穿鞋的好处，那不就意味着一个很大的市场吗？所以思维方式对一个人的影响是很大的。

锦城学院是一所建设中的学校，从2005年的艰难创业到今天8000名学生和数百名员工能够井然有序地学习工作，学院经历了许多你们意想不到的困难。对此，有的同志说这个学校在这么短的时间，能建成今天这个样子确实不易，而且有一种参与创业的成就感；

但反面思维就不是这样了，他会觉得这也不如意，那也不满足。

所以，反面思维是一种破坏性的思维，会让人心情郁闷，容易产生消极情绪，使人成为麻烦的制造者。而正面思维却是一种愉快的思维，是一种发展和成功的思维。我们要通过推行正面的思维方式，培养出建设性的员工，而不是破坏性的员工。什么是建设性的员工呢？那就是能够积极主动并圆满完成工作事务的员工，是"补台"而非"拆台"的员工，是以学院为己任而非事不关己、高高挂起的员工。运用正面思维你就会看到自己和学院的发展空间，就会认识到锦城学院"穷人的孩子早当家"的创业道路，而这正是展示你能力才干的最好"战场"。现在，你们是新进员工，通过学校培养和自身努力，就有可能脱颖而出，成为锦城学院教育战线上大有作为的教学和管理骨干。

（二）要刻苦勤奋，做一个广学博识的创新型学者

作为锦城学院的员工，如果你没有好的文化修养，就不会有立足之地。不论你是从事辅导员工作还是从事教学工作，是行政管理工作还是后勤服务工作，在这一点上，我对你们的要求都是一样的。作为有学识的人才而为锦城学院所用，既是你们参加工作的开始，也是重新学习的开始。

首先要勤奋读书。书籍是人类知识的结晶，读书是人类进步的阶梯。西汉的大学问家刘向说："书犹药也，善读之可以医愚。"读书不但可以医愚，还可以开阔思路，增长知识和才干。一个人的阅读量和他拥有的知识成正比。你要教学生一分，你就要懂得十分。所以中国的古人崇尚"读万卷书，行万里路"，你要"学富五车"，才能"才

高八斗"啊！我校很多老教授教学引人入胜，育人品德高尚，很重要的原因就是他们喜读书、善读书、读书多。我们要开展一个读书活动，每个学期至少阅读一本书，多读更好。

其次要深入调查研究。很多事情，一知半解不行，浮光掠影也不行，要深入下去搞清楚，说出个一二三才行。要鼓励我们的教师和干部多研究一些全国、全省的全局性问题，多研究一些本学科的学术前沿问题，多发表一些意见，错了不要紧，争论不要紧。要鼓励多研究一些教育、多研究一些学院、多研究一些学生；也要鼓励多研究一些教学实践和课程，例如"三讲三心"课怎么讲，"三练三创"课怎么上，应用型人才的培养模式怎么建构，等等。

要做好学问就得刻苦，就得耐得住寂寞，坐得住冷板凳；就要抽时间挤时间，牺牲一些休息和娱乐。当前最主要的就是反对浮躁。不要企图走捷径，不要企图一夜成名，更不要企图走歪道。要扎扎实实，日积月累，终成一家。"锦城"的教师应该是广学博识的创新型学者。

（三）要学会认真负责，做青年学子的导师和带路人

你们不仅要做一名好员工、好学者，还要做学生的导师和带路人。首先就要做到认真负责，即认真教学、认真管理、认真服务，并且高标准、严要求，大事小事一丝不苟。

认真负责，就要对学生严格要求。作为教师，你首先要好好了解你的每一个学生，研究他们的特点，你才能找到行之有效的办法来管理和教育。对学生工作一丝不苟、严格要求是一个教师负责任的表现。我国机械行业的老前辈，曾担任过北洋大学校长、长期任职于清

华大学的刘仙洲教授就是一个典范。他在给学生布置作业时，明确规定纸张规格、作图比例、中心线位置以及各种线条所使用的颜色，甚至对各种线条的粗细也有要求。这是什么精神？是负责任的精神。

认真负责，就要创新教学方式和工作方式。我们平常说某某老师教学出色，就是因为他以认真负责的态度不断更新教学内容、不断创新教学模式和不断改进教学方法的结果。比如在教学方法上，美国高校是要求学生在课外大量阅读，在课内师生讨论交流。于是有北大赴美留学生感叹：在美国大学一星期的阅读量相当于在北大一学期的阅读量。如果课下没有读书，那么在课上就不知道别人在讨论什么，学生因此受到了鞭策而更加努力学习。这种教学方法，我认为很好，我们"锦城"的老师能不能在这方面着手尝试一下，看看效果如何？孔夫子倡导"因材施教"，倡导"不愤不启，不悱不发"的启发式教学，我们做得如何？有没有什么创造性的发展？如果一个教师或一个教育工作者一月、一学期、一年都没有一点创新，我看是不称职的。《大学》里说："汤之《盘铭》曰：'苟日新，日日新，又日新。'"古人都天天更新，何况我们呢？

认真负责，就要授人以渔。大教育家陶行知先生说过："先生的责任不在教，而在教学，而在教学生学。"教师要有好的教法，更要教给学生好的学法。古语说"授人以鱼，不如授人以渔"，这就要求我们不仅要教给学生一些知识，还要注意教给学生获取知识和做事做人的方法。我们计科系的老师带领学生团队为峨眉山风景区管委会做的"数字峨眉"项目，按时履约，效果良好，既锻炼了学生，又赢得了好评。峨眉山风景区管委会的马书记表示愿意与锦城学院建立长期的校企合作关系，说以后的项目都交给"锦城"做，这就是"授人以渔"的具体实践。如果我们学院在其他校企合作中都能得到这样的评价，我看不得了。因为你做得好，别人才会把任务交给你。教师认真负责、教学有方，学生求知若渴、躬行实践，锦城学院的成功就指日可待。

今天的讲话，讲了两个方面，六个问题。希望你们加深对学校的了解，明白我院对教职员工的基本要求，以便大家互励互勉、共同奋斗，达成建设中国一流独立学院的目标。

谢谢大家！

自主学习，自觉实践，自律管理

——在2007级新生开学典礼上的讲话

（2007年9月26日）

各位来宾，老师们、同学们，大家好！今天我们同3000多名新同学在这里隆重举行四川大学锦城学院2007级新生开学典礼，我谨代表学院全体师生员工对各位同学考入四川大学锦城学院表示衷心的祝贺！同时也对各位同学及你们的家长对四川大学锦城学院的信任和支持表示由衷的感谢！

历史将证明，你们的选择是正确的。

同学们，我知道你们来到锦城学院以后，首先想了解这是一所什么样的学校。

第一，四川大学锦城学院是一所高起点、高水平、站在巨人的肩膀上实现跨越式发展的新型大学。

四川大学锦城学院是四川大学申办，16家中外企业投资建设的独立学院。独立学院是在新形势下对高等教育办学机制与模式的一项探索和创新，是更好更快扩大高等教育资源的一种有效途径，对今后我国高等教育的持续、健康发展具有重要意义。

四川大学锦城学院建立的时间不长，但它不是从零起步，而是自诞生之时就具有强大的生命力，有着其他学校不可比拟的三大优势：

一是四川大学丰富、优质的教学资源优势；二是股东企业和其他友好企业的社会关系和人脉关系资源优势；三是灵活的办学体制、机制和先进的办学理念优势。其中，最为重要的是四川大学丰富、优质的教学资源优势。

教师是教学的主导力量，一所好的大学不仅要有大楼，而且要有大师。四川大学 111 年的光辉历程，积累了丰富的教学经验和雄厚的师资力量，可以说是一座黄金宝藏，我们要开发它、依靠它，"背靠大树好乘凉"，依托名校办名校。锦城学院是四川大学的战略延伸，从创立伊始，就得到川大书记、校长和各个部门、各个学院的大力支持，许多名师受聘到我院任教，促使我院包括终身教授、兼职教授、中青年专职教师三结合的教师队伍的迅速建立，奠定了学院高起点、高水平、高质量发展的基础。

锦城学院 2007 级新生开学典礼

16 家股东企业和其他友好企业有的是投资者，有的是奖学金、助学金的设立者，有的是合作办学单位，他们是学院发展的坚强后盾和有力支柱。他们投资教育是为了给更多的孩子创造一个上学的机会，诚可谓眼光深远、道德高尚；他们惠施"锦城"，设立奖学金、助学金是为了奖掖先进、扶贫助学，诚可谓情系教育之德行，关爱学子之仁道，更是实践科教兴国战略之义举！他们的社会关系和人脉关系是我院学生实习、实践和就业的基地和靠山，也为学院实行新体制、新机制创造了有利的条件。

第二，四川大学锦城学院实行的是高素质应用型人才的培养模式。

同学们都知道，大学是传承知识的机构，是培养人才的基地，培养人才是高等学校的关键和核心。在我国高等教育由精英教育转入大众化教育阶段之后，各个高校根据自己的特点和定位，承担着不同类型的人才培养任务。目前，中国正处在社会经济高速发展的时期，社会最需要的是应用型人才。我们坚持了"学校错位竞争、人才分类培养"的方针，下大力气构建和实施应用型人才的培养模式。

这个模式包括正确的指导思想，即社会主义建设事业对人才需求的多样化必然导致人才培养模式的多样化。我们锦城学院不是研究型大学，也不是职业学院，而是多学科、综合性的应用型大学，所以我们的培养目标是高素质的应用型人才。我们培养的学生具有较深的理论基础和较强的应用能力，其理论基础强于职业学院，实践能力强于研究型大学，是解决社会发展和经济、技术、文化问题的行家里手。

这个模式包括通专结合的教学计划和理论联系实际、促进学生德智体美劳全面发展的课程体系。特别是我院推行的"三大教育"和"四大计划"是这个模式的核心内容。"三大教育"即"三讲三心"明德教育、"一体两翼"知识教育、"三练三创"实践教育，"四大计划"

即"大学生创业计划""大学生科研计划""大学生助教计划""大学生阅读经典计划"。同时，这个模式还包括三个课堂（教室、实验室、实习基地）并重的授课方式和做人第一、能力至上的考核标准等等。这有力地保证了我院高素质应用型人才培养模式的实施，使我院培养的学生具有高尚的人格品质、深厚的知识修养和真刀真枪的实战能力。

第三，锦城学院全力构建并实施的是两条生命线的保障体系。

稳定安全是大学安身立命之基，教学质量是大学健康发展之本。教学质量是一个学校的旗帜和品牌。实践证明，一个乱哄哄的、不稳定的学校不会有好的教学质量，而一个没有教学质量或质量较低的学校是没有竞争力和发展前途的。所以，学院自建院之初，就确立了一个办学指导思想：教学质量是学院的生命线，稳定安全也是学院的生命线。这个两条生命线的指导思想，充分说明了我院对教学质量和稳定安全的高度重视。学院针对这两条生命线已经各制定了"十大措施"。"双十措施"的目标是建设两个保障体系，保障教学质量第一，保障稳定和安全第一。

学院要创建百年基业，我们决不会走低质量、低水平、以盈利为目的、短期行为的路子。我们把办学作为一项崇高的事业来做，我们要走一条质量兴校、长期可持续发展之路。

学院将全面质量管理的思想和做法引入教育领域，通过对教育质量和稳定安全进行全员、全方面、全过程管理，构成两个保障体系。这个体系包括计划和指挥系统、执行和落实系统、支持和帮助系统、信息反馈和评估系统。通过建立院、部系、班（教研室）三级教学质量责任制，建立领导干部听课制度和教学巡查制度，建立专兼职并存、老中青结合、以老带新的优秀教师队伍，加强师德教风建设，推广因材施教、授人以渔的教学方法，加强教学督导与评估，完善教师、学生的奖励表彰机制，加强学风建设，强化实践教学，选用、引进和自编优秀教材，加强教学资源建设和管理等全面的措施来保障学院教学质量的不断提升。我们这一套保障体系要求全员参与、全方面参与、全过程参与。全校任何单位、任何个人、任何工作都要纳入保障体系之中，而不能游离于体系之外。

第四，锦城学院孜孜以求的是规范的学习秩序和良好的学习环境。

大学的主要任务之一就是要创造一个适宜学习的环境和氛围。两千多年前孟母三迁、择邻而居就是为了给儿子找一个适宜学习的环境；哈佛大学、牛津大学等世界一流学府人才辈出，这与它们浓郁的学习氛围和环境是分不开的。四川大学锦城学院地处成都市高新西区，这是一个高校林立、高新企业集中的地方。得天独厚的地理位置，为同学们的潜心求学创造了优良的外部环境。

学院按照"学术自由、教学有序"的指导思想，将有效的管理制度和以人为本的人文关怀相结合，以学生为中心，以教、学、管为三个基本点，把学风、教风、作风、校风建设作为建校、立校的根本，努力营造一个适宜读书学习和人才成长的环境。

古人云："业精于勤荒于嬉，行成于思毁于随。"为了保证良好的教学秩序和学习氛围，为了同学们更好地完成大学学业，学院实行严格而和谐的校园管理是完全必要的。所以，我院建立的规章制度希望得到同学们的支持和理解。

为了有利于同学们的身心健康，学院在校内实行"三不准"：不准喝酒，不准抽烟，不准打牌。此外，学院还实行"三不支持"：不支持烫染头发，不支持奇装异服，不支持谈恋爱。学生时期正是一寸光阴一寸金的时候，同学们的每一分钟都应该用在学习和实践上。

我院自建院以来成绩斐然，得到了社会各界的肯定和好评，一个重要原因是大家公认我校是一所严格要求、严格管理的学校，是一所对学生、对家长、对社会高度负责的学校。同学们在这样的学校里学习应该感到光荣和自豪。

我们要建设和谐校园、书香校园、人文校园，提倡独立思考、学术自由。学院将给大家提供宽松的环境来发表自己的学术思想，广邀四方名师来我院讲学。希望同学们在四年大学生活中经常听一听这些名家的演讲，陶冶自己的情操，这对你们的素质提高大有裨益。

大学四年，是人生历程中非常重要的阶段。同学们来到大学学习，正是人生的一个重大转折。希望同学们做到以下三点：

第一，要自主学习。

学生自主地投身学习，被美国高质量高等教育研究小组认为是改善本科教育最重要的一个条件。所谓"投身学习"，是指大学生在学习过程中投入了多少时间、精力和努力。"锦城"的学生一定要明白，全身心投入学习是大学生的第一要务。

时间是你们最宝贵的资源。你们的时间和精力是有限的，学习必须与你们生活中的其他事情，如家庭、朋友、同学、休闲和娱乐，争夺有限的时间和精力。其他力量越大，你投入学习的时间和精力就越少。我们正处在一个高度竞争的时代，在这样的时代你要出类拔萃、脱颖而出，是没有捷径可走的。只有比别人十倍的刻苦、十倍的勤奋和努力才能达到。芝加哥大学第二任校长贾德森先生说过，世界上的成就都是靠付出时间、智慧和工作才能完成。同学们要争分夺秒地学习、学习、再学习，实践、实践、再实践。你们一定不要走进两个误区，一个是认为大学是一个松松垮垮就可以混一个文凭的地方，另一个是认为美国的大学生学习不努力，但毕业后却很成功。我可以告诉你们，这两个说法都是不正确的，是错误的。马克思教导我们说，只有不畏劳苦沿着陡峭山路攀登的人，才有希望达到光辉的顶点。

学而不厌

孜孜不倦

同学们在合理分配了时间、精力，树立刻苦的态度之后，还要改善学习的方法。你们要尽快地实现两个转变：在学习的目的上，从应试到应用，从为了进入更高一级的学校到为了走向社会、适应社会的转变；在学习的方法上，从被动地学习到主动地学习的转变。同学们要学会在教师的指导下主动地进行学习，靠读书增长知识，靠实践提高本领，尽早培养不断获取新知识的能力，为终身学习打下基础。

第二，要自觉实践。

同学们，我们学校的培养目标十分明确，就是培养高素质、复合型的应用型人才。具体地说，就是培养未来的企业家、工程师、高级管理者及文化艺术工作者。我们为此制订了有特色的教学计划和课程体系。其中，最重要的一条是特别重视实践。理论联系实际，从"战争"中学习"战争",是我们的基本原则。所以，我要求你们积极参加"三练三创"实践活动，特别希望你们积极、自觉地参加劳动、创业和社会实践。

劳动是改造世界、创造财富，也是创造人类本身的手段，同时也是一种美德。我校将劳动作为必修课，要求学生在校期间担任一定时间的志愿者或义工，参加工厂、农场劳动和其他一些社会公益活动，这对于培养学生吃苦耐劳、勤俭朴素的品格和认识劳动的尊严和光荣，是十分必要的。

我希望你们积极地参加创业实践，我院进行的创业教育不仅仅希望学生学会如何主动地获取新知、创造新知，还希望学生通过有效地配置自身的各种资源，将知识转化成现实的个人和社会价值，最终实现知识的最大效用。我们不但要通过创业教育培养青年学生的创业精神和风险意识，培养和锻炼学生不怕困难、不怕挫折的顽强意志，同时要教给你们创业的知识和创业的本领，提高你们的创业能力。我院的创业教育主要包括开设针对全院学生的创业教育课程、举办大学生创业设计比赛、创办学生模拟公司等有效途径，通过对具体创业项目的全过程设计、运作，全方位锻炼学生的管理技能，培育良好的管理思想，提高学生的创业能力，激发学生的创业积极性。这些做法得到了学生和社会各界的高度认同。截至2007年，四川大学锦城学院两届学生策划设计的创业项目已近两百项，还建立了30多家模拟公司，学生亲自参与，收到了良好效果。创业教育的实施和成功，将造就成千上万的创业者和企业家，使我院学生的出口实现就业和创业相结合，一些成功的同学将由就业岗位的竞争者变成就业岗位的创造者。

我们要求同学们经过锦城学院的"三个课堂"，即教室教学、实验室教学和实习基地教学的学习和锻炼，经过有组织、有指导的社会实践，在毕业时可以上岗就业，也可以自主创业，成为有益于国家、有益于社会的栋梁之材。

第三，要自律管理。

学生和教师是学校的主体，学生和教师也是学校的主人。所以你们要以主人翁的态度参与学校的各项管理，同时也要按照学校规章制度的要求进行自我管理。中国的大教育家蔡元培先生说过："学校教育要注重学生健全的人格，故处处要使学生自动。"

自我管理并不是放任自流。美国是一个个人自由度非常高的国家，但这是建立在严格遵守法律和社会公德的基础上的。法国的《人权宣言》也说："自由是在不损害他人权利的条件下从事任何事情的权利。"这都说明了个人自由必须遵守一定的行为准则并尊重他人的权利。因此，同学们必须在严格自律的基础上进行自我管理。

同学们，你们的中学阶段，在学习环境上，父母和教师的监督与呵护无处不在；在生活条件上，父母的关怀与体贴无微不至。但是到了大学，行为上更多的是自我管理，因此你们必须学会学习上自主、生活上自律。

同学们要按照"锦城"文明习惯"八要八不要"的行为准则，在宿舍、教室、食堂等所有公共场合都要遵守公共秩序，遵从社交礼仪。在学习、生活、交友等方方面面都要谦虚谨慎、戒骄戒躁，以每日三省吾身的精神检讨自己的言行，力求达到我院校训"止于至善"的要求。你们要热爱自己的学校，并用自己的行动维护和提升学院的声誉。要知道，学校的声誉将渗透到你们未来的生活和工作当中并将伴随你们终身，维护学院的声誉就是爱惜自己的前途！

学院已经成立了学生会、大学生自律委员会、青年志愿者协会、社团联合会等多个学生自我管理机构，并且发挥了很好的作用。通过学院严格的制度和同学们自律的管理，我院的学生必将具有严明有序的组织纪律、协同合作的团队精神和积极向上的精神风貌。

各位来宾、各位同学，总体来说，我校已取得了很好的成绩，这首先要感谢我校全体教职员工的辛勤努力，感谢四川大学党政领导和教职员工的鼎力支持，感谢各位股东的投入和信任，感谢奖学金、助学金设立单位和友好企业的慷慨捐赠！

现在的高校除教育职能外，还在一定程度上承担了政府的就业职能、企业的培训职能，可谓任重而道远。我校的战略规划目标是奋斗十年，把锦城学院办成西部第一、全国一流的独立学院，成为中国知名大学。我校要秉承四川大学海纳百川的博大胸怀和追求卓越的进取精神，站在巨人的肩膀上腾飞，把锦城学院办成学风严谨、管理严格的大学；办成学术自由、对外开放的大学；办成质量上乘、平安和谐的大学；办成培养学生成人成才、做人做事止于至善的大学！

最后，我衷心祝愿全体同学学业有成，前程似锦！

尊师重教，树立典范，加快建设
高水平、结构合理、相对稳定的师资队伍

——在2006—2007学年"夫子育人奖"颁奖大会上的讲话

（2007年10月19日）

锦城学院办得好不好关键在教师。什么是大学？教授就是大学。这句话来源于美国第34任总统艾森豪威尔的一则轶事。作为二战英雄的艾森豪威尔在战后担任了哥伦比亚大学这家著名常春藤大学的第13任校长。上任伊始，艾森豪威尔在会见校董会、行政人员和学生后，参加了学校教授为他举行的欢迎大会。他致辞时说："对有机会会见全体哥伦比亚大学的雇员们表示万分荣幸。"这时，哥伦比亚大学德高望重的物理学教授、后来成为诺贝尔奖得主的拉比教授站了起来自负却又不失风度地说："先生，教授并不是哥伦比亚大学的雇员，教授就是哥伦比亚大学。"这是很经典的一句话。另一句话是中国的清华大学老校长梅贻琦先生说的："所谓大学者，非谓有大楼之谓也，有大师之谓也。"这也说明教师在高校中的重要地位。

所以，我们每年对"夫子育人奖"予以极大的重视，并且在力所能及的范围内做出了重要的决定。例如：第一，颁发奖状；第二，颁发奖金；第三，将一等奖获得者照片挂在教学楼走廊，在宣传橱窗里张贴所有获奖教师的照片；第四，在学院报纸上大篇幅刊登获奖教师

的事迹。总之，尽可能地表彰这些模范教师。

这34位获奖者的年龄不同、岗位不同。他们中有的是青年教师，有的是德高望重的教授，但是他们有几个共同点值得我们学习：第一，有高度的责任心；第二，对学院的办学理念和教学思想都很认同，关心、赞同、支持、落实学院整套的办学思想和理念，积极推行学院的"三大教育""四大计划"；第三，教学方法灵活，教学效果好，受到同学们的拥护和爱戴。

获奖的教师都能做到对待工作兢兢业业，忠诚于人民的教育事业，能有高度的责任感，能和学生打成一片，能够教书育人，能够取得很好的教学效果，这是非常可贵的。其中，教学效果好是最关键的，这直接关系一个学校的声誉。我院基础课部刘光中教授连续两年获得"夫子育人奖"的一等奖，就是因为他不仅课讲得好，而且课后关心学生，耐心辅导答疑，深受学生喜爱。希望学院各部系要积极宣传获奖教师教书育人的事迹，更多地向社会宣传锦城学院优秀教师的事迹，在学院掀起向模范教师学习的高潮。

邹广严院长为"夫子育人奖"获得者颁奖

锦城学院建校三年了，我们还很年轻。在芝加哥大学任过校长的贾德森先生说得很好，年轻既是优势也是劣势，是唯一的一个时间可以治愈的缺点。那么我们的当务之急是什么呢？不是盖大楼，也不是买设备，而是加强师资队伍的建设。建设一支高水平的、结构合理的、相对稳定的师资队伍是一个不可逾越的课题。

我们要充分发掘四川大学的优质教学资源，发现、发掘成都地区乃至全国各高校的教学资源，这是我们建校初期不可避免的一个选择。同时，加快建设一支具有"锦城特色"、符合"锦城"教学要求的教师队伍也是刻不容缓的。我们要实现三个三分之一的目标，即中青年专职教师占三分之一，终身教授占三分之一，兼职教师占三分之一。我们要充分发挥老教师的骨干作用，同时采取培训、以老带新等各种措施，加快对中青年教师的引进和培养。

遵照胡锦涛同志在第二十三个教师节前夕的讲话精神，一方面我们要尊师重教，另一方面我们也要向教师提出三条要求。

第一，学识渊博，为人师表。

作为教师，要传道授业解惑，必须具有深厚的学识基础。多学多思，才能才思敏捷；广学博识，才能旁征博引。只有懂得多，才能教得好。你要教学生一升，自己须懂得一斗。教师的底蕴深厚，培养的学生才不会浅薄。这就要像孔夫子所说，"学而不厌，诲人不倦"。教师要学为人师，行为规范，首先要对自己严格要求，包括穿戴整齐、举止得体。原南开中学创始人张伯苓提出的四十字容止格言："面必净，发必理，衣必整，纽必结；头容正，肩容平，胸容宽，背容直；气象：勿傲，勿暴，勿怠；颜色：宜和，宜静，宜庄。"这在潜移默化中培养了学生做人的基本素质。

第二，因材施教，授人以渔。

要追求教学效果，主动借鉴先进的教学方法。包括启发式、互动式、案例式教学等等。重要的不是要教学生思考什么，而是要教会学生如何思考。我们的教师通过课堂教学、实验室教学、实习基地教学，目的都是为了培养学生的能力。培养什么能力呢？培养三种能力：通过学习掌握科学知识的能力，通过实践运用知识的能力，通过科学研究发现、创造知识的能力。

第三，关爱学生，培养人才。

教书育人，是人民教师的天职；爱心和奉献，是师道尊严的基础。前面讲过"教授就是大学"，接着还有一段："教授没有八小时之外的自由，也不能对学生说今天我休息。教授不是大学的雇员，是主人翁，他们的利益和大学休戚相关，他们也不羡慕别人的高薪显位，因为他们知道自己从事的是高尚的职业，并且乐此不疲。"教师要爱岗敬业，学生在任何时候请教，教师都要认真讲解，和学生讨论问题，回答学生的问题，把关爱学生作为生命的一部分。在我们此次表彰的教师中，有很多就是在下课之后、八小时之外还关爱学生，成为他们的良师益友。将来我们的学生成为企业家、艺术家、科学家，他一定会记得我们的老师现在是怎样教育他的。

我相信，通过这次的表彰大会，锦城学院的教师队伍一定会更快地茁壮成长！

积极开展"三练三创"实践教育，培养高素质应用型人才

——在2007年"三练三创"表彰大会上的讲话

（2007年11月9日）

　　锦城学院的特色有哪些？今天召开的表彰会就是特色；这次我们表彰学生模拟公司优秀经理人、学生农场劳动模范等就是特色；给受表彰的老师、同学戴上大红花就是特色；"三大教育"就是特色；"三练三创"实践教育，别的学校也不是没有进行，但是我们将它课本化、课堂化、长期化，纳入学院的教育体系，这是我们的特色。

　　在"三练三创"实践教育中，无论是开办模拟公司，还是参加农场劳动，过程都比结果重要。因为我们的目的是锻炼同学们的组织能力、沟通能力和团队精神，这些对同学们将来立足社会非常重要。刚才听了获奖同学的发言，我感到同学们已经成熟起来。

　　我院"三练三创"实践教育开展两年多以来，经过全校师生的共同努力，在理论上和实践上更加成熟。我们提出学业促进创业、创业带动学业，来处理学习和"三创"活动之间的关系。我们还要处理创业和就业的关系。胡锦涛总书记在十七大报告中指出，实施扩大就业的发展战略，促进以创业带动就业。创业活动正在全社会广泛开展。创业之路就是复兴之路，经济最发达的国家都是创业活动最活跃的国

家，都是富有创新思维、创造能力、创业精神的国家。我们要实现民族复兴，必须发扬"三创"精神。

我们正在探索高素质应用型人才的培养模式。模式的探索也是一种创造，我们正在创造之中。在我院第一届学生开学典礼的讲话中，我们就提出要培养高素质、复合型、经世致用的人才，学生的培养目标是"三会两双"，实际上就是培养高素质应用型人才，就是培养做人第一、能力至上的人才。将来锦城学院学生的品牌是什么？就是动手能力强。学院今后的舆论、对外宣传，都要把锦城学院学生动手能力强，会动脑、会动口、会动手作为宣传核心。在培养人才的过程中，把"三练三创"与"三会两双"结合起来，会动脑，培养思考判断的能力；会动口，培养沟通表达的能力；会动手，培养操作实现的能力。概括起来，我们要培养学生的三种能力：通过学习获取知识的能力，通过实践运用知识的能力，通过创新发现知识的能力。

2006—2007 学年"三练三创"表彰大会

英国哲学家培根说过："知识本身并没有告诉人们怎么应用它，应用它的方法乃在书本之外。"过去说知识就是力量，现在看知识不等于力量，应用知识才是力量。锦城学院的学生必须将知识变为力量，才有竞争优势。2005级学生就是学院的品牌，他们能不能在社会上立足关系到学院教育的成败。

我们的学生能拿到锦城学院的毕业证和四川大学的学位证，是一个信号，说明他们受到了相应的教育；我们的学生能做学生模拟公司的经理人，也是一个信号，说明你有相应的能力和经历。同学们在模拟公司的实践最好与学业及就业方向一致，相互促进。

我们正在进行课程改革与培养模式创新。要做到三个统一：一是在教学内容上实现学术教育与技术教育的统一。学术就是知识，技术就是应用知识，二者要统一。二是学历教育与职业资格教育的统一。三是课堂教学与实验室教学、生产实践基地教学的统一。

要把三创公司的实践与学历教育结合起来。为什么说过程比结果重要？因为这个过程是不断运用所学知识的过程。同学们在劳动、实践、经营公司的过程中，要注意通过运用知识提高能力。例如：参加农场劳动的同学了解到地膜覆盖技术的应用，在经营农场中还要考虑了解市场需求、降低成本等，这些就是获得知识和运用知识。计科系到峨眉山做软件项目，就是把学到的计算机科学包括网络和软件方面的知识应用到实践上，同时也可以检验出还欠缺哪些知识。

"三练三创"的过程就能使同学们将在"一体两翼"知识教育中学到的知识充分应用、熟练掌握，锦城学院学生的竞争优势也就体现出来了。我们必须牢牢地把握一点，同学们既要有广博的学识，又要有很强的动手能力。我们的学生在动手能力上要强于研究型院校的学生，在基础知识上要强于职业院校的学生，这必须真刀真枪地干。

通过这次表彰大会，我们要把"三练三创"实践教育与高素质应用型人才培养模式的创新积极大胆地进行下去，争取更大的成功和胜利！

解放思想，狠抓落实，创造性地探索 应用型人才培养模式和教学质量保障体系

——在2007年教学工作会议闭幕式上的讲话

（2007年12月16日）

这次会议既是一次研究和安排工作的会议，也是一次学术研讨会，一次教学成果的交流会和检阅会。很多同志的发言有相当的深度和学术水平，说明锦城学院是人才辈出的地方，老同志老当益壮，年轻人年轻有为。这次会议充分发扬民主，大家集思广益，畅所欲言。不同的系之间，不同的专业之间，不同的职业之间，互相观摩，互相交流，互相学习。学院在人才培养模式和教学质量保障方面找准了自己的位置，对应学院的目标和要求，每个发言的同志也都找准了自己岗位的位置。大家在思想上达到了空前的统一，为行动的统一奠定了基础。

从2005年建院开始，我就一直强调学校定位和人才培养目标的问题。现在，我们在这样短的时间内能达成高度一致，很不容易。营销学中强调，在同质化严重的今天，要在市场中取胜，要么追求差异化，要么争取做第一。在锦城学院的"三追两谋"精神中，"三追"就是争第一，"两谋"就是追求差异化。本次会议就学院定位和培养目标这两个最关键、最重大的问题达成了高度共识，这为凝

聚锦城学院各方面的力量、铸造锦城学院的辉煌奠定了基础。我在这里强调两点。

一、要进一步解放思想，改革创新，跳出老框框，走出新路子

我们要革故鼎新、坚持永不停止地改革，这是社会发展不可缺少的动力，也是学校发展不可缺少的动力。

我们要解放思想，就要认识到照抄照搬母体学校的培养模式和课程体系是独立学院最大的危险。独立学院起点高，但是必须从实际出发，探索适合自身的培养模式和课程体系。

我们要解放思想，就要认识到学校定位的重要性。现在全国高校已达两千余所，毕业生人数达到每年约500万人，在这样的形势下，一个学校不确定自己的分类和定位是办不好的。现在的高校在定位上有三种倾向。一是不定位，北大、清华怎么办，也跟着怎么办。二是定错位，现在很多大学提出要办研究型大学，或教学研究型大学，有一个民办学校提出要办成中国的哈佛，我看这不现实。三是有定位，无模式，定位与模式不匹配。定位要准确，必须解放思想。大学在层次上有研究生层次、本科层次、专科层次之分。在本科层次上，应用型大学与研究型大学不存在高低之差。香港理工大学是名校，也宣布自己是应用型大学。学校的优劣取决于办学的水平。研究发明很重要，能将研究发明应用到实际中也是伟大的再创造。千万不要认为应用型大学低人一等，应用型大学的定位准确，没有矮化自己，反而更加鲜明，更加具有吸引力。

我们要解放思想，就要认识大学生就业市场的形势和规律。在就业市场中，任何一个学校的毕业生面临的都是全国性甚至全球性的竞争。一个学校能不能在竞争中取得胜利，取决于其培养的学生有没有核心竞争力。两军相遇勇者胜，就业竞争形势逼迫我们培养的学生必须有制胜绝招。锦城学院学生的核心竞争力体现在两个方面。一是更强的专业能力，例如：财会专业的学生不仅要能做工业企业的报表，还要能做商业企业的报表；不仅能做报表，还能根据报表进行企业发展分析。二是更强的适应能力，我们强调宽基础，就是增强适应性，例如：财会专业的学生不仅能当会计，还能搞审计、搞管理；计算机专业的学生，会软件开发，会网络维护，会硬件组装，还会搞IT营销。

我们要解放思想，就要认识到，经济发展带来产业结构的提升、产品结构的变化，人才结构就随之变化，人才的需求结构也随之发生变化，从而带来人才培养目标和人才培养模式的多样化。在美国，从纵向看，美国大学的培养目标和课程体系变了三次。以哈佛大学为例，哈佛大学成立时的培养目标是神职人员和政府官员，因此主要课程是神学和文理科基本知识，培养要求包括虔诚的信仰、优雅的举止、良好的教养，当时需要雄辩性人才，课程中还有辩论课程。到19世纪下半叶，进入第二个阶段，这时功利主义发展，提倡为社会和市场服务，因此在课程中加入大量的生物、自然、工程等科目，培养应用型人才；二战以后哈佛大学进入第三个阶段，即整体知识阶段，开展通识加专业课的教育，培养具有创新能力的人才。因此，人才培养目标和培养模式因时而变，非常正常，我们必须适应社会、经济的变化。

锦城学院2007年教学工作会议

我们的培养模式、教学计划、课程体系必须有一个核心：以学科为基础，以专业为核心。研究型大学是以学科为龙头，应用型大学以专业为核心。学科是基础，学科对专业是一个支持。

我们要解放思想，就要树立资源共享的观点。独立学院搞大而全，自己解决全部资源问题，既不必要，也不可能。很多事物具有两面性。我们的专职教师少，但是全部教师中拥有副高职称的比例较高，占70%左右，这是独立学院的体制优势。因此，完全拥有自己的专职教师、实验室、实习基地，这是一个目标，但有一个过程。当前，教师、实验室、实习基地等资源的共享，既有必要，也有可能。总之，要利用一切可以利用的力量，并加以引导，将其纳入到锦城学院的目标体系中来，形成合力。

二、关键是具体具体再具体，落实落实再落实，方案要具体，行动要落实

落实培养模式和保障体系，基本的内容需要具体化。各系都要分专业制定相应的应用型人才培养方案，培养方案中要注意各阶段的时间如何分配、用什么形式来实现。在落实过程中，要克服三个难点：一是搞清楚客观需要。搞清楚社会和企业对于人才的需求，才能做好专业的设置，做好对学生的分类培养，才能做到无缝对接。二是工学结合，合作办学。企业是关键，核心是双赢，各系都要找到合作办学的对口企业，并以协议的形式固定下来。三是必须有"双师型"教师。学院在招聘教师时要注意教师的工作背景，同时，学院要创造一定的条件，让学历高、从学校毕业即进入学校工作的教师通过学习、实践、到企事业单位挂职等适当方式转变成"双师型"教师。

现在大家都谈了很多深刻的认识、创新的方案，关键是要落到实处。马克思说过，一步实际行动胜过一打纲领。很多人想到不一定说到，说到不一定做得到，做到不一定做得好，做好不一定能坚持下去。只有说得好、做得好、坚持下去的人才能走到光辉的顶点。

三创公司和学生社团应该作为重要的实践教育基地。实践教育一直是中国高等教育的薄弱环节，锦城学院要有突破，必须找到突破口。以前我们将三创公司和学生社团当作锻炼学生的载体，今后要提高到作为重要的实践教育基地的高度来认识，这样做也可以解决学生人数多与企业容纳实习学生人数有限的矛盾。文传系同学创办的《文传青年报》虽然是小报，但是小报办好了，将来就可以办大报；学生

通讯社的同学参与办院报，将来就可以办日报。在实践教育载体上，我们还有实验室、实习基地、生产现场等，这样就初步形成了一个体系。在实践教育上，允许创造，允许差异，也允许失败。我们还必须明确，实践教育不是盲目地实践，更不是放羊。我们现在提出增加实践教育的时间，就更加重了我们在这个问题上的责任。要理论联系实际，要带着知识去实践，带着实践中出现的问题再来学习，进一步增长知识。因此，学校和老师在实践中的责任不是小了，而是更大了；不是放手不管，而是要进行有效的指导和管理。

当前，在落实教学质量保障体系时，重点要抓好四条，每个单位及其成员都要找准位置、明确责任、落实行动、考核奖惩。这里要特别强调的是，要保证高水平的教学质量，必须促使学生全身心投入学习。而要学生全身心投入学习，教师就必须首先全身心投入工作。那些教得好的教师、做得好的干部，无不是投入了全部的精力和心血才做到的。这样才能使我们的"教学质量第一"的方针落到实处，开花结果。

希望大家通过这次会议，心往一块儿想，劲往一块儿使，共同铸造锦城学院的辉煌！

抓好队伍建设，强化教研工作，
加快学校发展，打造学校和学生的核心竞争力

——在2007年度年终总结暨全体教职工大会上的讲话

（2008年1月23日）

学院办学思想和办学理念深入人心，应用型人才培养模式更加成熟和明确。从办学伊始，我们就一直强调学院的办学定位和培养目标。去年"五一"讲话中，我们提出了要进一步探索应用型人才培养模式的问题，大家进行了深入研讨，在去年12月召开的教学工作会议后，应该更加深化了对这一模式的认识。大家都认识到，同质化是中国高校发展的一大危险，学校错位竞争、人才分类培养是中国高等教育发展的大方向，这个认识要坚定不移。在学院定位上，我们进一步明确了学院是综合性应用型大学，我们的学科建设、专业设置都要根据学院定位来确定。中国最需要的人才就是应用型人才，绝大多数高校都应该培养应用型人才。在培养目标上，我们进一步明确了高素质应用型人才的标准是"做人第一、能力至上"，具体要求是"三会两双"。"三大教育"是培养应用型人才的主要内容，"四大计划"是培养应用型人才的主要措施。这样，"一个模式""两个体系""三大教育""四大计划"更加明确和充实，构成了我院办学思想和办学理念的体系，共同服务于培养应用型人才。

各系在应用型人才培养上都做了很好的探索。围绕应用型人才培养模式，大家对指导思想、培养目标、专业设置、课程体系、教学计划、"三个课堂"的教学模式、"双师型"的教师队伍等方面的认识有了突破和提高，达成了共识，这也是我们一步一步走向胜利的标志。

2007 年，学校有了长足的发展和进步，主要表现在四个方面。

一、围绕"一二三四"人才培养体系，学院加强了三支队伍建设

一是专职教师队伍。培养一流人才的关键是教师，特别是有一批全心全意、尽职尽责的专职专任教师。在当前情况下，学院在实行资源共享、聘任兼职教师的同时，将培养自己的专职教师队伍作为一项重点工作，各系领导的主要职责是招募和培养专职的师资队伍，还要提倡送更多的专职教师到对口单位实习培训。

二是管理干部队伍。学院本着精干高效的原则建立了管理机构，配备了相应的管理干部。这些干部的特点是，既是管理员，又是服务员，既能做领导，又能办具体事。在"锦城"，没有当甩手大掌柜的，处长、科长都是办事员。

三是服务人员队伍。学校以教学为中心，以师生为主体，必须有一支队伍为教学、科研服务，为师生的生活、学习、工作服务，必须保证学校的安全和秩序。这支队伍以服务为职责，以师生满意为标准。

二、围绕"一二三四"人才培养体系，加快了学校建设和发展

清华老校长梅贻琦先生说："所谓大学者，非谓有大楼之谓也，有大师之谓也。"这当然很对。芝加哥大学的老校长哈钦斯说："设想当年芝加哥大学建校时，即使第一批教员是在一个帐篷里创业，芝加哥大学仍然可以发展成为一所伟大的学校。"这说得很好。在当前形势下，我看大师、大楼、大道都要有。大楼是一个学校的基础，大师是一个学校的脊梁，大道是一个学校的灵魂。

我院建校时间短，白手起家，基础设施跟不上学校发展的需要。我们要勒紧裤带，克服资金紧缺的矛盾，千方百计地加快学校基础设施建设。去年，新开工建设了教学楼（仁爱楼）、学生宿舍和食堂，同时正在准备建设"锦城"图书馆。为配合"三个课堂"教学，必须完善实验室建设。在已建成42间实验室的基础上，再新建3个。我们特别提倡合作共建，共管共享。第一个合作建设的实验室是计科系的EC Wise实验室。学校出场地，公司出设备，共同管理和使用。我们要提倡这种模式。

三、围绕"一二三四"人才培养体系，强化了教学研究工作

我们多次讲过，研究型大学有教学，应用型大学有科研。学校的科研内容很多，范围很广，但首先应该加强对教育和教学本身的研究。这是因为在应用型大学里，教学是中心任务，是压倒一切的。教

学研究是改善教学实践，提高教学水平的重要途径。所以，我国的大学大多设立教研室，作为一级学术机构，组织教师进行教研活动。

我院创建以来，各系和基础课部非常重视这项工作，陆续建立了教研室，开展了教研活动，取得了很好的效果。文传系利用教研活动以老带新、互帮互学，提高了青年教师的能力和水平。基础课部建立了互相听课并加以研讨的制度。教研活动包括教学大纲的制定、教学内容的取舍、教学计划的安排，特别是开展了教学规律、教学对象和教学方法的研究，为我院建立教学相统一的、以学生自主学习为基础的、以学生全面发展为目标的特色教学奠定了基础。

我院为什么重视教学研究？首先，我们办的是有特色的教育。除了教育的基本规律之外，我们还必须研究在中国现实条件下办民办大学、三本招生的"锦城教育"。其次，我们办的是高质量的教育。什么叫高质量？不同类型的学校有不同的质量标准，对应用型大学来说，毕业生被社会认可就是高质量。再次，我们办的是教学过程最优化的教育。什么叫最优化？苏联著名教育家巴班斯基专门写了一本书，要点就是教育也同任何其他社会实践活动一样，既要讲求效益，又要经济，即要尽可能节约时间、精力和经费支出，又要尽可能取得最好效果。

四、围绕"一二三四"人才培养体系，我们打造了学院和学生的核心竞争力

我们诞生在中国高等教育急剧扩张并激烈竞争的时代。在这种背景下，学校要生存和发展就必须具备竞争力和竞争优势。美国哈佛大

学的迈克尔·波特教授，一辈子写了许多书，对竞争很有见解。他认为，在国际竞争中，企业的竞争优势来自改善、创新和升级。企业在技术和管理上的创新包含了新产品、新流程、新营销方法、新客户群等。与企业竞争同理，大学要取得竞争优势，同样要改善并保持领先。作为新进入教育行业的学校来说，要超越原本领先者，必须克服行业本身形成的门槛和障碍，以迅速达到的适度规模、差异化的产品和服务，打通或另辟自己的销售渠道，充分合理地利用社会资源，以及投入必要的财力进行宣传，树立品牌形象，迅速夺取制高点，取得竞争优势。2009年我们将有第一届毕业生了，毕业生在社会竞争中的表现，即是我们竞争力的最好证明。

2008年，全院上下要重点抓好以下四件事情。

一是全心投入。要想学生全心学习，首先教师要全心工作，如果没有一批全心投入的教师和干部，学校很难办下去。希望为了学生成长、学校发展，大家都全心投入工作。

二是要进一步建立健全各项制度，尤其是要程序明确，责任清楚，做好基础性工作。

三是要加快师资队伍培养，将培养自己的师资队伍作为最重要的任务。要采取从外部引进、将教师送出去培训、在职进修等一系列措施。要进一步提高教师讲课的水平，把教师上课质量作为头等大事，把学生评教作为重要参考，不仅要课课有人上，还要争取人人上得好。

四是招生工作要丢掉幻想，准备竞争。教育市场总体供不应求，但只是结构性供不应求，好学校不容易上，不好的学校生源不足。因此，招生工作大家都要全力以赴。招生工作完成得好坏的基础在于我们的管理工作、教学质量、培养模式，但我们也要做好宣传，宣传工作也是十分重要的。学院的教职员工、学生，人人都是宣传员，要利用各种方式宣传学校。其次要做好联络工作，联络中学校长、高三班主任等，邀请他们到锦城学院来参观。

希望大家共同努力，为今年再打一个胜仗而共同奋斗！

2008年
励精图治谋发展

这一年，进一步完善管理和教学，巩固应用型人才培养模式；

这一年，编订《百家经典选读》，给我们的学生打上中华五千年文明的烙印；

这一年，深入学习实践科学发展观，促进学院又好又快发展。

学校错位竞争，人才分类培养

——在"应用型人才培养模式"专家咨询研讨会上的讲话

（2008年5月16日）

首先，非常感谢四川省高等教育学会的专家光临我院指导工作，并参加"应用型人才培养模式"专家咨询研讨会。

一个学校在建立以后面临的问题，包括办什么样的学校、培养什么样的人、怎样培养人。这些问题无论新学校、老学校都不能回避。办什么样的学校，就是学校的定位问题；培养什么样的人，就是人才培养要求及标准；怎样培养人，就是人才培养模式以及方案。

锦城学院成立于2005年，其建立有两大背景，一是中国高等教育大发展的背景，二是四川大学的背景。那么，我们能不能把四川大学的模式搬过来呢？例如，学校定位、课程体系、教学计划、培养模式等等。我们认为这是不可以的，照搬母体学校是没有出路的。

经过三年的实践，我们进行了初步的总结，认为准确定位是办好一所大学的前提。"学校错位竞争，人才分类培养"是一个总的指导思想。四川大学定位于研究型大学，锦城学院定位于应用型大学。在不同的办学定位上都可以办出一流，可以有一流的研究型大学，也可以有一流的应用型大学，两者在不同的轨道上发展，都能对社会发展有所贡献。因此，我们对办成一流应用型大学的奋斗目标坚定不移，并为此奋斗不已。

应用型人才培养，其中一个大家都知道但是不容易做好的难点，是实践能力的培养。怎样培养在校学生的实践能力，怎样让同学们在毕业前获得用人单位所要求的经验，为解决这些问题，锦城学院已经做了初步探索。我们将学生毕业后要进行的岗前培训和取得从业资格提前到学校里进行，以培养学生胜任岗位的能力和从业经验。在教学体系内，恰当地划分教学资源，使教学与实践紧密结合，让"教"与"学"真正落实到"行"的层面上，扎扎实实做到"知行合一"。

"应用型人才培养模式"专家咨询研讨会

锦城学院有万人大学的办学规模，多学科教育是其特色。我们鼓励各个系根据自身特点选择不同的培养方式和方法，无论文科和理科、艺术和工科，把"因材施教"的理念细化到"因专业特点施教"

上来，走出锦城学院应用型人才培养模式的新路子。

本次研讨会，旨在向各位专家请教。今天各位专家的指导意见，对锦城学院今后的发展裨益良多，谢谢专家们的关注和指导。我相信，通过不断完善管理和教学、完善应用型人才培养模式，锦城学院定会走进西部领先、全国一流的应用型大学的行列。

阅读是求知和闻道的主要途径

——《百家经典选读》序

（2008年6月18日）

大学教育的根本目的是培养人才。正如联合国教科文组织在世界高等教育大会上提出的，高等教育首要的任务，是培养高素质的毕业生与负责任的公民。毫无疑问，这种人的思想感情是高尚而丰富的，思维能力是正确而富于创新的，精神境界是纯洁而神圣的，人格个性是健康而完善的。但在当前严峻的就业压力之下，高校笼罩着过分功利的气氛和浮躁的情绪，一些学生、家长及教育者似乎急于让大学生学到一些专业技能，找个工作就业了，就算万事大吉。这显然是不正确的。它不是教育的全部目标。我院的教育应使学生们学习科学知识，顺乎规律办事，学习人文知识，按共同准则做人。二者结合起来，就是要求向真向善地为人处事。要达到这个目标，就要积极推行我院的"三大教育"（"三讲三心"明德教育、"一体两翼"知识教

《百家经典选读》书影

育、"三练三创"实践教育）、"四大计划"（大学生创业计划、大学生科研计划、大学生助教计划、大学生阅读经典计划），其中之一就是大学生阅读经典计划。

学生以学为主，阅读当是天经地义之事。高校学生当博览群书，学富五车。多读书、读好书更是题中应有之义。我院推行大学生阅读经典计划，实为培养高素质人才和负责任公民的绝佳途径。

什么是经典？经典是指在人类文明发展的过程中起过重大作用、产生过重大影响、具有公认的权威性的著作和文献。经典是人类文明的载体，是走向事实的阶梯，是人类智慧的结晶，是我们学习的最好教材，是前人留给我们的宝贵财富。

我们为什么要倡导阅读经典、推行大学生阅读经典计划？

其一，阅读经典有利于提高修养，陶冶情操，提升素质。高素质人才和负责任的公民无论做学问、做事业，都要神交中外大师，成就君子风范。古今中外经典的撰写者，都是著名的思想家、哲学家、政治家、军事家、经济学家和作家等等，他们既创造了光辉的业绩，又留下了灿烂的思想。正如马克思所说，希腊艺术、史诗或莎士比亚的价值是超越时空的。阅读经典就像结交良师益友，通过与他们对话受到感染和熏陶，使我们受到长久深远的滋润，获得创造性的和不断反刍的精神空间，对我们"养天地正气，法古今完人"大有好处。

其二，阅读经典有利于走向事实、认识真理。我们过去往往习惯于读概论、通史、简介、语录，甚至于从网上检索获得的只言片语就以为足矣，但这种办法往往以偏概全、离题走样，使学生只知其然而不知其所以然，长此以往，就丧失了原创性和思考的能力，只会人云亦云。原原本本地读原著，才能领会其精神实质，才能溯本求源。英国著名的教育家约翰·洛克在《教育漫话》中有一段十分重要的话："研究'原本'是一件不怕主张太过的主张。这是研究一切学问的一条最简捷、最稳当、最如意的大路。事情要从源头上得来，不要间接去获得。大著作家的著作决不可放置在一边，要去细细玩味，好好地记在心头，有了机会就要去引用。"他还说："你不可看了那些借来的光辉就感到满足。"因此从某种意义上可以说，阅读经典就是追求事实，阅读经典就是追求真理，经典是人类知识的源头。德国哲学家叔本华说过："谁要是向往哲学，就得亲自到原著那肃穆的圣地去找永垂不朽的大师。"

其三，阅读经典有利于发扬优良传统，推动中华民族伟大复兴。众所周知，历史名人和经典名著，是一个国家、民族的宝贵资源。民族精神是一个民族优秀文化传统的集中表现，是一个民族与时俱进、不断发展的价值取向与精神动力。文化是一个民族的灵魂，中华优秀传统文化是中华民族的标志。中华文明是世界上唯一的历经五千年而未曾中断过的文明，这是因为以中华文化为核心的文明具有纵向的永世性价值和横向的普世性价值。中华优秀传统文化蕴含的博大精深的哲理、丰富的智慧、传统的美德，以及对君子儒雅风度的褒奖，对中国乃至世界各国人民都具有重要启迪意义。从孔孟之道、老庄学说、诸子百家到孙中山、鲁迅，到毛泽东、邓小平、江泽民、胡锦涛等共产党人，他们的学说包含了中华民族的基本价值理念与做人做事的依据，可以说是立身行世之本、安身立命之道、治国安邦之策、民族团结之魂。其中有些内容如"己所不欲、勿施于人""和谐社会"等已经成为全人类的规范准则。阅读反映五千年中华文明的古今经典，有利于提高中国人自立于世界之林的信心和勇气，这对于中华民族伟大复兴是不可缺少的。一个不知自己国家的历史、不屑于自己民族的传统、不认同自己的祖国，把自己的祖先说得一无是处的民族是没有资格谈论"复兴"的。

如何阅读经典呢？

第一，要有一种敬畏的心情、虔诚的态度来看待和阅读经典。要以敬畏之心面对前人的努力，以敬畏之心面对民族文化的经典。在这方面，孔夫子可以说是典范。他以敬畏之心整理了三代及三代以前重要的典籍，定礼乐、编诗书、赞易道、修春秋，使中华民族的优秀文化得以流传。现在一些人出于种种动机，任意恶搞名人，颠覆历史，连一些经典的皮毛都未搞懂，就动辄批判起来。这种态度，有哗众取宠之心、无实事求是之意，是肯定学不到任何东西的。我们对待传统、对待经典、对待人类文明，既要有敬畏和尊重的情感，又要有虔诚的态度，还要有感恩的情怀。

第二，要有决心、耐心、恒心。从本质上讲，读书是寂寞的，坐冷板凳不是一件快乐的事情。但是要学一点东西，满心的浮躁，五分钟热血，是断然不行的。有些经典离我们比较久远，有些经典出自不同的国度，我们要老老实实弄清楚它的时代背景、社会环境、作者的出发点和原则，以及经典所产生的社会影响。有些经典往往和一些重大的历史事件相关，你就必须把这个事件的来龙去脉搞清楚。经典的阅读是一种高层次、有深度的文化阅读，对于大学生来说，这无异于一次精神上的"万里长征"。如果没有足够的决心、耐心和恒心，在当前急功近利和五光十色的诱惑之下，恐怕是很难入门的。所以我们要下大决心克服浮躁情绪，静下心来，有计划地把这本《百家经典选读》学好。

第三，要用发展的眼光来看待经典。任何事物都不是永恒不变的。经典也是这样。随着世事变迁，沧海桑田，我们的认识水平在不断提高，我们的认知模式在不断更新，有些经典可能会显得不合时宜，有些经典本身就含有在我们今天看来并不正确的成分。但这仍然是瑕不掩瑜，只要我们头脑清醒，用发展的眼光、批判的态度看待之，取其精华、去其糟粕，这些经典仍然会像宝石一样，用自身的光辉照亮我们。我们要把经典放在当时的语境下理解它的历史意义，放在当代的语境下合理阐释其现实意义。毛主席说过："我们这个民族有数千年的历史，有它的特点，有它的许多珍贵品。对于这些，我们还是小学生。今天的中国是历史的中国的一个发展；我们是马克思主义的历史主义者，我们不应当割断历史。从孔夫子到孙中山，我们应当给以总结，承继这一份珍贵的遗产。"

百家经典诵读会

第四，阅读是一种积累。一切创造、创新都必须建立在一定的知识储备之上。因此，对于我们选出来的经典部分，要有计划地阅读。不但要读，有些篇章、段落、字句还要背诵，要记在脑海里。读得多了，记得多了，用得多了，就会有"读书破万卷，下笔如有神"之感，就如一个人登上泰山之巅，一览众山小了。

"锦城"学子在湖边阅读

四川大学锦城学院是一所有着崇高宗旨和先进理念的大学。为了使锦城学院的教育思想和"三大教育""四大计划"落到实处，我们编写了这部《百家经典选读》，它包括古今中外多个国家、多个时期、多个领域的一些重要经典，将它作为我院进行通识教育——人文素质教育的教材是非常合适的。

我希望"锦城"学子学习好、应用好这部《百家经典选读》，将中国忠孝仁爱、信义和平的传统美德与科学民主、平等自由的现代精神结合起来，发扬光大，使我院培养的学生不仅具备精湛的专业技能，同时也具有良好的教养。

"锦城"学子们，阅读经典，开卷有益。我希望你们以先贤为榜样，潜心向学，学而不厌，修身明德，止于至善，成为德才兼备、学贯中西的一代英才。

明确人生价值，养成良好习惯，实现两个转变

——在2008级新生开学典礼上的讲话

（2008年9月25日）

今天我院隆重举行2008级新生开学典礼，我谨代表全体师生员工对各位同学考入四川大学锦城学院表示热烈的欢迎和衷心的祝贺！对四川大学各位领导、各股东单位、奖助学金设立单位、合作办学友好单位的各位领导对我院的支持和关心表示衷心的感谢！

在教育部、四川省教育厅和四川大学的领导、指导、关心下，三年多来，通过全校师生员工的艰苦努力，我们办出了特色、办出了质量、办出了规模，学院日新月异，取得了长足的进步和丰硕的成果，实现了在川大百年名校基础上的高起点、高水平跨越式发展。

三年以来，我们在美丽的清水河畔建设了包括教学楼、运动场、游泳池、学生宿舍、食堂等在内的30万平方米的建筑，建成了一套完善的教学设施、生活设施、实验室和体育运动设施。同时我院还成为国家计算机等级考试考点，英语四六级考试考点，英语和日语的专四、专八考试考点，普通话测试工作站，等等，这些考点的设置不仅方便了教师和学生，更体现了国家对我院办学水平的认可。

由于高质量的教学水平和鲜明的办学特色，配套完善的设施和科学严格的管理，我院受到了社会各界的高度赞誉和公众的向往，创造

了自建校以来连年生源爆满的大好局面。今年在校生已达到一万一千多人，实现了"万人大学、千亩校园"的规模和目标。

三年以来，学院以"传承知识、培养人才、引领社会、服务大众"为办学宗旨，形成了做人的教育和做事的教育相结合、继承传统和改革创新相结合等"六结合"的办学理念，形成了"追求事实、追求真理、追求至善，学院谋特色、学生谋特长"的"三追两谋"精神，形成了"止于至善"的校训。这是我院的特征和灵魂。

青春年华

再接再厉

三年以来，我们根据"学校错位竞争、人才分类培养"的指导思想，探索和构建了一套比较成熟的应用型人才培养模式，包括：准确的学校定位（综合性、应用型大学）、清晰的培养目标（"三会两双"，即会动脑、会动口、会动手，双语交流、双证培养）、富有特色的培养内容和课程体系（"三大教育"，即"三讲三心"明德教育、"一体两翼"知识教育、"三练三创"实践教育；"四大计划"，即大学生创业计划、大学生科研计划、大学生助教计划、大学生阅读经典计划）、重视实践的教学方式（教室教学、实验室教学、生产基地教学和课外活动教学"四个课堂"并重）、"三阶段三统一"的教学计划安排（整个教学安排分为理论基础知识必修阶段、工学结合专业选修阶段、综合能力整合提升阶段，指导原则是通识教育与专业教育相统一、学术教育与技术教育相统一、学历教育与上岗资格教育相统一）。特别是我们将创业和劳动列为必修课，意在培养学生吃苦耐劳的品德和创新创造的实干精神，其目的就是要培养德智体美劳全面发展，受社会和企业欢迎的高素质、应用型人才。

三年以来，我们实行依托名校办名校的方针，充分发挥四川大学学科齐全、名师荟萃的优势，已形成了三十四个专业、七十多个专业方向，文、理、工、经、管、艺多学科相互渗透、协调发展的学科专业体系。这些专业设置贴近市场，为社会所急需，同时，我院实行工学结合，校企、校会、校地合作办学的新思路，与中国电信、四川华西集团、四川路桥集团、中国工商银行、中国邮政储蓄银行四川省分行、四川省企业联合会、四川省山东商会、四川省广东商会、成都市高新技术开发区等三百多家企事业单位和地方政府部门合作办学，建立实习基地，实施分类培养。今年这些单位为2005级学生提供的实习岗位大大超过在校学生数。计科系已有20多名同学在大四刚开始就与信必优公司等正式签订了就业协议，成功打响我校毕业生高端就业的第一炮，充分显示了我院应用型人才培养模式的优越性和学生就业的广阔前景。

三年以来，在川大的大力支持下，我们已经建立了一支由终身教授、专职和兼职教师组成的"三结合"的教师队伍。他们经过了严格训练和认真考查，有丰富的教学经验和较高的学术水平。他们当中涌现了一批既懂理论又会实践的"双师型"教师。学校对教师的师德和教学提出十条严格要求，并用学生、学院管理部门、川大督导组三方评教来保证十条要求的实现。同时，学院每年评选"夫子育人奖"和优秀教师，以鼓励每个教师做到"学而不厌，诲人不倦"，忠诚于"锦城"的教育事业。

三年以来，学院培养了一大批事迹突出的优秀学子。例如，文传系钟颖同学割肝救母，艺术系吴祖恩同学舍己救人不留姓名，财金系邓忠君同学荣获"中国大学生自强之星"，他们三位还和计科系的太榍、土木系的胡丽、工商系的蔡杰等十名同学一起，荣获了国家奖学金。此外，潘一和陆颖同学在全国大学生英语竞赛中分别获得特等奖和一等奖，"木格子"创业团队在2007年四川省大学生创业大赛中获一等奖并得到5万元创业基金，我院申报的7件作品在第九届"挑战杯"大学生课外学术科技作品竞赛上全部获奖，习婷婷、刘喆丰同学获四川省大学生书法大赛特等奖，雷霖、范丽、唐曦等33名同学获得四川省大学生"综合素质A级证书"，选送参加国家语委会普通话测试的同学成绩全部达到一级甲等，文传系学子屡次入围"时报金犊奖"，207位同学获得国家励志奖学金，等等。

在抗震救灾的日日夜夜里，我院数以千计的同学在余震不断、环境恶劣的条件下，投身到志愿者服务队伍中，表现出了"锦城"学子热爱人民、团结互助、乐于助人的品德和不畏艰险的精神，其中，赵紫东、解小翠、虎利利同学更是被中共四川省委教育工委和四川省教育厅授予"抗震救灾优秀大学生"称号。艺术系编导专业的赵紫东同学，临危不惧，在第一时间把汶川大地震的视频上传互联网，这是全世界最早看到的汶川大地震的视频。他们的事迹，彰显了锦城学院"三大教育"的累累硕果！他们出色的表现不但体现了我院明德教育的价值观，同时体现了我院的教育质量和水准，体现了我院学生的风采和水平！

三年以来，我院确立了教学质量和稳定安全两条生命线的指导思想，全力保障教学质量第一，保障稳定和安全第一，得到了社会的高度认可和公众的广泛关注。我院先后取得了全国十大特色院校、综合实力20强独立学院、全国创建"平安校园"示范学校、自律与诚信建设先进单位、公众满意全国十大名牌独立学院、优秀专业特色独立学院、四川省社会实践先进学校、四川省大学生创业就业导航站、成都市共青团工作一等奖等荣誉。这都充分体现了国家机关、社会团体和公众对我院的办学思想、理念、培养模式、学校管理的高度认可。

同学们，你们已经进入了大学，这是人生历程中非常重要的阶段。你们已经来到了"锦城"，"锦城"就是你们的母校，你们要热爱自己的母校，你的一生都将打上母校的烙印。爱护和珍惜"锦城"的声誉，就是爱护和珍惜自己的前途。"锦城"独具特色的教育，将把你们培养成合格的公民和栋梁之材。这需要学校、教师和学生三者的配合和努力。大家都要明白，我们正处在一个高度竞争的时代，在这样的时代里你要出类拔萃、脱颖而出，是没有捷径可走的，只有比别人十倍的刻苦、百倍的勤奋和努力才能达到。在此，我对同学们提出几点要求：

第一，明确人生价值，做好职业生涯规划。

你们到大学学习的目的就是为了将来更好地工作，就是为了追求一个独特的、理想的职业生涯。根据哈佛大学的调查，凡是没有职业生涯规划和奋斗目标，浑浑噩噩，滑到哪里算哪里的学生，将来是很少成功的。相反，那些制定严密的职业生涯规划并有清晰、长远目标的人，大多会成为社会精英和事业上的成功者。所以，我要求你们在老师的帮助下制定一份适合自己情况的职业生涯规划。制定规划不但要立志高远，而且要脚踏实地，你们当中大多数人都知道拿破仑的一句名言："不想做元帅的士兵不是好士兵。"但你们还应该记住另一句话：做不好士兵的士兵是当不了元帅的。所以同学们从入学开始就要有实实在在的措施，一步一个脚印地去实现自己的目标。

第二，养成良好习惯，建设优良校风。

一个人在学业、事业上能否成功，往往与他的习惯有关。如果一个人有良好的习惯，例如爱惜时间，他就会争分夺秒地学习和工作，珍惜每寸光阴；如果他有勤俭的习惯，他就会早睡早起，争先恐后地勤奋做事、节俭生活；如果他每天学习生活都是有计划、会打算的，他就会充分利用各种资源，刻苦读书和实践。反之，如果一个人养成一些坏习惯，如懒惰、奢侈，每天无计划没打算，滑到哪里算哪里，甚至抽烟、喝酒、赌博或者整天沉浸在网络游戏里，成为"宅男宅女"，如果他不改进的话，前途堪忧。所以成功的教育是从端正和改变一个人的习惯开始的。胡锦涛主席提出的"八荣八耻"和我院有关学生的行为规范、"八要八不要"的文明习惯要求、"三不准"（不准喝酒、不准抽烟、不准打牌）的有关规定、"三不支持"（不支持烫染头发、不支持奇装异服、不支持谈恋爱）的行为导向，都是为了使学生养成良好的习惯。

同学们个人的习惯很重要，学校的习惯也很重要。学校的习惯是什么？就是校风。一个学校的校风好，学校就健康发展，学生就苗壮成长。反之，好学生也会变坏。校风、学风不正是一场灾难。我们倡导广学博识、严谨细致的学风，倡导"三追两谋"的"锦城精神"，倡导严格治校、严谨治学、严肃做人的校风。所谓严格治校，就是要严格要求、严格管理；所谓严谨治学，就是讲究科学、一丝不苟；所谓严肃做人，就是坚持原则、担当责任，即使在网络的虚拟世界里也能"慎独"，绝不做那些不负责任的事情。这样的校风靠全校师生来建设，这样的校风靠全校师生来发扬，这样的校风靠全校师生来传承。

著名心理学家威廉·詹姆士有句名言，播下一个行动，收获一种习惯；播下一种习惯，收获一种性格；播下一种性格，收获一种命运。全体师生都要养成良好的习惯，建设优良的校风，在锦城学院这个大熔炉里，历经千锤百炼，收获绚美人生！

第三，实现两个转变，适应大学学习。

同学们，你们从高中考入大学，这是人生道路上的一个重大转变。首先你们要适应学习方法和学习环境的转变。我们要摒弃传统式教学和应试教育的影响，改变以应试为目的的满堂灌输、题海战术、死记硬背、猜题押宝等方式，由被动学习转为主动学习，将教一知一的学习转为举一反三的学习，要把只重视课内学习转变为课内课外相结合，要把老师教、学生学转变为老师教学生学。那种思考问题一种思路、回答问题一种标准答案、表达问题一套标准方式的教学方法，可以培养高分应试学生，但培养不出创新型实用人才。所以，大学教学的任务不仅仅是教你思考什么，更重要的是教你如何思考；不是把现成的答案告诉学生，而是引导学生独立思考，自己得出正确答案。

同时，你们还要实现从适应学校到适应社会的转变。每个同学从小学、中学到大学，学习的目的就是一级一级地考入更高一级的学校。但现在不同了，大学学习的目的是走向社会、服务社会，你们将逐步地从适应学校到适应社会，要做到和社会的无缝衔接。因此，你们要在学校自主学习、自觉实践、自律管理。只有刻苦学习，打牢基础，积极参与"三练三创"和社会实践，毕业以后才能很快适应社会建设者的各种角色，融于民族复兴的大潮之中。

同志们、朋友们，老师和同学们，锦城学院有着得天独厚的"三大优势"，这就是四川大学丰富、优质的教学资源优势，股东和三百多家友好企业的社会关系和人脉资源优势以及与国际接轨的灵活的办学机制、体制优势。我们正在发挥这"三大优势"兴办一所高水平、有特色的大学。我们要像巴黎大学那样，培养学生的逻辑推理和雄辩能力；要像柏林大学那样，培养学生的批判意识和探究能力；要像哈佛大学那样，培养学生的社会适应能力和创造性人格；要像抗战时期的西南联大那样，在十分困难的情况下培养学生艰苦奋斗的精神和坚忍不拔的毅力，把我们的每一届、每一个学生都培养成做人第一、能力至上，一会做人、二能做事，堂堂正正做人、踏踏实实做事的栋梁之材，为振兴中华做出更大的贡献！

最后，让我引用芝加哥大学第二任校长哈里·卜纳特·贾德森的一段名言来结束我的讲话：我们不是那么古老，年轻既是优势也是劣势，是唯一的一个时间可以治愈的缺点。依托坚实的办学基础，树立协调一致的目标，通过不断成长，我们将更加卓越和出色，我们将走向更大的成功和胜利！

深入学习实践科学发展观，
促进我院又好又快发展

——在全院教职员工学习科学发展观大会上的讲话

（2008年10月22日）

改革开放以来，特别是邓小平同志南方谈话强调，发展才是硬道理，从而开启了中国经济高速发展的新局面。以胡锦涛同志为总书记的党中央提出了科学发展观，强调要"坚持以人为本，树立全面、协调、可持续的发展观，促进经济社会和人的全面发展"。胡锦涛同志在今年九月做了重要讲话，要求在全国开展为期一年的科学发展观教育。为此，我们今天以"深入学习实践科学发展观，促进我院又好又快发展"为题，把学习科学发展观和探讨学院发展两相结合，进行一次学习研讨。

党的十六届三中全会提出了科学发展观，并把它的基本内涵概括为"坚持以人为本，树立全面、协调、可持续的发展观，促进经济社会和人的全面发展"。今年国内外发生的三件大事，造成人员重大伤亡的山西矿难事件、影响全球经济的美国金融危机、造成恶劣影响的三聚氰胺奶粉事件，充分暴露出不遵照科学发展观的发展所引起的严重后果。

作为民办独立学院的锦城学院，要全面、协调、可持续发展，必须联系学院实际，深入学习实践科学发展观，促进学院又好又快发展。

我院建校以来面临过资金、师资、生源问题，由于坚持了正确的发展方向，这些问题得以逐步改善和解决。虽然我们面临一些矛盾和问题，但我们同时也面临着巨大的机遇。目前，中国大学生的数量虽然较改革开放之初增加了很多，但比例仍然只有 5%，而美国大学生比例为 30%。我国高等教育的毛入学率仅为 23%，而美国、加拿大、澳大利亚、芬兰、新西兰、挪威和韩国均超过了 50%，美国更是达到 70%。教育部指出，我国的高等教育规模还会继续得到发展，大学生数量不是多了，而是还不够。我国还将继续推进高等教育大众化，到 2020 年实现高等教育毛入学率达到 40% 的目标。现在广大人民群众希望自家子弟上大学深造的愿望也非常强烈，不仅想上大学，还想上一个比较好的大学。这些都是民办教育面临的发展机遇。独立学院作为民办教育的新模式，更应该在这样的发展前景中发挥自身优势，打造名校品牌。我们要抓住机遇，迎接挑战，以科学发展观为指导，从以下五个方面努力，促进学院又好又快发展。

第一，以高起点、高质量求发展。我们要走质量立校之路，走高质量、良性发展之路。我们要始终贯彻教学质量是学院生命线的思想，抓好"一个目标""四大系统"。"一个目标"是高质量教学，"四个系统"是计划指挥系统、执行落实系统、支持保障系统、评估反馈系统。学生的质量不完全是由考试成绩来评价，而是根据学生的综合素质和受社会欢迎的程度来评价。

第二，以特色求发展。我们要发扬"学院谋特色，学生谋特长"的"锦城精神"，做到人无我有，人有我优。我们的"三大教育"、创业必修课、劳动必修课等特色，已经得到了社会各界的广泛认同。各系要想超过知名院校的同类专业，必须扬长避短，出奇制胜，谋"锦城特色"。

第三，以创新求发展。创新是一个民族的灵魂，也是一个学校的灵魂。我们要在办学思想和办学理念上创新，在教学计划和课程体系上创新，在教学方式方法上创新，在"四个课堂"相互结合上创新。归根到底要把应用型人才培养模式的改革当成我院教学改革的中心和重中之重。要重点创新制度、创新管理。

第四，以开放求发展。关门办学不是发展之道，我们要全面对企业开放、对社会开放、对国际开放，充分发挥我院人脉资源优势，与300多家友好企业结成战略伙伴，开展校企合作，将社会资源为我所用。开放式办学，充分利用企业、社会和国际的资源，对开阔学生视野、拓宽学生出路、弥补学院资源短缺，具有重大意义。

第五，以竞争求发展。教育事业不排除竞争，我们目前面临着资金、生源、师资以及用人单位四个方面的激烈竞争。竞争虽然激烈，但是两军相遇勇者胜。我们要在现有优势的基础上，筹措资金保证学院建设，打造王牌专业提高生源水平，吸纳优秀师资确保教学质量，联系用人单位推荐毕业学生，以高度的凝聚力和荣誉感投入促进锦城学院发展的工作中去，打造核心竞争力。资金方面，学院会不遗余力为师生提供良好的学习工作环境；生源方面，我们要力争明年部分专业实行二本招生，逐步向全面二本招生过渡；师资方面，我们要按照既定方针，培养自己的青年骨干教师，聘请优秀兼职教师，欢迎业界精英作任课教师；雇主方面，学院各部系要保持对毕业生就业工作的高度热情，充分利用一切可用资源密切联系用人单位，为学院的首届毕业生尽力提供就业帮助。同时，每个系都要瞄准各自的竞争对手，敢于竞争，善于竞争，把学生培养成为用人单位看得起和用得上的高素质、复合型的应用型人才。

要做到以上五点，关键是要解放思想，深化改革，大胆创新，落到实处，提高执行力。我们要打破公办学校和计划经济时代的条条框框，建设符合现代化要求的、培养全球化人才的、符合学院定位的高素质应用型人才培养模式。我们要深入开展科学发展观的学习实践活动，把科学发展观作为指导我们发展的科学武器，结合实际，实现学院的又好又快发展。

全力以赴，群策群力，做好首届毕业生就业工作

——在学院第一次就业工作会议上的讲话

（2008年10月30日）

近期正值2009届毕业生就业择业高峰期，目前，我院确定了"自主择业，双向选择，学校指导，家长支持"的就业指导思想。学生是就业的主体，学校和家长都要全力支持学生的就业工作，共享资源，广开就业门路。

一、当前的就业形势

高校扩招以来，大学生的数量成倍增加。2004年，中国高等教育开始从精英教育走向大众化教育。

据统计，2009年大学生毕业人数将达到610万，大学生就业面临着比以前更加趋紧的形势。我国当前的经济增长主要依靠出口、投资和旅游业拉动，这种经济结构不利于大学生就业。此外，在今年，发源于大洋彼岸的美国次贷危机引发的全球金融海啸，以及奶粉事件、矿难事件、地震影响等，都在一定程度上加大了大学生就业的难度，竞争会变得异常激烈。

二、树立正确的就业观

（一）认清形势，勇于竞争

近日，中国社会科学院人口与劳动经济研究所发布报告称，大学生就业难乃是全球共有的现象，与其他国家相比，中国的大学生就业难问题并不严重。日本的"初次就业率"在 20 世纪 90 年代大约是80%，现在基本在 60%—70%。有关调查资料显示，日本平均每名求职大学生要经过 16 家公司的笔试、面试等各种类型的考试。欧洲国家的情况也差不多，在瑞典，IT 专业的大学生对刚进公司的月薪要求已降低，大学毕业生现在已能接受每周工作 46 小时。

2009 届毕业生是我院的首届毕业生，由于没有先例，社会、企业对我院的了解程度不够，对我院学生的了解程度不够，这些都会给我院学生的就业带来不利的影响。所以，要实现就业尤其是高端就业，必须认清当前的就业形势，勇于竞争。

（二）认清自己，抓住机遇

我院学生应对当前就业形势的态度应是：积极采取措施，赢得主动；把职业规划落到实处，不要好高骛远，过分看重起始工资水平；从基层做起，先就业，后择业。大学生亦是普通劳动者，但这并不是说他们不可能成长为社会精英，相反，精英必须从基层中成长起来。

毕业生应兼顾八个方面的问题，积极主动争取就业：到基层还是到机关，到大城市还是到中小城市，到大企业还是到中小企业，到老

企业还是到新创立的企业，到国企、外企还是事业单位，到发达地区
还是欠发达地区，专业对不对口，起始工资待遇高低。

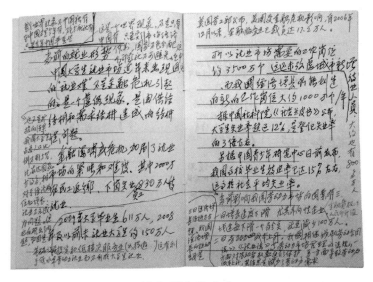

邹广严院长手稿

事实上，即便在金融危机的影响下，就业岗位还是很充足的。只
不过这些岗位，有的比较艰苦，有的工资待遇不那么高，有的可能不
是毕业生所学的专业，有的可能在基层。但这样的岗位对刚刚走出校
门的大学毕业生来说，却是值得珍惜和看重的。

对刚刚走出校门的毕业生来说，缺乏社会经验，实践经验不足，
这种情况下最需要的就是锻炼机会，而基层岗位、艰苦岗位恰恰是再
好不过的锻炼毕业生的平台。因此，大学毕业生不应该仅仅看到岗位
艰苦的一面，还应该辩证地看到艰苦岗位锻炼人的一面。

有句话说得好，机会总是留给有准备的人的。我们认为，先就
业，后择业是大学毕业生获取经验、积累阅历的好机会。大学毕业生
在找工作时，应当面对实际，调整好自己的心态和期望值，树立正确

的就业观，积极就业，从而为自己将来的发展打下坚实的基础。

有学生在网络上批评先就业，后择业的观点。我们认为，同学们需要根据自身情况，灵活应对。有些同学自身条件比较好，可能会被多家公司抢着要，这些同学当然可以先择业。然而有些同学的条件可能不够理想，一时难以找到工作，就应当不挑剔，采取务实态度，先找到工作解决生计，在工作闲暇时再留意一些相关的信息，抓住一切提高的机会，丰富自己的阅历，总能找到一份自己喜欢的工作。

（三）广开门路，灵活就业

坚持两条腿走路，多渠道、多途径就业的方针。学院实行"自主择业，双向选择，学校指导，家长支持"的就业指导思想。学生是就业的主体，学校和家长都要全力支持学生的就业工作，共享资源，广开就业门路，要灵活机动，解放思想，争取更广泛的资源。学生要端正就业态度，高度重视每一次招聘会，不要轻易放弃就业机会。

在这方面，我们有很多同学做得很好。土建系李诗强同学，走出校门，自主择业，通过自己的努力成功签约中铁二十三局，财金系周俊杰、何俊同学自己到成都普什医药塑料包装公司应聘实习并成功签约，廖荣（文传系，签约邮政储蓄银行自贡市分行）、王海霞（计科系，签约启明星银海科技有限公司）、刘青松（工商系，签约中国华西企业有限公司）等很多同学在学校组织的毕业实习中表现优异，被实习所在公司录用。土建系的应届毕业生不等不靠，全面出击，得知11月20日在德阳某学院有双选会，近百名同学早上6点钟起床乘车到德阳应聘，有10多名同学成功签约。

严峻的就业形势并不可怕，只要端正就业态度，认清自己，积极应对，抓住机遇，广泛利用一切资源，就会迎来灿烂的阳光！

（四）周密准备，无缝衔接

我们不打无把握之仗，不打无准备之仗。各系都要充分发挥各自的长处。学校教育要为毕业生着想，既要有宽口径的专业，又要细化专业方向，做好行业、企业和岗位的对应工作。所有工作的标准就是符合用人单位的要求，社会、企业的需求就是检验我们工作的评判标准。

我院的目标是全力以赴、群策群力，做到"进口旺，出口畅"。我们的愿景是要在社会上得到广泛认可——进了"锦城"就不愁就业，就不会找不到工作！这就叫作"就读锦城，锦绣前程"！

搞好学术，做精学问

——为《四川大学锦城学院学报》撰写的发刊词

（2008年11月26日）

《四川大学锦城学院学报》（以下简称《学报》）今天正式创刊了，这是我院学术繁荣的一件大事。

大学是一个什么地方？流行的说法是学术的殿堂，通俗的说法是一个学术机构，用本土话来说即做学问的地方，创造、更新学术知识并将之传授给学生的地方。德国的一个教育专家卡尔·雅斯贝尔斯认为，大学就是一个将以献身科学真理的探索和传播为专业的人们联合起来的机构。雅斯贝尔斯认为，任何一个真正意义上的大学，都要包含三个部分：学问传授，科学与学术研究，还有创造性的文化生活。他还认为，没有人能够不亲身参与到科学研究中去而能真正在大学里面教育好学生。因此，推动学术科研工作的进步，是大学的职责所在。科学研究是大学的一部分，这个大学职能的三位一体观念现在已为国人所接受且几乎家喻户晓了。

"搞学术，做学问"就是创造。创造就是和原来的东西不一样，这就必须坚持解放思想，学术自由。正如邓小平同志所说："一个党，一个国家，一个民族，如果一切从本本出发，思想僵化，迷信盛行，那它就不能前进，它的生机就停止了，就要亡党亡国。"我们现在的大好局面，正是邓小平同志领导全党批评了"两个凡是"，提出了"解放思想，开动脑筋"，一切从实际出发的结果。我们要在学术上有所创新，就必须打破条条框框的束缚，敢想别人没想到的事，敢说别人没说过的话。让思想的翅膀冲破牢笼，在自由的天空翱翔。要提倡标新立异，提倡百家争鸣。

《四川大学锦城学院学报》书影

"搞学术，做学问"要取得成就，就要坚持深入实践，独立思考。要有执着的追求和努力，不要企图走捷径。美国著名学者和教育家亚伯拉罕·弗莱克斯纳在其著作《现代大学论》里指出："收集信息——即使是精确的信息——不是研究。收集大量的描述性教材——不是研究。未经分析和无法分析的资料，不管收集得多么巧妙，都不构成研究；报告不是研究；检查不是研究……研究不是通过雇佣他人，而是个人独自做出的静悄悄的和艰苦的努力。这种旨在获得真理的努力，是目前人的思想在一切可利用的设备与资源的帮助下能够做的最艰难的事情。"因此东抄西拼，凑成一大篇的现象必须禁止。我们要的是学问的发明家、创造家（哪怕只有一点点），而不是抄家、拼家、凑家。

"搞学术，做学问"还有一个文风问题。现在盛行的那种穿靴戴帽、大话空话套话连篇的官样文章国人甚为厌恶，的确不适宜做学问。中外历史都证明，凡是讲话做文章形成一套又一套的八股了，其生命力、创造力就结束了。所以我们要提倡"三追两谋"精神，有话则长，无话则短，一针见血，击中要害，叫有的放矢矣！毛泽东同志 1942 年写过一篇文章叫《反对党八股》，把党八股、洋八股的罪状列了八条，可谓齐矣全矣，望诸君认真学习。

这里我们要推荐人类历史上最伟大的物理学家之一阿尔伯特·爱因斯坦，他在 1905 年发表了 5 篇论文，总共也就不到百页，却为 20 世纪物理学的两次革命——相对论和量子论奠定了基础。我们姑且抛却五篇论文中革命性的内容不论，其简洁明晰的文风也是非常值得学习和效仿的。

我希望《学报》能办成一块园地，促使我院广大师生在这块园地里百花齐放；

我希望《学报》能成为一个平台，给各方专家学者提供一个表达新的思想和创造的机会；

我希望《学报》能办成一个桥梁，为我校与国内外各方面专家学者、高校师生进行互相交流、切磋技艺和学问，提供一个方便和条件。

当然，《学报》要办好，还需要广大师生的热爱和支持，欢迎广大师生积极投稿，欢迎广大学者利用这块园地争鸣。

发挥优秀学生的带头作用，
带动全校同学更加热爱学习、奋发向上

——在2007—2008年度优秀学生及先进集体表彰大会上的讲话

（2008年12月16日）

我首先向所有奖助学金设立单位表示由衷的感谢。四川航空股份有限公司是我院最早的奖助学金设立单位，中国邮政储蓄银行四川省分行在高校设立的第一个奖学金项目就在我院，特别值得一提的是，邮政储蓄银行今年有160人的招聘计划，其中100个名额将放在我院。四川金星压缩机制造有限公司作为我院在高新西区的近邻，一直与我院保持良好的校企合作关系。四川路桥集团在我院设立的奖学金先后已有60余名学子受益。四川省扶贫基金会在我院设立的助学金也是非常的慷慨。

学院此次表彰优秀学生代表了学院的价值取向，优秀学生不仅应该学习成绩优异，也应该具有相当强的实践能力和动手能力。此次获得"优秀学生标兵"的同学都是在各方面表现非常优秀的，如计科系的李静玲同学，她率领的"木格子"创业团队在四川省创业设计大赛中获得第一名并赢得了5万元的创业基金，"木格子"团队由此注册成立了我院的首家学生实体公司，成为我院"三练三创"实践教育的最佳榜样。而此次"院长特别奖学金"的获得者赵紫东同学，作为一名编导专业的学生，凭着强烈的职业敏感性，在"5·12"汶川大地震发生的当天就将地震情形拍摄下来并顶着强烈的余震在 10 分钟之内就传到网上，这也成为第一个来自地震灾区的视频。赵紫东同学拍摄的视频当晚即被中央电视台、凤凰卫视、CNN、BBC 等国内外各大媒体转播，并在网上创下了上千万的点击率，极大地提高了我院的知名度和影响力。

"三心明德奖""三创实践奖""科研创新奖"体现了学院的"三大教育""四大计划"和应用型人才的培养模式。学院通过"三讲三心"明德教育培养学生的高尚情操和优良品德，通过"一体两翼"知识教育巩固学生的基础知识，通过"三练三创"实践教育培养学生克服困难、发奋图强的品质，增强学生的动手能力和解决实际问题的能力，而科研计划则是加强学生的科学实验和学术研究能力。"优秀学生"等荣誉称号的颁发能有效增强优秀学生的带头作用，带动全校同学更加热爱学习、奋发向上。

希望同学们以正面的思维、阳光的心态和主人翁的精神将自己塑造成为建设型、应用型的人才。在全院师生的共同努力下，四川大学锦城学院必将是一所充满阳光的学校，一所充满希望的学校，更是一所有着光明前途的学校。

继往开来，创造新局面

——在2008年度年终工作总结暨表彰大会上的讲话

（2009年1月17日）

刚才，我们举行了2007—2008学年"夫子育人奖"表彰大会。获奖者中，有的在教书育人上做得非常好，有的在关心学生上做得非常好，特别是在工作时间之外，他们为学生、为学院奉献了许多，做出了榜样。我们要向这些获奖者学习，发扬孔子所云"学而不厌，诲人不倦"的教育奉献精神。

下面，我对学院2008年的工作进行总结。

一、"5·12"汶川大地震考验了学院的生存能力和应变能力

"5·12"汶川大地震，是四川地区继20世纪叠溪海子地震、松潘地震之后的又一次震惊世界的大地震。面对震灾，我院光荣而艰巨地经受住了考验。主要体现在：

1.人员伤亡最少。仅一人摔伤脚踝。

2.财产损失最少。损失金额仅20万。

3.停课时间最少。5月15日全校复课。

抗震救灾期间，学院鼓励教师发挥示范带头作用，在上课铃响之

前提前到达教室，等候学生前来上课，为震后教学秩序的恢复起到了极大的稳定作用。学院还及时组织后勤部门各科室积极保障震后后勤供给，强有力地保障了学院师生吃、住、行、供水等生活需求，为震后生活秩序的恢复起到了极大的作用。学院还积极组织特殊党、团费缴纳，组织专业精干的志愿队伍深入灾区服务，用实际行动履行了仁爱教育成果。

作为一个近万人规模的教学单位，我院能在大灾之后具备生存能力和应变能力，教职员工无一人脱岗，这充分证明我们经受住了考验。

二、学院由2005年艰难创业，逐渐发展至万人大学规模，充分体现了学院的成长能力

2008年9月，学院突破万人规模，主要因为学院处理好了三个关系。

（一）正确处理基本建设和教学质量的关系

任何一所学校的建立和发展，都是从小做起的。南开大学创立时，校舍不过是一栋小楼。同样，锦城学院的成长发展也是逐渐完善和壮大的。2008年，在现有的教学设施基础上，新仁爱大楼拔地而起，新运动场、长宁竹海花园、杏岛花园已成规模，学院图书馆建设紧锣密鼓地开展中。这些建设成就，全面保障了学院教学质量的硬件需求，有力支撑了"质量立校"的指导思想。

（二）正确处理扩大队伍和提高质量的关系

"以质量求发展，以规模求效益"，学院的收益靠规模，学院的

品牌靠质量。锦城学院同等重视质量和规模，并且把质量放在第一。为此，学院始终重视教师队伍中教授、副教授的比例，以70%的比重保障教学质量，这在全国独立学院中都是不多见的。

（三）正确处理勤俭节约和改善教职工福利待遇、改善学生生活设施的关系

学院从无到有，创办艰难，全院教职工上下齐心、勤俭办校，2008年水电消耗量比2007年消耗总量减少，为学院建设作出了贡献。在节俭的同时，学院还更加注重员工福利待遇以及学生住宿、学习条件的改善。在福利待遇上，学院力争做到多办事、办好事。以改善员工待遇为例，2008年，学院做了以下工作：

1.提升了部分管理干部的级别。

2.评定了部分技术和学术职称。

3.落实了相关技术职务、职称的待遇。

4.给工作优秀、表现突出的同志提高了工资待遇。

5.合理调整教职工队伍，优化配置资源。

以上种种举措，旨在为教职员工解除后顾之忧，使他们安心工作。

三、学院三支队伍团结一心，体现了执行力、凝聚力和战斗力

（一）组建了一支具有"锦城特色"的专职、兼职、企业三结合教师队伍

1.兼职教师比重与国际接轨。美国2003年高校兼职教师比重为

43.7%，我院三结合师资队伍恰好体现了这一比重，与国际先进的教育水平数据接轨。

2.专职教师来源广泛。学院专职教师来自全国各地的80余所高校，体现了博采众长的学术特色。截至目前，学院教师发表论文51篇，学院成立了三个研究所和一个外语中心，共承担省市级课题18个，组织编写教材17本。

3.学院教师队伍师德高尚，乐于奉献，对学生高度负责。例如，有的教师在授课之余不忘进行"三讲三心"明德教育，有的教师牺牲休息时间为学生进行专四考级辅导，有的教师组织学生参与项目招投标实习以增长见闻，还有教师组织学生奔赴灾区慰问演出，等等。

（二）组建了一支忠诚而精干的行政管理队伍

学院的行政管理队伍和学生比例为1∶60，人数极为精干，但他们爱岗敬业、全心投入，是学院不可或缺的"战斗力"。以学院辅导员队伍为例，他们不分忙闲时，尽心尽力做好学生管理工作，做到了"三访两沟通"。"三访两沟通"，即访问宿舍、访问课堂、访问实习场所，以及与任课教师和家长经常沟通。他们当中，有的人利用假期时间为学生解决就业问题，多次查访学生宿舍，有的人为学生筹备实验器材，等等。此外，一些行政管理干部和职工以校为家，24小时处理校内各类突发事件，系主任积极组织学生假期实习实践。他们坚守岗位、无私奉献，有力保障了学院各项工作的正常运转，令人钦佩。

（三）组建了一支精打细算、任劳任怨的教辅服务队伍，保障了学院师生吃、住、行、用

例如，学生一食堂在震后准时供餐，服务中心正常营业，保障了震后师生的生活；医务室全年24小时值班，看诊3万余人次；动力组维修及时负责，确保学院各项设备正常运转；校卫队坚守岗位，保障学院全年安全稳定；清洁工人尽心尽责，保障校园整洁明净；车队同志承担运输任务任劳任怨。

这三支队伍，爱岗敬业、乐于奉献、不计报酬，共同为学院良好、高效运转作出了贡献。

四、逐步完善了应用型人才培养模式，反映了学院的创新能力

我院已基本形成了自己的应用型人才培养模式，这一模式的主要表述是：

1. "三会两双"体现高素质、复合型、应用型人才培养目标。

2. 保证人才培养的两大保障体系（教学质量和安全稳定两条生命线）。

3. 科学、全面的课程体系（"三讲三心"明德教育、"一体两翼"知识教育和"三练三创"实践教育的"三大教育"）。

4. 以学生为主体的"四大计划"（大学生创新创业计划、大学生科研计划、大学生助教计划、大学生阅读经典计划）。

5. 体现"锦城教育"的"五项基本原则"：通识教育与专业教育

的统一，学术教育与技术教育的统一，学历教育与资格教育的统一，"四个课堂"（教室教学、实验室教学、生产基地教学和课外活动教学）相统一，继承教育与创新教育的统一。

五、2008年开展的第一届就业工作，体现了学院的核心竞争力

事实证明，2008年学生就业工作的成果体现了学院培养应用型人才深受用人单位的高度认同。在实习过程中，我院有的学生由于工作认真，半年之后就获得了领导的信任，撰写年终总结讲话稿；有的积极主动从小事做起、踏实肯干，最终成功签约。在应聘过程中，我院学生凭借良好的心理素质和表达能力，自信大方地介绍学院和自己的实践积累，从就业竞争中脱颖而出。从本届学生的实习和就业经历来看，以下几点是非常重要的：

1.着重提升学生的综合能力。

2.帮助学生树立自信。

3.鼓励学生在实习实践过程中积极创新。

4.坚持加强"做人"教育，培养学生良好的礼仪修养。

5.教导学生不畏困难、迎难而上。

6.教育学生积极主动，不因事小而不为。

2008年，学院的就业工作取得了初步的成效，这源于全院各战线教职员工的共同努力。我们要在今后把学院的就业工作当作一个品牌来做，带动所有学生，全面提高锦城学院的核心竞争力。

以上是我对学院2008年工作的总结报告。根据学院发展的要求

和2009年我们将面临的形势，我再向全院教职员工提出三点要求：

1.没有调查，就没有发言权。在今后的工作中，大家要多作调查研究，要依据事实有的放矢。

2.没有读书学习，就没有发言权。不读书学习就不能温故知新，不读书学习就不会博采众长，不读书学习就不了解行业前沿。

3.没有改革创新，就没有发言权。学院致力于创造一个学术自由、创新创造无止境的氛围，无论搞教学、抓管理，还是搞服务，都要创新，靠吃老本、墨守成规是不可以的。

2009年

百舸争流当勇进

　　这一年，有了首届毕业生；

　　这一年，首届毕业生就业率达到98%；

　　这一年，进一步明确提出"办负责任的教育，对学生负责、对家长负责、对人民负责、对社会负责"。

全院师生动员起来，建立学校、家长、社会三位一体支助体系，为首届毕业生顺利就业而奋斗

——在新学期教职工见面会暨第二次就业工作会上的讲话

（2009年2月19日）

大学生就业是一件大事。对国家而言，就业就是民生，就是稳定，就是发展；对教育而言，就业就是成功；对学校而言，就业就是品牌；对学生而言，就业就是饭碗，就是成才的必经之路。美国总统奥巴马在当选之初就立誓"举全国之力"在2011年前为美国民众增加250万个就业岗位，而后又增至300万个，2009年1月份又再次调升至400万个，以控制失业率，可见就业工作的重要性。

最近，国务院办公厅下发了《关于加强普通高等学校毕业生就业工作的通知》，指出当前受国际金融危机影响，我国就业形势十分严峻，高校毕业生就业压力加大，要求各地区、各有关部门要把高校毕业生就业摆在当前就业工作的首位，要采取切实有效措施，拓宽就业门路，鼓励高校毕业生到城乡基层、中西部地区和中小企业就业，鼓励自主创业，鼓励骨干企业和科研项目单位吸纳和稳定高校毕业生就业。下面，我就结合这个文件，给大家讲一讲我们面临的形势、遇到的问题以及我们采取的措施。

一、当前大学生的就业形势和就业市场特征

中国大学生就业市场近年来出现的就业难问题，既不是金融危机引起的，也不是扩招导致的，更不是现在才产生的问题，而是随着国家经济体制、教育体制改革逐渐凸显的。1985年，《中共中央关于教育体制改革的决定》表明要改革高等学校的招生计划和毕业生分配制度，改变高等学校全部按国家计划统一招生、毕业生全部由国家包下来分配的办法。1993年，由中共中央、国务院颁布的《中国教育改革和发展纲要》是"自主择业"就业模式的政策依据，它明确指出："在九十年代，随着经济体制、政治体制和科技体制改革的深化，教育体制改革要采取综合配套、分步推进的方针，加快步伐，改革包得过多、统得过死的体制，初步建立起与社会主义市场经济体制和政治体制、科技体制改革相适应的教育新体制。""改革高等学校毕业生'统包统分'和'包当干部'的就业制度，实行少数毕业生由国家安排就业，多数由学生'自主择业'的就业制度。"因此，只要实行市场经济体制，就业就会遇到不同程度的难题。不仅在我国，欧美发达国家同样面临就业难问题。因此，大学生就业难，是随着经济体制改革、教育体制改革而产生的，当今的"金融海啸"又进一步加大了就业的难度。

在我国，当前影响劳动力市场的主要因素有三个：

1.受金融危机影响，国家经济增长速度下滑。每下降一个百分点，就会直接影响100万个就业岗位。特别是外向型企业更是受到金融危机和人民币升值双重影响，出口连续三个月下滑，仅今年1月就同比

下降17.5%。

2.劳动力成本上升。

3.我国经济增长结构不利于高端人才就业。很多人把就业难归咎于扩招，我不这么认为，难道说不扩招、不读大学就不就业了吗？我国大学生数量占人口比例不到5%，比发达国家少得多，相对于前几年经济两位数的增长，就业不应成为多大的问题。但它的确出了问题，这主要是因为我国经济增长主要靠投资拉动，拉动的主要是基础设施建设和低档次服务型行业，真正靠产业结构调整、靠科技型人才发展的产业比例较少，这有利于低水平劳动力就业而不利于大学生就业。

目前已有2000万农民工返乡，830万下岗失业员工待就业，加上今年大学毕业生约611万，2008年及以前未就业的大学生约150万，所以理论上就业市场需要提供3500万个工作岗位。如果按照2009年经济增长8%的目标来计算，大概一个百分点可带动100万人就业，最多能解决900万人的就业问题。然而，受经济发展结构和金融危机的双重影响，今年国家要解决就业问题，是相当困难的。

根据中国社会科学院的统计，大学生失业率超过12%，是登记失业率的3倍左右。另据中国青少年研究中心日前发布的数据，我国高校毕业生待业率已达15%左右，远高于社会平均失业率。大学生就业究竟出了什么问题？下面我们来分析一下当前大学生就业市场的基本特征，主要是三个不对称：

1.供求信息不对称

全面、准确、充分、及时的信息是指导大学生就业的依据，而供求信息的不对称是就业市场的基本特征，企业招不到合格的人才和毕业生找不到满意的工作两者并存。笼统、片面、过时的信息都是无用信息或不充分信息。另外，还存在只公布需方信息，不公布供方信息，导致供求状况不明、毕业生对岗位竞争度不够了解等问题。因此，供求信息的全面、具体、准确和及时相当重要。大学生的培养周期较长（一般为四年），所以学生入学时得到的信息到毕业时往往过时了，且由供求双方单方面搜集、发布信息，很难做到全面。

2.学校教育和市场需求不对称

学校教育和市场需求不对称，即大学教育体系和培养模式与社会需求及其发展变化的不对称。高等学校教育体系及其教学内容与市场需求在一定程度上脱节，不能适应社会发展需求。学校的专业设置、招生计划、培养方案很少考虑社会需求。

3.学生素质和岗位要求不对称

学生素质和岗位要求不对称，即学生本身的职业能力与企业用人岗位的要求不对称。学生的专业能力和综合素质压根儿就未和就业岗位相对应，而用人单位最关心的是学生胜任岗位的能力。

二、大学生在就业市场中的困惑和学校采取的措施

（一）当前大学生在谋职就业时遇到的困惑和迷茫

现在的大学生多为80后、90后，这一代大学生从小是在父母和长辈的怀抱和手心里长大的，没有遇到过大的挫折和困难，也没有见过大的风雨和世面。现在把他们推到竞争激烈的就业市场，要自己找工作，实在是出了一个大难题。再加上学校、家庭对此的教育不足，社会服务也欠完善，导致除一部分在校经过锻炼、成绩优异、技能突出的

学生能够很快找到工作，还有不少学生在就业难和金融海啸的冲击下，或多或少产生了一些困惑和迷茫，感觉有点找不着北，主要表现为：

1.观望等待，坐失良机。有些学生对当前就业形势认识不清，不善于抓机会。面临就业问题时，不着急不主动，不参加企业宣讲会，甚至不关注校内招聘会，仍然热衷于做"宅男宅女"，似乎要等天上掉馅饼，白白错失就业机遇。

2.好高骛远，不切实际。有些学生眼高手低，不能正确评估自己的实力，对职业岗位抱有一些不切实际的幻想。例如一心追求高工资、高待遇，要留在大城市、大机关，对于到基层、到一线不屑一顾，结果落得高不成低不就。

3.彷徨犹豫，患得患失。这一部分学生缺乏正确的就业观，遇到机会，患得患失，拿不定主意，这山望着那山高，心里总想，后面是否还有更好的单位呢？生怕吃了亏，结果错过机会。有的学生自己无主见，凡事都要家长决定，要找家长商量，结果贻误战机。还有的学生想着"女怕嫁错郎，男怕入错行"，对一些专业不太对口的岗位不予考虑，不顾自身条件一味反对"先就业，后择业"，丧失良机。

4.遇到挫折，怨天尤人。大学生在求职路上打拼，胜败都是正常的，关键是要敢于竞争，愈挫愈勇。少数学生遇到挫折，不总结经验，不自我反省，却怨天尤人，抱怨社会、学校、同学、家长，有的一经失败就消极起来，甚至连招聘会也不参加了。

5.底气不足，缺乏信心。有些学生不知道扬长避短，发挥我校和自身的优势，在激烈的竞争中缺乏自信。例如，遇到重点大学的学生就觉得自己"出身"低，遇到京津沪的学生就觉得地方差。总之底气不足、缺乏自信，因此在就业竞争中就不像小老虎，像只小绵羊。

6.赤手空拳，仓促应战。有些学生对求职择业不重视、无准备。不但平时"三讲三心""三练三创"的活动不参加，连我校的一些基本特点，如办学思想、理念、培养模式、培养目标等都说不出。有的学生不会写简历和求职信，一封信应付千家万户，简历没有重点、特点，信息没有针对性。对面试的礼仪、语言表达缺乏训练，特别是缺乏对招聘单位的研究和了解。

以上六条，表现在我院的部分学生身上。虽然学院现在大部分学生的工作有了眉目，但是就业工作仍是任重道远。就业，是学院开年第一仗，我们一定要鼓起勇气，树立信心，采取有效措施，务求初战必胜。

（二）学院采取的相应措施

根据以上分析，我们进一步认识到，国家、社会、学校、家长对大学生就业加以关心、指导和帮助，是非常必要的。我校的就业方针是在国家出台政策和创造条件的前提下，实行"双向选择、自主择业、学校指导、家长支持"的就业方针。学校加强就业教育和指导，当前要抓好下列工作。

1.认真实行以"一二三四五"为主要内容的应用型人才培养模式，打造毕业生就业的核心竞争力。"一二三四五"是指："一个标准"——做人第一、能力至上；"两大保障体系"——教学质量和安全稳定；"三大教育"——"三讲三心"明德教育、"一体两翼"知识教育和"三练三创"实践教育；"四大计划"——大学生创新创业计划、大学生科研计划、大学生助教计划和大学生阅读经典计划；"五个原则"——通识教育与专业教育的统一、学术教育与技术教育的统

一、学历教育与资格教育的统一、"四个课堂"（教室教学、实验室教学、生产基地教学和课外活动教学）的统一、继承教育与创新教育的统一。

这里要说明的是，所谓学生的就业能力，就是培养学生敢于竞争，善于竞争，能够找到工作、胜任工作和选择新工作的能力。

锦城学院举行首届毕业生双选会

锦城学院首届毕业生双选会现场

我们要应对职业市场对大学生的一般要求，如为人品质、敬业精神、专业水平、团队合作、协调和沟通能力等，也要应对职业市场对大学生的额外要求，如要求有一定的工作经历或经验等。我院的"三大教育"是在新形势下对教学内容、教学体系的改革，"五个原则"是在培养模式上的一种创新。认真贯彻我院以"一二三四五"为主要内容的培养模式，完全能够打造出学生以专业能力和适应能力为重点的核心竞争力。

2. 开展大学生职业生涯规划教育和就业指导，使毕业生做好职业准备。大学生职业生涯规划教育不应等到快毕业时才进行，应该在大学生刚进校时就开始进行。院长每年在开学典礼上的讲话就是第一课。我们要把职业生涯规划纳入教学计划，成立专门的教研室，面向全院教师（专兼职均可）公开招标，组织编写教材。对于2009届未就业的毕业生，当前要特别注意做好三件事。

（1）教育学生进一步做好职业规划。每个学生都要明确回答以下七个问题：

①我是谁？

②我想做什么？

③我能做什么？

④我的优势是什么？

⑤我的劣势是什么？

⑥客观环境支持或允许我做什么？

⑦我的职业目标是什么？

在目标设定上，可以考虑设最终目标、中期目标和短期目标。短期目标也还可考虑上、中、下三策，总的原则是适合自己又能做得到的。

（2）端正就业观念，平衡或调整职场心态。树立正确的就业观念，是大学生顺利就业的关键。这就要解决一系列的认识问题。例如要认清就业形势，正确分析自己；要树立正确的职业精神，勇于参与竞争；要正确对待初始工资，不盲目攀比待遇；要树立从基层、一线做起的观念，不要好高骛远；要把握好专业对口和就业择业的平衡……

去年12月，温家宝总理在北京航空航天大学看望大学生时曾讲过："总还是有一部分同学，可能要从事与自己专业不完全相符的工作，但是这是暂时的现象，我们不希望这样做，因为岗位很紧，所以你们先找到工作，解决生活问题，然后，随着我们经济复苏再调整工作。"这里说的先工作，再调整，就是先就业，后择业。所以，就业时能够专业对口，这当然是好事。专业不对口，则要考虑先就业，后择业或者干一行爱一行。据调查，全国大学生就业中专业不对口的比例约占30%。

另外，还要让学生认识到，大学近几年普遍进行的是厚基础宽口径的教育，不能把专业对口理解得过于狭窄，在大学期间更多的是学习和培养再学习的能力，只要有了一定的基础知识和能力，接受新工作、新事物就会快些。另外，退一步讲，专业不对口也不一定做不出成就，现在很多企业的CEO干的并不是他所学的本行。

在调整职场心态方面，重点要进行挫折教育，不能一遇到挫折就气馁、消极、怨天尤人。日本平均每名求职大学生要经过16家公司的面试和笔试，我们的学生经过几家？我们要学习孙中山先生的精神，愈挫愈勇、再接再厉。你要想成为社会精英，先要找到工作，你要找到工作，先要放下身段。有分寸、知进退，是做人成事的基本道理。

（3）亡羊补牢，举办就业培训班。在就业指导和职业培训方面，各部系已经做了不少工作，辅导员和助教团都发挥了很好的作用，但现在看来，还有不少缺陷，我们要从就业的 ABC 抓起。

A.教学生撰写求职信和填写求职简历。这里强调的是不能以不变应万变，以一份求职信应对"千家万户"。写求职信必须根据招聘单位的情况，要认可对方的价值观、企业文化、企业背景，称赞对方的优势和发展，表达自己加盟的强烈愿望和志愿，如果是外资企业还应附英文简历。填写简历，除基本信息和数据之外，还应突出自己在能力、素质方面与招聘单位有关的优势并附上有关证明文件。

B.对毕业生进行面试着装、职场礼仪和语言表达等方面的培训。面试着装朴素、大方、整齐，给人一个良好的第一印象。职场的礼仪包括姿态、语言、肢体、眼神及行动的有关细节，均应进行训练，要使我校学生穿着得体、举止文雅、不卑不亢、落落大方。

C.面试和笔试。如果有机会面试，学生应做好准备。首先要认真搜集并阅读招聘单位的有关资料及其主要领导的讲话，如果在回答问题时能引用几句就更好了。学院要对招聘单位面试时经常提出的问题予以搜集和整理，并研究出合理的答案，编成面试辅导手册。例如："你想做什么工作？你对薪水有什么要求？你为什么要到我单位应聘？"要强调你准备为雇主作贡献，而不是强调待遇。有些单位，例如公务员和四大国有银行等要笔试，我们也应做好准备，今后可以组织模拟考试，提高学生的应聘能力。

3.笨鸟先飞，提前实习，增进了解，捷足先登。根据我院教学资源"三个阶段"的安排和"四个课堂"并重的原则，我们比其他高校提前安排工学结合实习，其目的是要解决三个问题。首先解决理论与实践相结合增进才干的问题，其次解决社会上要求大学生要有工作经验的问题，再次解决增进双方了解的问题，争取先入为主、捷足先登。这项工作必须让学生知道，只有那些有敬业精神、守纪律、肯奉献并踏踏实实做事且能做成几件事的人才会受到用人单位的青睐。

4.收集并公布信息，帮助学生发现机会。根据就业市场信息不对称的特点，搜集并发布有关大学生就业的及时、具体、全面、准确的信息，对大学生发现和把握机会大有帮助，这也是学校就业指导服务的重要内容。学院和系两级就业指导中心要把与我院有合作关系或将有合作关系的500家企业的详细资料进行搜集整理，并对其每年的用工情况进行全面、准确、及时的发布。要花点力气、花点钱，每年出一本就业大辞典（或大参考），其中应包括五方面的内容：（1）岗位（或职位）名称；（2）岗位职责内容；（3）该岗位需接受何种培训或需何种资格证书；（4）岗位薪资待遇水平如何；（5）该岗位是哪个单位所设，共设几个。对于国家和省市人事部门及企事业单位发布的就业相关信息，也应充分研究并加以利用。例如，有个网站叫"爱实习"，专门帮助大学生介绍实习岗位。

5.密切联系用人单位，供需双方直接见面，推动双向选择。学院通过与用人单位签订合作协议，共同开发课题和项目，用人单位向学院提供奖学金、助学金和实习机会，合作建设实验室，开展业前培训以及合作开设某些课程，使学院与用人单位建立更密切的战略伙伴关系，让用人单位在人才培养方面发挥更大的作用，这样就会为毕业生顺利就业打下良好基础。同时要抛弃形式主义做法，多搞一些定向的报告会、交流会和招聘会。去年以来，我院举办了五十多场专门招聘会，效果良好。这样做针对性强，供需双方有充分的时间互相交流和了解，为更多学生创造了一个就业的平台。

我们要联系更多的用人单位。我们的学生好比一颗种子，进到一个单位就要在那里扎根、发芽、开花、结果，扩大我院的影响，学院有关单位要加强跟踪，纳入就业网络，使之成为对学院有用的资源。

6.利用资源，开拓渠道，广开就业门路。要充分发掘和利用各种人脉资源，包括学院的领导、教师和员工，学生的父母、亲戚和朋友，还包括已经找到工作的校友。今后，学生一进校就要做好相关记录。总之，要利用一切关系，为学生就业服务。这项工作做得好的职工，应将其对学院的贡献记录下来。

在开拓就业渠道方面，除了直接就业外，还应积极参与公务员考试、"大学生村官"和"三支一扶"人员选拔，参军、考飞、考研或出国深造、出国就业，有条件的也可以独自或联合创业。通过广开门路，大学生就业过独木桥的局面就会有所改变，多渠道就业之路就会越走越宽广。

就业是学校的品牌，是检验我院应用型人才培养的试金石，是应用型人才发挥才干的必要舞台。因此学校师生员工要共同努力，建立全过程就业导向的长效机制。我们的原则是要对每一个学生予以帮助和指导，不丢下任何一个学生。当然，个别不听指导或没有就业意向的学生另当别论。

新学期开始，希望大家在搞好本职工作的同时，关心学校的就业工作。全院师生要动员起来，为建立学校、家长、社会三位一体支助体系，开创毕业生顺利就业的新局面，为首届毕业生顺利就业而奋斗！

解放思想，深化改革，大胆创新，把深入学习实践科学发展观和学院发展有机结合

——在深入学习实践科学发展观活动动员大会上的讲话

（2009年3月30日）

根据中央安排，我院早在去年10月22日就开展过一次科学发展观学习，并组织召开了学院教职员工学习科学发展观大会，提出以高起点、高质量求发展，以特色求发展，以创新求发展，以开放求发展和以竞争求发展这五个方向来促进我院又好又快发展。现在，根据全国统一安排部署，按照四川大学深入学习实践科学发展观活动领导小组的要求，我们召开四川大学锦城学院深入学习实践科学发展观活动动员大会，贯彻落实对科学发展观的学习，解放思想，深化改革，大胆创新，把深入学习实践科学发展观和学院发展有机结合起来。

一、充分认识深入学习实践科学发展观活动的重要意义

1.深入开展学习实践科学发展观活动是中央的重大战略部署，是用中国特色社会主义理论体系武装党员干部头脑、教育师生职工的重大举措。

2.深入开展学习实践科学发展观活动，是学校进一步破解发展难

题，培养社会主义接班人，推动学校在新的历史起点上又好又快发展的重要契机。

3.深入开展学习实践科学发展观活动，是以改革创新精神推进学校党组织建设、领导班子建设和教师队伍建设的迫切需要。

二、正确把握学习实践科学发展观活动的指导思想和总体要求

（一）正确把握学习实践科学发展观活动的指导思想

开展学习实践科学发展观活动的指导思想是：要全面贯彻党的十七大精神和十七届三中全会精神，高举中国特色社会主义伟大旗帜，以邓小平理论和"三个代表"重要思想为指导，组织全体党员深入学习实践科学发展观，准确把握科学发展观的重大意义、科学内涵、精神实质和根本要求，着力转变不适应、不符合科学发展观要求的思想观念，着力解决影响和制约科学发展的突出问题以及党员干部党性党风党纪方面群众反映强烈的问题，着力构建有利于科学发展的体制机制，进一步明确办学思想，提高办学质量，完善体制机制，建设和谐校园，努力把学院各级党政领导班子和党组织建设成为贯彻落实科学发展观的坚强堡垒，努力把干部队伍建设成为贯彻落实科学发展观的骨干力量，使学院的工作和党的建设更加符合科学发展观的要求，为促进锦城学院又好又快发展，在十年内建设成西部领先、全国一流的应用型大学，为办好人民满意的高等教育奠定坚实的政治基础、思想基础和组织基础。

（二）正确把握学习实践科学发展观活动的总体要求

按照对党员干部的总体要求，就是"党员干部受教育、科学发展上水平、人民群众得实惠"，其中的"人民群众得实惠"，在我院就是要办人民满意的学校，让学生、家长、社会都受益。

（三）正确把握学习实践科学发展观活动的主要目标

这次学习实践科学发展观活动的主要目标是：结合学院的实际，明确发展思路，解决突出问题，创新体制机制，促进科学发展。

（四）正确把握学习实践科学发展观活动的主要原则

这次学习实践科学发展观活动的主要原则是：进一步解放思想，突出特色，群策群力，务求实效，绝不可走过场。

三、抓住关键的环节，确保学习实践科学发展观活动取得成效

结合我院的具体情况，我们要认清形势、找准问题、调研规划、整改落实。全体干部都必须意识到，我国教育在党和国家的领导下，在1999—2008年这十年间，实现了历史上跨越式的发展。毛入学率由9.8%增长到了23%，实现了由精英化教育向大众化教育转变的伟大的历史性进步。我国仅用十年就走过了发达国家50年、60年，甚至更长的一段时间才能走完的道路。在这个转变当中，民办教育也得到了蓬勃的发展，作出了历史性的贡献。我国在校生人数的统计数据

表明，私立高校在校生人数占全部在校生人数的18%，私立中等教育学校在校生人数占全部在校生人数的12%，私立幼儿园在校生人数占全部在校生人数的37%。这样的成绩，是在改革开放后，民办教育从零开始逐渐蓬勃发展起来的。作为社会办学力量，民办教育发挥了很大的作用，成为中国社会主义教育事业的重要组成部分。当然，我们也要清楚地认识到，中国高校既面临规模问题，也存在质量问题，可以说任重道远。

高等教育在这些年取得了历史性的进步，这是值得肯定的。就我院而言，建院四年来，我们实现了高起点、高水平、有特色的跨越式发展，概括起来主要有三点：

第一，我们建成了一所千亩校园、万人大学。在资金严重不足的情况下，仅仅四年，我们建成了一所能够容纳万人的大学，成绩可嘉。

第二，我们通过探索、实践，初步构建了一套应用型人才培养模式。

第三，从今年起，我校有了毕业生，今后我们还将陆续培养一批又一批有竞争力的毕业生走向社会。我院当前的毕业生就业率在全省遥遥领先，绝大部分专业就业情况良好，证明了我院的应用型大学教育获得了社会的认可，取得了初步成功。

同志们一定要明白，学校教育的核心就是培养学生。从第一届新生入学起，我就明确强调，培养人才是我院核心的核心、关键的关键。在锦城学院，培养人才就是第一目标。我们认为，毕业生是否为社会需要并认可，是应用型大学办学成功与否的唯一标准。实践证明，这个标准正在实现。我们取得2009年应届毕业生以"多就业、就好业"为目标的就业工作的胜利，已为期不远。目前，就业工作已经进入最后的冲刺阶段，我要求大家坚持一个原则，这就是尽量争取不丢下任何一个学生，帮助所有学生顺利走向社会。

根据教育部党组的要求，我们要在认真学习、调查研究的基础上，通过深入学习实践科学发展观活动，解决我国高校普遍面临的共性问题，即"培养什么人、怎么样培养人""办什么样的大学、怎样办大学"这两个根本性问题。在解决共性问题的同时，还要注重解决学院在个性方面的问题，这就是锦城学院的差距和不足。四川大学锦城学院要在十年时间里办成西部领先、全国一流、世界知名的应用型大学，这是参照香港科技大学的奋斗目标设定的。就发展目标和当前实际的差距而言，我院还面临一些"短板"问题，需要我们结合深入学习实践科学发展观活动的契机来解决。

1.教学质量与学院发展目标不适应。教学质量决定了教育的质量，教育的质量决定了人才培养的质量。在本届毕业生就业工作中，一些学生在简历制作、文字书写、口头表达、素质教养、专业知识等方面暴露出缺点，反映了我们在人才培养方面还有很多不足的地方。因此我们必须在贯彻教学质量保障体系上狠下功夫，尤其要在课程体系、课程内容、教学方式方法和教学计划等方面进行认真的改革和创新。

2.学院管理工作与学院发展目标不适应。一流的高校必须有一流的管理，这和一流的企业必须有一流的管理是一样的。管理的目标是提高效率，讲求效果，增进效益。管理的对象是对人、对事、对物的管理。

对人的管理，即对师生员工的培养、服务、奖惩激励等等，最大限度地调动每个人的积极性和创造力。

对事的管理，即对教学、科研、后勤、学生资助、"三练三创"及课外社会活动等进行规划和管理，最大限度地优化每项活动、每件事的效果。

对物的管理，即对教室、宿舍（包括教工宿舍）、食堂、实验室、运动场所、各种器材等资产及水电气等能源和原材料的管理，尽量做到安全高效，节俭办学，物尽其用。

我们在管理方面存在的缺陷，要么是规章制度不健全，要么是有章不循、执行不好，未能达到很好的管理效果。在从严治校、从严治教、从严治学方面差距尚大，松松垮垮、玩忽职守的现象时有发生。

3.队伍建设与学院发展目标不适应。我们已经建立了一支精干的管理队伍，但这支队伍的综合素质还有待提高，一切为了教学、为师生服务的观念还不够强，要做到正面思维、阳光心态、以主人翁精神处事还有距离。个别同志工作不积极、不主动、不认真、不负责，讨价还价、斤斤计较，缺少奉献精神。

我院和很多新建的学校一样，存在教师年龄"两头大，中间小"、工作方式"兼职多，专职少"、教师素质"科班多，双师少"的问题。目前，我们已经建立了一支由中青年教师和终身教授组成的专职教师、来自川大等名校的兼职教师、来自企事业单位的"双师型"教师组成的教师队伍。我们要进一步实行以老带新、进修培训，加速我院中青年教师的成长，实现教师队伍老中青三结合。要进一步倡导解放思想，形成宽松自由的学术氛围，提高教师的学术水平。我们还要特别重视师德建设，尤其不能容忍对教学、对学生不负责任的现象发生。

4.学风、校风建设与学院发展目标不适应。校风不仅体现在到图书馆读书，尊师爱生也是一种校风，热爱劳动、开拓创新也是一种校风，热心公益、对社会尽责任也是一种校风，对学生、对学校高度负责也是一种校风。目前，我们在校风建设上已经取得了很大的成绩，得到了社会的认可，但是反映在学风、校风方面的问题还不少，例如学生刻苦学习的风气不浓，考试作弊屡有发生，基本道德养成不足，等等。有的学生缺乏对知识的尊崇和对学校的热爱，遇到一点事情就热衷于"爆料"和网上炒作，给学校声誉带来负面影响。这些都说明对学生的思想工作尚需加强。

5.投资和办学的经费与学院发展目标不适应。我们学校是新办加民办的独立学院，这样的历史背景就决定了我们在初期的经费是非常紧张的。新办就是一切从零开始，民办就是国家不拨钱。在这样的情况下我们要把学校办好，是有一定难度的。例如图书馆馆藏积累、实验室设备引进、校园环境绿化等等，都需要一个过程。因此，要让我们的教师和学生在一个良好的环境里面工作学习，一方面学院要加快基础设施建设，另一方面更要全院上下齐心协力，发扬厉行节约、勤俭办学、自力更生、艰苦奋斗的精神。

学院建院四年来，我们一方面已经取得了很大的成绩，另一方面也存在许多不足。学院要错位竞争，学生要分类培养。希望同志们充分认识并解决制约学院发展的"短板"问题。今天我作这个报告的目的是引起大家的重视和共鸣。特别是教学上的改革和培养模式的完善，是重中之重。在认清问题之后，我们要以部系为单位，以分管工作为重点，做好调查研究，制定规划，落实整改。我们要坚持没有读书学习就没有发言权，没有调查研究就没有发言权，没有改革创新就没有发言权。我希望通过这次活动，能够将我们某个系或者系里的某些专业打造成王牌。

四、加强领导，组织落实

本次深入学习实践科学发展观活动，全院成立领导小组，我当组长，王亚利当副组长兼办公室主任。各系实行双组长制，总支书记和系主任并列为组长。大家要切实把这次活动做好。

希望大家一定要有自觉性、主动性，要把中央的部署变成我们自己的要求。我们学校需要科学的发展，需要又好又快的发展，需要跨越式的发展。所以用科学发展观来武装全校师生员工的头脑是非常必要的。

扬帆远航

——《扬帆远航：2009首届毕业生就业求职典型事迹》前言

（2009年5月）

大学生是宝贵的人力资源。大学毕业生就业是人才成长的必经阶段。

受金融危机的影响，2009年国内大学生的就业形势十分严峻。对611万应届大学生来说，"就业难"是摆在他们面前无法回避的问题。

在这种形势下，我院坚持"双向选择，自主择业，学院指导，家长支持"的就业方针，建立起学校、家长、社会三位一体的支助体系，以毕业生"多就业、就好业"为工作目标，深入挖掘、积极发挥各种资源优势，开展学校与地方、学校与行业协会、学校与企业三大合作，为毕业生搭建就业平台，并采取"提前实习、促进就业，专场招聘、落实就业，鼓励创业、带动就业，拓展渠道、扩大就业"为主要内容的得力措施。经过学校及毕业生的共同努力，我院已有98%以上的学生找到了工作或继续深造，在严峻的就业形势下，可以说是一枝独秀，风景这边独好。

在这场激烈的职场竞争中，涌现了一批敢打敢拼、先行就业的"锦城"学子，他们通过自己的体会，写出了他们面临的压力和彷徨，写出了他们的努力和拼搏，写出了他们的失败和挫折，也写出了他们的成功和喜悦。他们的体会和感悟是一笔宝贵的财富。他们的实践证明了形势严峻并不可怕，关键是要具有应对就业市场竞争的核心竞争力，并且扬长避短、发挥优势，敢于竞争、善于竞争，尤其要不怕挫折，要愈挫愈勇，不达目标决不放弃，这些体会何其重要啊！

他们通过自己求职的实践和经历，深刻体会到"锦城"教育思想和教育理念的正确性、先进性和必要性，特别是"做人第一、能力至上"的育才标准、"三大教育""四大计划"的丰富内涵、"五项基本原则"指导的应用型人才培养模式对他们的成长所起到的关键作用，字里行间透露出他们对母校的推崇和热爱，可谓溢于言表、感人至深！

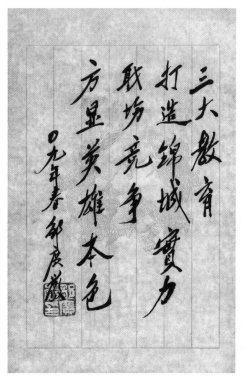

邹广严院长为《扬帆远航：2009 首届毕业生就业求职典型事迹》题词

以他们为表率的锦城学院 2009 届毕业生就要走向社会了。离开学校，走向工作岗位，这只是万里长征迈出了第一步，以后的路还很长。我们祝愿他们脚踏实地，不畏困难，迎着朝阳，走向光辉灿烂的明天！

"锦城精神"与你们同在

——在首届毕业生毕业典礼上的讲话

（2009年6月26日）

今天，我们隆重举行我院首届毕业生毕业典礼，庆祝2005级2054名本科生圆满完成学业，顺利毕业。在此，我谨代表学院全体师生员工向各位顺利毕业的首届毕业生表示热烈的祝贺！向支持学校发展、关爱孩子成长的家长们表示亲切的问候！向四年来付出辛勤汗水培养学生的全体教职员工致以崇高的敬意！向四川大学各位领导、各股东单位、合作办学友好单位的各位领导对我院的支持和关心表示衷心的感谢！

四年前，同学们怀着强烈的求学愿望和无限的憧憬走进了四川大学锦城学院，这里的一草一木、一桌一椅都留下了你们奋斗的汗水和足迹。四年中，你们在四川大学锦城学院受到了良好的教育、熏陶和锻炼。在这里，你们接受了"三讲三心"明德教育，学到了做人的品质，做事的本领，处事的态度，涌现出广告学专业的钟颖同学割肝救母，孝心感天动地的动人事迹；在这里，你们受到了"一体两翼"知识教育，掌握了自然科学和人文社会科学前沿的知识，这些知识的成功运用，极大地提高了你们的核心竞争力，不仅能够使你们成功地应对职场的竞争，而且为部分学生的继续深造奠定了基础；在这里，你们践行了"三练三创"实践教育，进过工厂、下过农场、做过创业方案，养成了吃苦耐劳的坚强意志、整肃严明的组织纪律和共同奋斗的团队精神，形成了创新思维、创造能力和创业精神。比如计科系的同学创办的成都木格子工艺品开发有限公司和工商系的同学创办的花嫁婚庆连锁机构，在省内已小有名气。

四年中，你们经历了"5·12"汶川大地震的洗礼和磨炼。地震中，你们临危不惧，响应学院号召，发扬团队精神，充分体现了"锦城"师生团结一致、奋勇拼搏的精神风貌；你们保持沉着冷静、科学应对的良好心态，既保护好自己的人身安全，又做到师生之间的相互关心、相互帮助、相互支持，共同渡过了难关；你们心系灾区，主动捐款捐物，组织志愿者服务队搬运物资，赴灾区进行心理辅导和慰问演出；你们为逝者追思，为伤者祈福，为生者祝愿，更激励自己不断奋斗，造福桑梓，报效祖国！你们在为灾区人民献出爱心的同时，也接受了考验，赢得了友情，感受到了集体的凝聚力和向心力，丰富了自己的人生，磨炼了个人的意志。

四年来，在四川大学和各位股东的大力支持下，通过全校师生员工的艰苦努力，学院办出了质量，办出了规模，办出了特色，办出了水平，实现

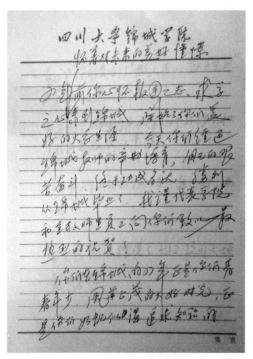

邹广严院长手稿

了在川大百年名校基础上的高起点、高水平跨越式发展。仅仅四年，我们建成了一所拥有千亩校园的万人大学，在省内外有一定的影响力和知名度。四年来，我们通过摸索、实践，初步构建了一套应用型人才培养模式。从今年起，我们将陆续培养一批又一批有竞争力的毕业生走向社会。我院今年毕业生的就业率高达98%以上，半数专业就业率达100%，在全省遥遥领先，在金融危机的严峻形势下，可谓一枝独秀。同时，很多毕业生实现了高端就业，签约国内外众多知名企事业单位和党政部门，达到了"多就业、就好业"的目标。另外，我院还有一批同学确认被录取为国内重点院校的研究生或出境留学。这些都充分证明了我院以"三大教育""四大计划""五项基本原则"为核心的应用型大学教育获得了社会的认可，取得了初步成功。四年里，学院由小到大，不断成长和发展。你们不仅是这一过程的见证者、受益者，更是这一过程的参与者和创造者。

"岁月不居，时节如流"，今天，你们从四川大学锦城学院顺利毕业了。毕业并不意味着学习的结束，它标志着你们新的事业和征程的开始！古人云："肺腑之言，留待别时。"明天，你们将告别老师、同学、母校，走出校园，开始新的阶段，起航新的人生。但这只是万里长征迈出了第一步，你们今后的人生之路还很长。"读万卷书，行万里路"，从学校步入社会，我希望同学们能开好局、起好步、走好路。

走出学校，希望你们怀抱远大理想，不忘"堂堂正正做人，踏踏实实做事"的信念。你们应与人为善、待人以诚、诚实守信、和谐双赢。你们要勇于担当、敢为人先。你们既要志存高远，也要脚踏实地。要立志做大事，做好事，做不朽之事，为国家建功立业，但要记住"千里之行，始于足下"，要从平凡做起，从基层做起，从小角色做起。要爱岗敬业，要有激情，孔夫子说："知之者不如好之者，好之者不如乐之者。"无论做什么事情，没有十分的热爱、满腔的激情是断然做不好的。希望你们学习孙中山先生，他一生不懈奋斗，坚忍不拔，一往无前，愈挫愈勇，百折不挠。要敢于竞争，善于竞争，把在学校学到的知识变为核心竞争力。要乐于吃苦，长于坚持，胜利往往属于那些坚持到最后的人。

走出学校，希望你们任何时候都保持积极向上的态度，学会以正面思维、阳光心态和主人翁精神处事。态度决定习惯，习惯决定人生。你们要积极主动地投入工作，投入生活，学会与人相处，有容人之量，能学人之长，你们要以正面的思维和阳光的心态去面对充满激变的社会和充满竞争的人生，你们是充满活力的青年人，要以主人翁的精神画出自己美丽的人生。

学院首届毕业生何亚虎2011年进入华盛顿州立大学硕博连读

走出学校，希望你们常怀感恩之心，感谢之情。要时刻保持一份对祖国、对人民、对父母、对师长的感恩之心。人只有学会感恩，懂得感谢，生命才会变得更加充实和坚强。对祖国、人民的爱，是中华五千年文明得以存续的道德支柱，面对种种重大事件，面对一次次艰难考验，全社会都看到了你们身上的爱国热情。对父母、师长的爱，是人生成长过程中的责任，父母、师长给予了你们无私的关爱，要时刻心存感恩，用爱回报他们。希望每一个从锦城学院走出去的毕业生，都能对祖国忠心耿耿，对事业勤勉敬业，对他人心怀感恩，都能奋发有为，肩负责任，回报社会，为人类美好的未来作出贡献，为中华民族伟大复兴作出贡献。

步入社会，希望你们以优异的成绩为母校增光添彩。大学四年只是人生旅途上的一段短暂旅程，我希望"锦城"永远是你们心灵的家。这所大学的精神，即追求事实、追求真理、追求至善，学校谋特色、学生谋特长的"三追两谋"的"锦城精神"，相信这已经成为诸位生命中的一个组成部分。希望大家都能自觉地传承"锦城精神"，践行"止于至善"的校训，相信在不久的将来，你们将会创造出辉煌的业绩，为母校增光添彩！

"海阔凭鱼跃，天高任鸟飞。"同学们，你们即将扬帆远航。无论你们走到哪里，母校都永远关注你们，"锦城"的精神与你们同在。母校和老师盼望你们飞得更高、飞得更远，以坚定的行动实践自己的使命，用自己的青春和智慧铸就辉煌的人生！

亲爱的同学们，你们任重道远，祝你们前程似锦！

尊师重道，为建立新型的师生关系而奋斗

——《师德师风建设学习材料》序

（2009年7月1日）

尊师重道，是我国最重要的光荣传统。两千五百多年前的孔夫子一直受到从皇帝到平民，举国上下的尊崇，被尊为"至圣先师""万世师表"。中国人一直相信"国将兴，必贵师而重傅"，"国将衰，必贱师而轻傅"，这是荀子的话。唐朝开创"贞观之治"的皇帝李世民就带头尊师，他亲自为太子、诸王制定了尊师礼仪，要求他们如尊敬君父一般尊敬师长。北大原校长、我国著名教育家蔡元培讲过："从师者，事半而功倍者也。师之功，必不可忘。"清华大学原校长梅贻琦就说得更彻底："所谓大学者，非谓有大楼之谓也，有大师之谓也。"在美国，也有两句很重要的话，一句是诺贝尔奖得主、哥伦比亚大学教授拉比对新到的校长说的："教授们并不是哥伦比亚大学的雇员，教授们就是哥伦比亚大学。"另一句是耶鲁大学校长莱文说的："大学最宝贵的人力资源是教授。"这就是说，古今中外，教师的地位都很重要，很崇高。正是由于教师的地位重要而崇高，所以对教师也提出了更高的要求。

我国当前正处在社会转型期。实行市场经济，经济在转型，教育大众化，教育也在转型。转型时期的校园关系、师生关系都发生了变

化，受到了影响。一方面，个别教师师德不彰、敷衍塞责；另一方面，少数学生学风不正、轻师厌学。这对于维护大学理念、坚守教育质量是一个极大的威胁。因此，针对上述情况，我校提出建立尊师爱生、平等和谐的新型师生关系，号召所有教师向孟二冬学习，加强师德师风建设，特别要树立三种意识：

一是示范意识。中国培养教师的学校叫师范学校。什么叫师范？就是学高为师，身正为范。师范也可以叫作"示范"。就是要以教师的学问和德行，以身作则，言传身教，作学生的引路人。孟二冬"板凳须坐十年冷，文章不著一字空"的治学精神，马寅初"单枪匹马"坚持真理的铮铮风骨，都给学生做出了很好的榜样，这就是示之以"范"。

二是平等意识。师生在人格上是平等的，在学问和人品上教师是主导的，即带路的。我们主张尊师爱生、教学相长。韩愈说过："弟子不必不如师，师不必贤于弟子，闻道有先后，术业有专攻，如是而已。"教师应成为学生的良师益友。我们在加强对学生的教育、管理的同时要尊重学生的人格，反对讽刺挖苦和其他一些不尊重学生人格的做法。正如陶行知先生所说："真教育是心心相印的活动。唯独从心里发出来的，才能打到心的深处。"

三是责任意识。苏联教育家克鲁普斯卡娅说过："教师的工作是责任重大的工作，实际上，未来的青年一代都在教师手里。"《三字经》说："教不严，师之惰。"教师对学生的学业、品德和成长是负有责任的，不能敷衍塞责、马马虎虎、误人子弟。孔夫子对自己"学而不厌"，对学生"诲人不倦"，就是负责任的典范。我们赞成对学生因材施教、循循善诱，也赞成对学生严格要求、一丝不苟，这是负责任。

我们必须强调大学教师的教书育人之责。中国的大学设立了专职辅导员制度，似乎凡涉及学生学习、生活、思想、行为、心理、成长等方面的事都是辅导员之责，这是片面的，不正确的，也是十分有害的。一个称职的教师既要教书，也要育人，要把育人和教书结合起来，课内课外结合起来。正如一位美国教授所说，教授没有八小时以外的自由，也不能对学生说"今天我休息"。因为他知道自己所从事的是一项高尚的事业，而且乐此不疲。

不知从什么时候形成了一种风气，教师"上课来、下课走"，连多待一会儿都不能，更谈不上课余的交流和接触了。我们要保证教师们有一定的课外时间与学生接触和交流。所有专职教师必须兼任一个班的班主任，要参与"四个课堂"的活动，坚决反对专职教师"兼职化"。这要从评价体系和基本制度上予以保证，使那些全职、全心、全力的教师得到更多的奖励和晋升。

胡锦涛总书记表扬过的北大教授孟二冬和2008年"5·12"汶川大地震中涌现出来的英雄模范教师是我们的榜样。现特将有关材料印发，供各位老师学习。我们要把锦城学院的师德师风建设提高到一个新的水平，为建立新型的师生关系而奋斗！

做忠诚、敬业、建设性的员工

——在2009年新进员工培训大会上的讲话

（2009年7月17日）

今天，我与就座的各部系同志一起与大家见个面，代表锦城学院对各位的加盟表示热烈欢迎。今年有六十多位同志加入我们的队伍，你们接受了一轮岗前培训，很多有名的老师给你们上了课，大家从各个层面了解了"锦城"的思想、"锦城"的路线、"锦城"要做些什么事和要怎么样做等等，这些当然只是一些初步的东西。技术上的问题各位教授都给你们做了很好地传授，老师在上课和实践中都给你们做了一些示范。你们来自不同的高校，应该说，你们带来了各个学校的经验和传统。这次岗前培训就是要解决怎么样把你们学到的知识、技能与"锦城"的实际相结合的问题。

今天我想讲的是，你们关心的是什么，我们关心的是什么，我们共同要关心的是什么。你们一进校，我们就征求了你们的意见，也测验了你们是否知道你们的关心是什么，学院对你们的要求是什么。我的第一个问题是：你们到锦城学院来工作，最想了解的是什么？第二个问题是：你们是否知道学院对你们的要求是什么？

第一件事，你们到"锦城"来最应该关心的是什么。你们提了很多想关心的事，比如工资怎样，将来的职称怎么评定，住房怎样等。

这些都是很正常的，没有正确与否，提什么问题都可以。我认为你们最应该关心的问题有以下几个方面：

第一，你们应该关心的是教育这个事业是否有前途。

你们毕业以后面临很多选择，可以选择到工厂、到企业，可以选择到街道办、到政府，也可以选择到学校或其他事业单位，还可以选择到新加坡打工等，可以有很多选择。既然你们选择了教育，选择了到学校来，你们首先应该关心的是教育是否有很大的前途，就如同你们在选择企业的时候，首先要关心这个行业是否有发展前途。你们选择了教育这个行业、这项事业，你们的选择是一件很正确的事。

教育在任何一个国家，任何一个社会都是最重要的。想解决十年的问题，要抓科技，想解决百年的问题，要抓教育。我们现在没有一个属于中国自己的诺贝尔奖获得者，主要是我们没有培养出来高学术水平的专家。因此，一个国家、一个民族要复兴，就要从教育抓起，从孩子抓起。高等教育更重要。至今，能够长期存在几百年、几千年的事业是什么？中国保存得较好的东西，第一个是寺庙，我们现在仍能够看到唐宋的建筑。第二个就是学校，岳麓书院、孔夫子杏坛至今仍保存得很好，教育事业是永垂不朽的。中国有个传统就是历代大都尊师重道。李世民给自己的孩子规定了必须像尊重皇帝和尊重父亲一样尊重老师。历代皇帝在孔庙中都留下了很多尊重老师的名言。老师这个职业很崇高，教育这个事业很重要。你们进入教育这个门槛，这是你们幸运的、正确的选择。

中国的现代化教育是 20 世纪开始的，严格地讲，我们和国际教育接轨是改革开放以后才刚刚起步的。以前学习苏联那一套，现在看来有许多弊病。改革开放以后，我们在教育上打开了国界，大开了眼界，既学习东方，又学习西方，还发扬民族传统。现在有人说，就业难就是扩招带来的，我从来不赞成这个观点。中国大学生的毛入学率现在是23%，比韩国低一半，比日本低三分之二。在中国，一百个人里，包括高职和大专，大学生所占比例只有5%，即一百个人里只有五个大学生。这个比例比发达国家低得多，所以不能说我们的大学生多了。高等教育的发展还有很大的潜力，若把毛入学率提高一倍，路还很遥远。如果国家真正要复兴的话，大学生的比例只有5%是不行的，所以，你们选对了行。

教育非常重要并有广阔的发展前途，高等教育更要加快发展。高等教育不但要扩大数量，还有一个重要任务就是要提高质量。所以，高等教育发展的潜力和压力还很大、很重。高等教育的发展，第一要继续满足老百姓有学可上的需要，第二就是要在扩大规模的同时提高质量，满足老百姓上好学的需要。有人说，数量少就质量高，其实不然。1977年、1978年高考中，五百多万考生录取了二十几万，大多数人读不了书就很好吗？所以，一定要认识到高等教育的发展不是快了而是慢了，大家任重道远，要有责任感、使命感。我们教师的队伍不是要压缩而是要扩大，好的教授每所高校都会争抢。大家一定要知道教育事业不仅是个朝阳事业，而且永远是个朝阳的事业。人民的素质是第一位的，任何一个国家、任何一个民族都不例外。所以，我们非常欢迎你们加入这个队伍。

第二，你们应该关心的是在教育兴旺发达的情况下，"锦城"的发展前途如何。

别人发达不等于自己发达，别人的前途美好不等于自己的前途美好。你们肯定关心锦城学院有没有辉煌、广阔的发展前途。你们进入锦城学院就得共命运。我们是私立学校，中国的私立学校严格地讲，并不是单指私人办学，而是凡不是国家办的都叫私立或民办。"锦城"由十六家大型企业投资建成，包括四川省电力公司、华能公司、爱立信公司、巴蜀公司、路桥集团公司等等，怎么成了私立呢？只是因为不是政府拿钱。一个国家的教育要发展，多种成分并存是不可避免的。私立高校发展最好的是美国，世界排名前十名的大学有七到八个都是私立的。哈佛大学、耶鲁大学、康奈尔大学等都是私立的。

在我国，改革开放以后，邓小平同志提出解放思想，我们派了留学生到国外去，这是邓小平1979年访问美国时跟美国达成的一个协议。而改革开放前，我们只送留学生到苏联和东欧。所以，改革开放以前，我们的教育不发达，不能满足中国的需要。

现在我们两条腿走路是很正确的。全国的独立学院至今有318所，处于民办学校和官办学校之间这样一种状态。还有一大批由民办升级的学校，如吉利大学。另外，西安的民办教育也是非常发达的。这都说明，在新的形势下，体制上进一步放开了。外国的大学如诺丁汉大学，在我国的宁波市办了分校。西安交通大学和利物浦大学合办了一个分校，是利用境外资金合办的，当然也算私立学校。锦城学院是私立大学，但是也可以办得很好。牛津大学的校长曾说，大学要想办法民营化，要向校友募集十二亿英镑，减少政府对学校的给予，把国有股份逐步民营化，这样才能独立地办学，这是发展的一个趋势。

从发展的势头看，锦城学院的前途是很光明的。我们2005年建校，至今为止已有四年，四年的时间里"锦城"已经奠定了一个很好的物质基础，同时也创造了一定的知名度，锦城学院的发展势头是非常健康和良好的。我们从2005年招生2100人，到今年招生4200人，正好翻了一番。现在在校生达到了13000人，我们已经建成了"千亩校园，万人大学"。更重要的是，我们已经有了第一批毕业生，第一批毕业生的就业情况非常好。在全世界经济危机的情况下，在大学生就业难的时候，锦城学院不存在就业难的问题，只存在不断奋斗的问题。到目前为止，首届毕业生就业率达到98%以上。但是，有个别学生总是跳槽，这是"这山望着那山高"的问题、"朝三暮四"的问题。我们第一届毕业生在就业率、毕业率、学位率几个方面都达到了很好的水平，都是在全省遥遥领先的。邮政储蓄银行在全国招聘160人，仅在锦城学院就招聘了108人。这些学生当中，大多数人表现出了很好的素质、应变能力、适应能力，用人单位说好用。第一，他们能吃苦耐劳；第二，动手能力强；第三，有扎实的基础知识。这都是我们学校教育的核心。名牌大学的学生可能觉得到基层有点委屈，实际上是心里有点浮躁。

所以，实践证明我们的教育是基本成功的。教育和企业不同，但是也有相同的地方，就是都要竞争。我们不要歧视教育产业化，教育实质上是事业也是产业，是按照第三产业来统计的。它同样涉及竞争问题，我们现在存在着激烈的竞争——来自四个方面的竞争。第一是师资的竞争，第二是学生生源的竞争，第三是资金的竞争，第四是雇主的竞争。"锦城"连年生源爆满，能够把入学成绩不太高的学生培养出来和那些分数高的学生一起去竞争，并取得胜利，这就是锦城学院的本事。首届毕业生中有敢于和重点大学本科生、研究生竞争的，面对强手，毫不怯场，这是什么精神？——"锦城精神"！

一个学校的发展有没有前途，第一条，就是看"进口"旺不旺，有没有人报考；第二条，就是看"出口"畅不畅，能不能就业。"进口旺，出口畅"，就可以兴旺。我们怎么做到"进口旺，出口畅"呢？关键是质量，是安定、团结、校风、学风、教育方案、培养模式，是我们的教师、辅导员和管理人员。我们推行"一个中心、三个基本点"。"一个中心"即学生是中心，培养人才是中心，"三个基本点"即教、学、管。我们现在已经拥有很好的知名度，有了很好的成果。

你们到了"锦城"，"锦城"在发展，你们就有前途。那么，有的同志在关心我们"锦城"的发展目标是什么？大体上是：要争取在十年左右的时间，就是2005年到2015年，要把"锦城"办成西部领先、全国一流、世界知名的应用型大学。我们没有说要和哈佛大学比，要办常春藤，我们没有那个本事，但是要办知名高校。现在我们是省内知名，还没做到省外知名，要在全国有知名度，还得努力，还差得远。现在我们要弄清楚的是什么叫一流，我们要办成应用型大学的一流，不是像北大、清华一样研究型大学的一流，定位首先要准确。现在在四川地区我们已经奠定了办一流应用型大学的基础。第一，我们生源好；第二，我们毕业率高；第三，我们的知名度高；第四，我们的教学质量高，给本科生上课的教授、副教授占全部教师人数的70%。我们要走的路就是成都外国语学校的道路、成都七中的道路。一定要走优质优价的道路，不能只靠规模，绝对不走规模大、质量差、学费低这个道路。所以，你们来"锦城"不要想忽悠学生，忽悠学生就对不起我们的学费。

对于锦城学院的前途，我充满信心，在两个五年计划的规划下，一定有前途。教育有三个要素，第一要有人，第二要有钱，第三要有时间。没有时间不行，教育是慢速的，我们有提速的目标，但是不能急于求成，要稳扎稳打。譬如说，首届毕业生的就业工作是从去年五月份就开始抓的，笨鸟先飞。我们从去年五月至八月就开始安排实习了，比如，我们和易思维公司、信必优公司开始联合办班、定向培养。每一仗，我们打得都很认真、很仔细，务求必胜。尽管这四年左右的时间不长，但是我们做的工作非常扎实，我们的前途取决于我们每一步都能取得胜利。所以，"锦城"的前途取决于在座的每一位。教育的大环境是好的，大前途是好的，"锦城"的前途也应该是好的。只要大家努力，同舟共济，就肯定会好。

第三，你们都关心个人的前途。

教育有前途，"锦城"有前途，个人在"锦城"有没有前途呢？回答当然是肯定的，不但有前途，而且有非常广阔的前途。为什么？我们是民间办的学校，一穷二白，穷人的孩子早当家，你们的成才有很大的空间。我们第一届辅导员基本全是本科生，现在他们都干出成绩来了，成了骨干。我们第一批招来的老师现在也慢慢地成了骨干。我们需要你们干得好，生怕你们成长得慢、进步得慢、发展得慢，生怕你们不努力。我们要管理这所学校，管理岗位也需要靠你们。

我在人才问题上讲过三句话。第一句话："五湖四海。"我院的干部、教师来自95所高校，我们不搞"近亲繁殖"，与来自全国各地的同志互相交流，取长补短。第二句话："三教九流。""三教九流"是互相包容，允许大家充分地解放思想、独立思考，在学术上有所成就。你有发展的空间，可以自由地选择研究的题目，将科研和教学结合起来。第三句话："老中青三结合。"在结构上，需要老中青三结合，因为现在的结构是两头大、中间小，你们要把握住这个机遇，什么事都要想到有利有弊。大家都在一条起跑线上，就看谁有本事，看谁干得好。"锦城"在快速的发展当中，既需要很好的教师，又需要很好的管理干部，还需要很好的学生工作者、党务工作者。所以在这个情况下，个人是有前途的。学术上，可以从助教晋升到讲师、副教授乃至教授；行政上，可以逐步地按照行政级别进行提拔。所以，你们的发展空间很大。我们特别需要在学术上有造诣的人才，也特别需要在管理上能够精通某一个方面业务的人才。

第二件事，做一个好的锦城学院员工的基本条件是什么，也就是学院对你的要求是什么。基本条件有三条：

1.要忠诚。忠诚就是尽职尽责，不搞三心二意，忠于党的教育事业，忠于"锦城"的发展崛起，忠于自己的工作岗位。既然加入了"锦城"，就要与我们同甘苦共患难，就要有"天下兴亡，匹夫有责"的责任心，共同奋斗。不能只考虑到享受和待遇，要更多地考虑奉献。忠诚是摆在第一位的，对别人忠诚就是对自己忠诚。在一个单位兴旺发达的时候大家都兴高采烈，当遇到了危机、遇到了困难的时候，能够共同面对，这是个很重要的考验。享受丰收成果的时候大家应该是没有问题的，但是要开荒、要耕耘的时候，大家意见就不同了。学院有三个公园，都是大家自己用劳动创造出来的。我们如果要去给别人摆架子，给别人摆谱，要跟别人拼谁有钱，是拼不过的。我们要拼的是奋斗的真心、自力更生的真心、奋发图强的真心。左挑右拣，心猿意马，朝三暮四是不行的，希望大家能够把忠心摆在第一位。一是要忠于党的教育事业，这是毛主席说的；二是要忠于"锦城"的发展和崛起，这是大家共同的利益；三是要忠于个人的岗位和职责，干什么要忠于什么。你要忠于自己的岗位，自己是做什么的一定要明白，忠诚不是一句空话。

2.要敬业。首先，要遵守制度，忠于职守。制度是任何一个团体、任何一个机构要维持正常运转的基本框架，制度在某种意义上来讲是强制性的。譬如说，上班不能迟到早退，再譬如说，规定必须有足够的时间给学生辅导或和学生交流，规定专职老师一定要当一个班的班主任，这个叫制度。我们坚决反对专职老师兼职化。现在高校的老师越来越兼职化，有些人在外面兼了很多职，但是自己的本职工作不好好做。现在，许多高校的学生最大的问题是下课找不到老师。为解决这个问题，我们学校坚持"五项基本原则"，其中一项是"四个课堂"的统一。第一，教室教学；第二，实验室教学；第三，生产基地教学，就是校企合作、工学结合的教学；第四，课外活动教学。为什么课外活动要像上课一样重要？就是因为我们这样的学校培养出来的学生要具有活动能力、组织能力、协调能力、表达能力，甚至领导能力。别的学校的课外活动让学生自己搞，我们学校必须有教师和辅导员指导。教师的责任是把"四个课堂"教好，不是只教理论课，还要关心学生的心理素质，关心学生到工厂、企业的表现怎样，学到了什么东西。这样我们才能培养出来区别于其他学校的人才。我们的"三大教育""四大计划"都要靠老师来完成，所以一定要忠于职守，一定要记住不是讲完了课就走。

其次，要认真负责，一丝不苟。我们的教师对待学生的考卷、毕业论文、平时的作业，都要十分严谨，不要出现分数加错，扣分不打符号，评语只简单写几个字的情况，更不要出现所有学生的分数都打一样的情况，无论是平时分还是考试分，不可能都一样。老一代学者刘仙洲曾经是清华大学副校长，是机械方面的专家。他教学生的时候，对图纸的大小，画图、写字用几号字，写法、标法等都有要求，做每一件事都很细致，一丝不苟。

再次，要满怀激情，爱之好之。要爱这所学校，好这所学校，以这所学校为乐。孔夫子讲："知之者不如好之者，好之者不如乐之者。"要有激情、有热情，才能出成绩，才能有创造性。什么事情都是锻炼出来的，如果我们没有激情，把工作当作一般的任务来完成，就做不好。所以，我希望大家从热爱这个事业出发，首先要热爱，然后才有对事业的激情。如果想做并且想做好，就要充满激情。年轻人不能老气横秋，一点激情没有，每堂课都是例行公事，草草了事，等于是把稿子念了一遍。我们有规定，60岁以下的教师不能坐着讲课，年轻人不要坐着讲，要站着讲。梁漱溟八十几岁了，别人让他坐着讲课，他说，我讲课就要站着说，这也是激情。所以，希望大家来"锦城"工作要充满激情，不但你有激情，还要激发学生学习的激情。作为一名老师就要激发每一个学生的激情，若是充满了激情来讲课，就能把大家调动起来。

最后，要谦虚地学习，精益求精。在"锦城"工作，不读书没有发言权，不创新没有发言权，不调查研究没有发言权，这三个发言权你们要记住。当老师不读书，只凭学校学的那些还不行，活到老学到老，干什么就要学什么，不但是干什么要学什么，而且要学得更多一点。比如说当辅导员，你们原来没有学这个专业，当辅导员要读点心理学、管理学，要了解一点别的大学是怎么办的。在学校工作该读点教育学，除了本专业的书以外，还要广泛地涉猎各种与工作有关的东西，做一个博学多闻的人，才能触类旁通，才能旁征博引。一个老师在课堂上能够旁征博引，肯定是读了很多书，有很多的学问才能够表达出来。一是一定要读书，二是要精益求精，当教师的把书教得精益求精，作辅导员的把辅导员的工作做得精益求精。实践证明，我们要有自己的课程体系和教材体系，这要靠大家创造。辅导员要有"三化"：职业化、专业化、学术化。学生管理是个专业，也是一门职业，同时也要有学术——学生管理中的学术。辅导员要上的"三讲三心"明德教育、劳动教育、创业教育、职业生涯指导等课程，都要有课本，信口开河不行。我们可以自编适合自己情况的职业生涯指导课本、劳动教育课本、"三讲三心"明德教育课本。给不同专业授课也要有不同的讲法，都要创造出自己的特色来。学习、写作要精益求精，潜力很大。在学校工作，没有著作、没有论文、没有成果，学生对你不满意，学校也对你不满意。希望我们的老师做五个计划：第一个计划是要有教学计划，根据系里的要求和自己的特长准备教什么、怎么教；第二个要有读书计划，不但要读专业的书，还要读与职业有关的书；第三个是科研计划，包括发表论文、调查研究、内外合作等；第四个是实践计划，就是参加社会实践，提高自己的综合素质；第五个是追求计划，学校是支持个人有追求的。我们现在已经派人到北京参加学术讨论会、学习班，以及到兄弟院校学习，也支持老师考在职的硕士、博士。这五个计划是为了你们更好地发展自己。

3.要有建设性。就是要做建设性的员工，具体的要求就是要有正面思维和阳光的心态，注意做人和处事。什么叫作建设性？建设性是相对于破坏性而言的。现在的员工大体上可以分为两类，一种是建设性的，一种是破坏性的。有的员工到哪个单位都搞得一塌糊涂，左邻右舍都不得安宁，和大家的关系都处不好，同事之间闹矛盾，搬弄是非，在上下级之间挑拨离间，成为害群之马，这就是破坏性。相对于破坏性而言的叫作建设性。第一要正面思维，不要搞反面思维、负面思维，思维的方式很重要。有的人走到哪里都不愉快，走到哪里都生存不下去，就是因为存在负面思维，总是看到不好的一面，总认为单位亏待个人，没想到个人对单位有什么贡献。任何单位都有有成绩的一面，也有有缺点的一面。要多看阳光的一面、有成绩的一面，用建设性的态度来弥补有缺点的一面。第二要有阳光的心态，阳光是相对于阴暗而言的。阴暗就是总嫉妒别人，老看别人的缺点，用不好的想法去推测别人，是消极、被动的表现。阳光是积极、主动、乐观地看待和分析事物，从光明的一面看问题，从成功的、胜利的方向去努力行动。你们现在是新进员工，通过学校的培养和自身努力，就有可能脱颖而出，成为锦城学院教育战线上大有作为的教学和管理骨干。

今天，我们讲了两个方面、六个问题，希望能够加深你们对学校的了解，使你们明白学院对教职员工的基本要求，以便大家互励互勉、共同努力，为学院达成西部领先、中国一流、世界知名的应用型大学目标而奋斗！

在学习国内外先进经验的基础上
搞好我们的人才培养和教学改革

——在2009年暑期人才培养与教学改革工作会议上的讲话

（2009年8月25日）

我们这六天做了什么事呢？第一件事是大家认真地读了书；第二件事是我们结合自己的实际，拿出了自己的人才培养和教学改革的方案；第三件事是我们进行了认真的讨论，初步达成了共识。这三件事对于今后我们加强学院的各项工作就像是充了一次电。

一、向国外先进教育经验学习

这次读的调查报告《学院——美国本科生教育经验》中提了八个问题：第一个问题是中学和大学的衔接问题，第二个问题是高等教育的目标问题，第三个问题是教师对工作的忠诚度的问题，第四个问题是课堂中灌输授课和创造性授课之间的矛盾问题，第五个问题是校园当中学术和生活脱节的问题，第六个问题是在如何管理学院的问题上大家意见不一致，第七个问题是如何测量大学教育的成果，第八个问题是学院和外部社会之间存在着一条"鸿沟"，也就是学院教育怎样适应社会发展需要的问题。围绕这八个问题，这份报告在调查了美国 100 多所学校的基础上，形成了充实的内容。报告提出了问题，征求了意见，统一了数据，拿出了办法，这无疑对我们是很有参考价值的。

20 世纪 80 年代，美国对高等教育特别重视，从总统到部门到基金会都做了很多的工作。美国卡内基教学促进基金会和高质量教育委员会的调查报告所提出的有些问题对我们非常有参考价值。其中，很多提法跟我们现在也相差不远，有些问题甚至可以说基本上是一样的，比如专职教师和兼职教师的管理问题、科研和教学的矛盾问题等，都是相同的。德语的"教授"作为名词，意思是专家，科研是第一位的；美国的教授则要求教学是第一位的，同时兼攻科研。科研和教学之间的矛盾在中国和外国都一样存在。评价一个学院的成绩，美国的提法和我们是差不多的。所以，我想这些问题对我们来说无疑是一个很好的对照和参考。它们发生过的、怎么解决的，我们现在又碰到了，我们又该怎么解决。

2009 年暑期人才培养与教学改革工作会议

中国的高等教育刚开始的时候基本上都是学习外国。盛宣怀创办的北洋大学堂和南洋公学都是照搬美国的，北洋大学堂的总教习是美国人。后来蔡元培先生主持北大的工作是把美国和德国的经验融合起来。随后，大量的留日学生回国，带回日本高等教育的经验，包括陈独秀。我们的一些艺术院校也有一部分照搬日本，更大一部分照搬美国和德国。中华人民共和国成立以后，我们又学苏联。现在，我们要搞有中国特色的大学。但不管怎么说，因为现代化大学是从欧洲传到美国，美国创造发展以后才传到全世界的，日本也是学欧美的。因此，我们现在走的这个路子，学习国外大学的经验，我认为是妥当的。邓小平同志访问美国最大的成果之一就是每年大批向美国派遣留学生。为什么邓小平同志承认美国培养出来的人才素质是很好的？华罗庚、钱学森、邓稼先等名家都是从美国工作或学习回来的，华裔的诺贝尔奖获得者基本上都是在美国深造的。今年，钱学森的侄子钱永健，美籍华人，也获得了诺贝尔奖。

日本学者天野郁夫在其所著的《高等教育的日本模式》一书中谈道，特罗提出的被学术界公认的"三段论"，即"精英教育—大众化教育—普及教育"，是高等教育发展的一个里程碑。天野教授用日本的模式进行了研究，说了两个问题：第一，美国高等教育为什么能够从精英阶层转移到大众阶层，而欧洲没有？第二，紧随美国之后，高等教育毛入学率达到15%，使教育走向大众化的是日本，日本为什么能够做到？美国、日本能够很快地转向大众化，欧洲为什么不能？他讲道，在从精英到大众阶段的过渡中，为了使队伍扩张能够顺利进行，必须在精英阶段的高等教育体系当中包含与传统的大学不同质的、以大众高等教育为办学方向的高等教育机构，意思是在精英教育阶段时就应该有这个机构。如果美国的州立学院是这个机构的话，那么日本与其功能上相同的机构便是私立专门学校或者是私立大学。高等教育大众化之所以在日本能够顺利过渡，就是因为日本在办公立大学的同时，还创办了私立大学，因为有私立大学这种能够面向大众化教育的高等教育机构。精英型大学和大众型大学存在诸多不同。从教育目的来看，精英教育以综合素质培养为中心，大众化教育以职业教育为中心；从教育方法来看，精英教育是少人数、小班授课、基础制，大众化教育是多人数、大班授课、走读制；从学生的毕业安排来看，精英阶段是国家安排，以学术工作为主，大众化阶段是以职业为目标，而不是以学术为目标。在课程体系的设置上，日本的另外一位学者佐藤学认为，教学改革首先是教学任务的选择、教学方法的选择、教学效果的考核。他说我们必须从科学知识素材当中选择那些能够发挥教养的，能够实现一定的教育目标、一定范围的知识加以教授，从各门学科的知识素材中选择、整理旨在实现一定教学目标的素材，作为教学的内容。教研价值越高，它在整个教学结构中的地位越重要。我们必须从科学、技术、艺术等各门学科的知识素材当中，选择适合教育目标、具备尽可能高的教研价值的素材，并最大限度地发挥隐含于这些素材当中的教研价值。

教育体系就是这样，理论根据来源于英国哲学家斯宾塞，他创造了教学内容从古典到实用主义转变的理论基础。他写了一本书，内容就是探讨什么知识最有价值。斯宾塞认为要设计合理的课程，首先必须断定什么知识最重要，根本上就是科学最重要，这是经典的理论。教学为什么要改革？全世界的高等教育没有一成不变的，都是在发展的。美国1807年开始工业革命，工业革命以后工农业飞速发展，包括以哈佛大学为代表的古典学校，开始碰到一个新问题。工业革命以后，应用型人才需求增加，而过去的古典大学是培养神职人员和政府工作人员的，大量学生读的是拉丁文，学习语文、哲学、宗教，但是工业革命以后，工农业发展了，需要应用型的人才，要修铁路、搞建设、搞机器、搞电力。1802年建立的西点军校，原来是培养军官的，结果后来变成了培养大多数非学徒出身的工程师。

弗吉尼亚大学是美国第一所州立的、带有应用性的研究型大学，办学主要围绕这个州的工农业发展。所以，商人和政府格外地信任这所学校，其人才培养的目标就是要为当地工农业发展服务。哈佛大学当时就提出了要向弗吉尼亚大学学习，增加实用知识方面的课程，这是重点大学向地方大学学习的案例。但是，耶鲁大学是最反对实行技术性改革的大学。可见，早期美国高校在科学技术教育转向的过程中，也是有争论的。但是，美国人后来采取了一个很好的办法，就是我们现在走的路子——"通专结合"。我们这一次确定的教学计划就是通识教育、专业教育、实践教育相结合。美国在引入科学技术的同时，把通识教育也带进来了。比如，哈佛大学在引入技术教育的同时，建立了通识教育的核心教育体系，包括外国文化、历史研究、文学与艺术思考和科学社会分析等等；印第安纳大学有写作、数学、外语、艺术、自然和科学、社会和新闻课程；斯坦福大学有美国文化、数学、自然科学、艺术和实践科学、哲学、社会、宗教等课程。我要特别强调，在重视技术的同时，加强通识教育。我们广泛地吸取国内外关于教育方面的成果，通过学习不断地深化。要学习借鉴剑桥大学、斯坦福大学、马里兰国立大学、瑞典皇家理工学院等世界知名高校的办学经验。

二、解放思想，认清形势

学习国外的心得经验和我国形势的发展的同时，我们现在要致力于解放思想。现在独立学院的形势，既有乐观的一面，也有不乐观的一面。今年，有一部分独立学院生源不好或不足，个别招生很困难，贴线招还不够，还得征招。现在大家要看到，我们正处于夹缝当中，上面有重点大学，下面有国家财政着重支持的高等职业技术学院。我们正处在这样一个形势下——上下不愁钱，中间靠自己干。自己干，还要干得好，这就有一定难度了，应该看到这个难度。如果办不好，学费又高，学生凭什么来读？

《高等教育的日本模式》一书中讲，日本高等教育能够顺利过渡到大众化，原因就是有优势的私立大学。所以，我们要办出质量，办出特色，办出信誉。我们要主动地解放思想，准确定位，特色办学。不解放思想，则不能加快改革，不能适应客观形势。邓小平进行改革，说发展是硬道理。如果我们的生产力不能够尽快地发展到能够与世界竞争的水平，哪里有发言权？弱国无外交。当然，GDP 高了不一定就等于实力增加了。我们的 GDP 可以超过日本，但是我们的制造业水平能达到日本的水平吗？我们的 GDP 可以超过德国，我们的科技水平能够超过德国吗？我们还处于社会主义初级阶段，经济增长质量是不高的。我们的学校也是如此，我们大刀阔斧地干了四年，可以讲是天翻地覆。第一届招生的时候，楼房才盖了一半，尘土飞扬。所有来校的家长都提了一个问题，今年能上课不？现在，我们有一个美丽的校园了。第一届招生 2100 人，今年招生 4200 人，这肯定是大刀阔斧地向前发展。但是，我们的管理还要细化，教学也得细化，我们的实验室硬件还跟不上。办教育需要三个必备条件，一是钱，二是人，三是时间。我们这三样都缺乏，办学资金紧缺，师资队伍还需要加强，办学历史短，这是我们的弱点。要人才，就得靠大家，要钱财，就得发展规模，营造公众向往度，学生都愿意报名。所以，同志们一方面要看到我们宏伟的发展前景，一方面要意识到有压力，要做出特色。

我们为什么要好好学习，为什么要好好讨论，为什么要振奋精神？目的就是为了一个——要高质量、有内涵发展。我们既要看到形势大好的一面，又要看到危机潜伏的一面。今年我校首届毕业生达到98%的就业率，我们扬眉吐气，明年能不能保证并提高？常言道做一件好事很容易，一辈子永远做好事就很难。把一件事做正确很容易，要做许多事就容易出问题。下面，我讲讲下一步我们的主要任务。

三、下一步的工作任务

（一）深化教学改革

这一次我们提到了许多问题，探讨了许多问题，主要是教师、教材，整个的教学改革、人才培养等。应用型人才在我国首次被提出，是1990年7月在兰州召开的全国高等学校理科教育工作座谈会。会上提出要培养理科的、应用型的人才，但是影响比较小。1994年5月，在武汉大学召开的全国高等学校理科培养应用型人才经验交流会提出，新中国成立以后，特别是学习苏联教育经验以后，我国的高等理科教育"一五"计划确定主要是培养技术、研究和教学人才，办学模式和培养的规格单一。随着我国社会发展和经济体制改革实行，研究生教育有了较大发展。高等理科教育如果是继续实行单一培养技术型人才的模式，就无法适应经济建设、社会发展和教育发展的实际需要。因此，理科教育必须从原来的单一的、培养技术人才的模式，转变为培养先进、高素质技术人才的同时拓宽视野面，把多数毕业生培养成为应用型人才。这是教育部最早提出应用型人才的说法，所以我们现在要围绕着这样一个人才培养的模式和目标来讨论我们的教学改革。

1.抓住核心竞争力。教学改革的核心问题是核心竞争力，一个专业要有核心竞争力，一个系要有核心竞争力，一个学校要有核心竞争力。江泽民同志提出"杀手锏"的问题，我们的"杀手锏"是什么？我们每一个系、每一个专业都要考虑自己的"杀手锏"是什么。我们的核心竞争力是我们所有人必须考虑的一个问题。为了保证核心竞争力，我们提出了一个很具体的问题。邓小平同志讲"三个有利于"，我们讲"两强于"：第一是学生的基础知识要强于职业技术学院，保证我们的学生有较大的后劲；第二是学生的动手能力、实践能力要强于重点本科院校或研究型大学。核心竞争力就要表现在"两个强于"。所以，教改方案要注重培养学生具有扎实的基础知识。我们是应用型大学，就是知识＋技能型。我们的"通识教育＋专业教育"要比专科强。实践能力上，我们增多了内容、增加了花样，为的就是要比重点院校的学生动手能力强，做到"我会""我能"。所以，我们的教学计划一定要从这个角度出发。

2.做好资源分配。这次大家讨论了我们的资源分配，分成三大板块。按照教育部的规定，文科总学分为160—170分，理科总学分为170—180分，通识教育只是一个小板块，包括政治理论、品德修养、英语、数学、计算机、体育、音乐、美术和诗词歌赋等，还要重视文明、礼教、哲学和逻辑思维方面的知识。完成这个部分，学生才能博学多闻。专业知识的教学，还要下大功夫。今年我院毕业生的就业情况如此好，其中一条就是我们的学生专业能力强，同时技术素养也吸引人。所以我们要保证学生专业过得了关，还要把有限的时间发挥到极致，达到质量过关。

3.制定适应的课程体系。培养核心竞争力是目标，为了实现这个目标，要有一个相适应的课程体系，进行合理分配。大家说原来的课程有的已经过时了，教材过时了，案例过时了，可以改。美国人实际上也是在不断地改，所有的学科都在改，不改是没有出路的。课程体系要确保核心课程有足够的分量，这是我们学校能够保证核心竞争力的所在，核心必修课、一般必修课、指导选修课、一般选修课要区别开来，不能都变成核心课程，就没有重点了。重点课程的讲授，包括实验、实践，这几个环节都要有。我们可以将课程体系划分为核心必修、一般必修、指导选修、一般选修。

4.改进教学方法和考试方法，培养学生的创新能力。首先要把一个案例讲透，这比理论上讲几个条条更重要。课程讲授中，我们要把概论性的东西变成几个重点问题，讲深讲透。我们的教学方法还要有灵活性。比如，财金系会计专业，以一个企业的角度来要求学生做账，做完后评析，评析后再讲出存在的问题。通过分析，学生就能够活学活用了。

5.尽量做到"五个统一"。"五个统一"就是通识教育与专业教育的统一、学术教育与技术教育的统一、学历教育与资格教育的统一、"四个课堂"的统一、继承教育与创新教育的统一。凡是"五个统一"中能统一的要尽量去统一。坚持对学生的辅导，包括英语、计算机，要考虑教学能不能和考取职业资格证等结合起来，把课程和考试结合起来。对学生而言，要有毕业证、学位证，还要有职业资格证。

6.支持教学成果展示。我们今年要加大对教学成果的整理，包括专业、系、培养方案，凡是做得好的都要认真总结。考试的改革上也要考虑到培养创新型人才的需要，考虑到应用型人才的需要，多考虑一些能够发挥学生创造性的题目。

（二）加强师资队伍建设

以前我讲了三句话，一句是"五湖四海"，一句是"三教九流"，一句是"老中青三结合"。"五湖四海"是说来源的问题，我们现在的员工来自120多所学校，综合了五湖四海的人才；"三教九流"是允许大家学术自由，让老师们充分发挥自己的学术特长；"老中青三结合"是指年龄结构合理，有一个梯队结构。具体地讲：

1.支持进修。包括出校、出省、出国，比如学会计的到财经大学去进修，学艺术主持的到传媒大学去听课，学ACCA的到英国去开会。把年轻老师送出去，时间不宜过长，可以进行为期数周的短期培训。学生也可以搞短期交流学习，与国外大学交流，与国内好的二本院校或独立学院合作，实行交换生制度。老师要交流，学生也可以交流。

2.支持研究。支持调查研究、发表论文，支持成立研究所，支持承担科研项目，支持科研项目进企业，进开发区，老师牵头，学生也参加，搞规划或研究都可以。现在我们办了新媒体研究所、知识产权研究所、翻译中心，都很好。学校支持大家搞研究工作，支持大家去承担科研项目。

3.支持教材编写。支持各位老师根据我校人才培养的实际情况编写教材。我们不是非要用重点大学的教师、用重点大学的教材不可。即使用重点大学的教材，也不是要把学生培养成重点大学的学生，这不符合我们的培养目标。要用有自身特色的、适合于我们培养目标的教材，没有我们就自己编。重点大学教材中适用的可以选择。

4.改革薪酬体系。现在四川大学有一套薪酬体系，但我们也不能完全照搬，基本原则就是基本工资＋岗位津贴＋效益工资。改革的总原则就是我们的各项薪酬加起来比同类其他学校高一点。只要学校不断发展，这个目标就能实现。改革是先保证基本工资，同时考虑岗位津贴，另外对工作量大、表现好的教职工，经考核后再奖励。

5.加大引进的力度。如果我们少招聘一点专职、全职教师，多用兼职老师，我们的成本会降低很多，但是这与我们教育目标的实现有距离。所以，我们必须保证有一定数量的专职教师，而且在职称结构、年龄结构上要符合我们的需要。我们不能守株待兔，要大家一齐动手，主动挖人才。

6.加强教师管理。加强对专职教师、兼职教师、全职教师、"双师型"教师的管理。我们现在的专职教师，该做哪几件事，现在应该好好研究一下，不能让专职老师兼职化。我们要求每个专职老师都要做班主任，辅导员要讲课，要参与指导"第四课堂"。"双师型"的教师怎么管理、兼职教师怎么管理，都得有办法。

（三）建好支撑体系

支撑体系的问题，或叫保证体系的问题，主要是要建好硬件和软件的支撑。硬件的支撑有三个：

第一，实验室的保证。我们现在的原则是够用，计划开设的实验室一定要开起来，要满足教学需要，开设实验课。实验中心要加紧审查、实施。我们本着"勤俭持家、艰苦创业、急用先办"的原则，必须开的实验课先开。

第二，图书馆的保证。新图书馆建成后，要及时增加新书籍。逐步丰富电子资料库。做学问没资料不行，中文的、外文的都可以考虑。

第三，办公用房的保证。教室现在基本能满足大家的需要，办公用房现在也可以讲基本满足，但是不宽裕，要宽裕只有等到新办公楼盖起来，这叫"无可奈何"。

以上是物的支撑体系。下面还有软件的支撑。

第一，部门的支撑。各行政部门对教学和人才培养以及学校的建设和发展都要做好支撑。

第二，服务的支撑。这方面，一个是后勤的服务，一个是保卫的服务，一个是共同服务。后勤的服务，从食堂、宿舍，到所有办公用品。为大家服务，要以教学为中心，满足全校教育发展的需要，包括对教师的管理、宿舍的管理都得跟上去。保卫最近一年来有很大的改进，事故不断减少，案件侦破上做了不少工作。要加强校园的管理，包括我们的网络要稳定，因为老师、学生都需要上网。总而言之，学校各项服务要完善，这是教学支持的一部分。

第三，人的支撑。第一件事就是编制，首先是领导干部的编制。一个系配备三个领导，一个管全面，一个管学生，一个管教学科研。因为我们的系比较大，特别是我们3000人以上的系，编制不算多，关键是配合好、效率高。其次是办事机构的编制。各系办事机构应当有三个，一个是办公室、一个是学工科、一个是教务科。第二件事是教研室的设立，可按照需要以专业为单位成立教研室，并列出教研室的职责。第三件事是研究所的创办。我们积极支持大家办研究所，给牌子，暂时无固定编制。对外的项目收益，初期用来自己发展，奖励、增添设备都可以，学校不提成，以后发展了，要给学校做贡献。

（四）抓好学生的"出口"分流

人才"出口"是我们学校教学质量、人才质量最重要的试金石。我们要做好毕业生分流工作，总的口号是"多就业，就好业"。要做好分流工作，分以下三点：

一是就业，这是我们的主流。应用型大学，学生就业是主渠道。就业是导向，要做好学生的职业生涯规划和就业技能训练。

二是考研和考公务员，也是提高我们学校声誉的一个重要措施。但是不能说考研的学生就是精英，就业的学生就不是精英。高端就业也是精英。针对考研，我们办专门的辅导班，配专门的教师，提供专门的教室，辅导英语、政治、数学。针对考公务员，也可以办辅导班。

三是出国，要积极组织。出国是教育策略，值得宣传。希望能够早做打算、早做准备，学院会给予一定的支持和培训。

就业、考研和考公务员、出国深造，三条腿走路，就足够稳定了，自主创业我们也支持。如果三条通道都是畅通的话，形势就会越来越好。

新学期很快就要开始了，希望大家把这次学习的成果应用到新学期的工作中去，共同努力，开创我院人才培养模式的新局面。

选择"锦城"，就是选择了锦绣前程

——在2009级新生开学典礼上的讲话

（2009年9月14日）

今天我院隆重举行2009级新生开学典礼，我谨代表全体师生员工向各位同学以饱满的热情走进四川大学锦城学院，成为锦城学院光荣的一员表示热烈的欢迎和衷心的祝贺！向四川大学各位领导、各股东单位、奖助学金设立单位、合作办学友好单位的各位领导，对我院的支持和关心表示衷心的感谢！同时，也向精心哺育同学们成长、给予锦城学院充分信任的广大家长们表示诚挚的敬意！

2009年是中华人民共和国成立六十周年，也是锦城学院发展历史上不平凡的一年。这一年，我们打了两个大胜仗。第一仗即应届毕业生的就业之仗。在金融危机的大形势下，全国都面临着大学生就业难的局面，在全国大学生平均就业率为68%、全省大学生平均就业率为78%的情况下，我院取得了就业率98%以上的好成绩，其中，半数专业的就业率达到100%，实现了锦城学院"好就业、就好业"的战略目标，可谓逆风飞翔，一枝独秀。同时，学院的首届毕业生中有75名同学继续深造，其中42位同学被国内二十余所知名大学录取为研究生，33名同学被诺丁汉大学、布里斯托大学、伯明翰大学、悉尼大学等十余所海外著名高校录取为研究生，取得了就业和考研的双胜利。第二仗就是 2009 年招生之仗。今年全国院校在四川的招生人数增加了，但考生人数有所减少，在这样的形势下，我院依然生源爆满，考生报考踊跃，报考总人数创造了建校以来的最高纪录。到目前为止，我院今年的招生工作无论在数量上和质量上都取得了建校以来的最好成绩，充分体现了我院极高的社会认可度和公众向往度，形成了"进口旺，出口畅"的大好局面。

"锦城"学子在 ERP 实验室实践

"锦城"学子在语音教室听课学习

这两大战役的伟大胜利，奠定了我院在四川高校，特别是同类院校中佼佼者的地位，为我校今后上台阶、高水平、跨越式的发展打下了良好的基础。我们之所以取得两大战役的巨大胜利，是因为我院有一个准确的定位，即我们是一所多学科、综合性的应用型大学。

我院有一个明确的办学宗旨，即"传承知识、培养人才、引领社会、服务大众"。其中，"培养人才"是关键。

我院有一个崇高的办学理念，即"做人与做事结合、传统与现代结合、通识与专业结合、严格与宽松结合、秩序与自由结合、传承与创新结合"的育人、成人之道。

我院有一个清晰的培养目标，即培养学生的标准是"做人第一、能力至上"。所谓能力，就是"三会两双两强于"。"三会"即会动脑、会动口、会动手；"两双"即双语交流和双证培养；"两强于"即学生在动手能力上强于研究型大学的学生，在理论基础知识上强于高职学院的学生。

我院有一个创新的培养模式。它包括创新"三个阶段"的资源分配，就是将教学资源安排为理论基础知识必修阶段、工学结合专业选修阶段、综合能力整合提升阶段；开创以"三讲三心"明德教育、"一体两翼"知识教育、"三练三创"实践教育为主要内容的"三大教育"的课程体系；开展以大学生创业计划、大学生科研计划、大学生助教计划、大学生阅读经典计划为培养手段的"四大计划"；依据"五项原则"作为科学指导，即通识教育与专业教育的统一，学术教育与技术教育的统一，学历教育与从业资格教育的统一，以教室教学、实验室教学、生产基地教学和课外活动教学为基础的"四个课堂"的统一，以及继承教育与创新教育的统一。

我院有一套完备的保障体系。这套保障体系就是学院的两条生命线，即教学质量和稳定安全。稳定安全是大学安身立命之基，教学质量是大学健康发展之本。两条生命线的指导思想，充分说明了学院对教学质量和稳定安全的高度重视。学院针对这两条生命线已经各制定了十大措施。"双十措施"的目标就是要保障教学质量第一，保障稳定和安全第一。

我院有一个广阔的合作舞台。学院实行工学结合，校企、校会、校地合作办学的新思路，与500多家大中型知名企事业单位和地方政府合作办学，建立实习基地，搭建就业平台，实施人才分类培养。同时，加强国际合作和开放办学，目前已经与美国、英国、法国、澳大利亚等国的15所知名院校开展多层次、全方位的合作与交流。通过本科联合培养、硕士直通车、本硕连读等项目，为广大学子提供接受国际化教育的宝贵机会。

我院有一个文明和谐的校园文化。锦城学院已经形成了一个互助友爱、上下同欲的和谐环境，形成了一个尊师爱生、明礼重道、刻苦学习、独立思考的学术氛围，形成了以"八要八不要""三不准""三不支持"为主要内容的文明之风。这样的校园文化洗礼和大学文明的熏陶将成就学生谈吐文雅、举止得体的君子风范，造就学生博学慎思、明辨笃行的治学态度，练就勤奋学习、刻苦钻研的进取精神。

今天，你们即将开始大学学习和生活的新阶段，这是人生重要的转折，你们踏上了人生新的征程。良好的开端是成功的一半，因此成功迈出第一步尤为重要。你们走进了四川大学锦城学院，就走向了拼搏和奋斗，也会走向收获与喜悦。"锦城"的本事不是挑选优秀的学生，而是经过千锤百炼，把普通的学生培养成优秀的人才。你们来到

"锦城"，要做的事情很多。

第一，要迅速转变角色，坚信"学习改变命运"。你们来高校读书，说明你们相信"学习能够改变命运"，但只有刻苦努力地学习，全身心地投入学习，举一反三地学习，才能改变命运。那种认为考上大学可以松口气，想凑合应付、混个文凭的学习是不能改变命运的。马克思教导我们说："在科学上没有平坦的大道，只有不畏劳苦沿着陡峭山路攀登的人，才有希望达到光辉的顶点。"在学校学习的成功是人生走向成功的第一步。现在你们必须做好角色转变，第一就是实现从高中应试教育到大学应用教育的转变，高中的学习目的是考上理想的大学，大学学习的目的是走向社会、服务社会。第二就是实现从被动学习到主动学习的转变，你们要自主学习、自觉实践、自律管理，靠读书增长知识，靠实践提高本领，尽早掌握不断获取新知识的能力，为终身学习打下基础。同学们一定要明白，大学教学的任务不仅仅是教你思考什么，更重要的是教你如何思考。学习是一种能力，是一种态度，是一种素质。你们要摒弃传统应试教育的影响，改变以应试为目的的学习方法，要积极参与"三练三创"和社会实践，培养过硬的适应能力和专业本领去满足社会的需要，应对职场的挑战。

第二，要尽快梳理习惯，坚信"习惯决定人生"。锦城学院的教育是养成教育，我们坚信一个成功的教育是从培养学生的良好习惯开始的。同学们一定要明白，一个好的习惯，可以成就人的一生，一个坏的习惯，可以摧毁人的一生。态度决定习惯，习惯决定人生。习惯是通向成功的实际保证，也是通向失败的直接通道。所以，我要求同学们从今天起就要将自己的习惯梳理一番，保留好的习惯，克服不良习惯，养成新的好习惯，主要是良好的学习习惯、生活习惯、工作习惯等等。有些同学养成了一些不好的习惯，如懒散、奢侈，甚至抽烟、喝酒、赌博，整天沉浸在网络游戏里，成为"宅男宅女"；还有些同学每天无计划、没打算，得过且过，结果很可能在"明日复明日，明日何其多"的感叹中虚度大学四年的光阴，这样下去，有什么前途可言？"业精于勤，荒于嬉"，培养及拥有良好的习惯，是步入社会、取得成功的一个重要阶梯。中国的大教育家叶圣陶说："教育是什么？往简单方面说，只需一句话，就是要养成良好的习惯。"因此，学院提倡的文明习惯要求和行为导向规范，都是为了使你们培养良好的习惯。希望每一位"锦城"学子能够从我做起，从小事做起，从培养勤奋努力的学习习惯、起居有常的生活习惯、认真有为的工作习惯做起，"让优秀成为一种习惯"，为你们将来成就事业做好铺垫。

第三，要积极负起责任，践行"责任重于泰山"。联合国教科文组织曾提出，高等教育首要的任务，是培养高素质的毕业生与负责任的公民。锦城学院崇尚有担当、负责任。我们的目标是培养负责任的世界公民，每个人都要负起法律责任、道德责任、公民责任等等。对于学生而言，就是要对自己的学习和行为负起责任，责任重于泰山。中国知识分子向来崇尚"修身、齐家、治国、平天下"的以天下为己任的责任感。大学生是国家精英，要对国家、社会、团体、家庭和自己负起责任。我们要学习百年来为国家独立、民族复兴而前仆后继的仁人志士们，学习钱学森、华罗庚、邓稼先等先辈，抛弃国外优厚的待遇和生活条件，回到祖国艰苦奋斗的事迹。这是为了什么？就是为了负起振兴中华的责任。一名医生要对病人负责，一名教师要对学生负责，一名学生首先应对自己的学习、生活和成长负责，毕业以后要负起更大的责任。责任无处不在，对社会甘于奉献，对事业勤勉敬业，对他人忠诚仁爱都是责任。现在你们的责任是完善人格、成就学业，将来你们的责任是成为合格的公民，回报社会，为民族复兴作出贡献。

第四，要认真制定规划，践行"成功贵在坚持"。锦城学院的教育要求学生从入校学习开始，就要确定人生目标，制定个人职业生涯规划并持之以恒。从入学的第一天起，你们首先应当对大学四年有一个正确的认识和规划。你们既要立志做大事、做难事、做不朽之事，也要立足于做细事、做易事、做平凡之事。要想为国家建功立业，必须从现在开始。成才没有捷径，成功贵在坚持。一个好的计划或设想，人们想到了不一定能做到，做到了不一定能做好，做好了不一定能坚持下去。只有那些想到了、做到了、做好了而且能坚持下去的人才会取得成功。所以同学们要争分夺秒地学习、学习、再学习，实践、实践、再实践。读万卷书，行万里路，持之以恒，厚积薄发。胜利和成功必将属于你们！

同志们、朋友们、老师们、同学们，经过四年的努力，我们已经取得了很大的成绩，但这只是万里长征走完了第一步。我们的目标是奋斗十年，把四川大学锦城学院办成西部领先、全国一流、世界知名的应用型大学。我们要继续发挥学院的三大优势：四川大学丰富、优质的教学资源优势，股东和五百多家友好企业的社会关系和人脉资源优势，与国际接轨的办学机制优势。我们要继续搞好三大建设：教学设施和环境建设、师资队伍和学科建设、校园文化和学风建设。我们正在兴办一所高水平、有特色的大学。我们要把锦城学院办成学风严谨、管理严格的大学，办成学术自由、对外开放的大学，办成质量上乘、平安和谐的大学，办成培养学生成人成才、做人做事止于至善的大学！

蔡元培先生曾说，要有良好的社会，必先有良好的个人；要有良好的个人，必先有良好的教育。"江山代有才人出"，我们要把每一届学生都培养成做人第一、能力至上的社会栋梁之材，为振兴中华作出更大的贡献！

同学们，你们选择"锦城"，就是选择了锦绣前程。"锦城"是你们的母校，你们的一生都将打上母校的烙印，你们要像爱护自己的眼睛一样爱护自己的母校。爱护和珍惜"锦城"的声誉，就是爱护和珍惜自己的前途。

最后，我衷心祝愿全体2009级的新同学们学业有成，前程似锦！

全院动员，抓早抓好，
为保持我院的高就业率而奋斗

——在2009届毕业生就业工作总结暨2010届毕业生
就业工作动员大会上的讲话

（2009年10月16日）

今天，我们举行2010届毕业生就业工作会议，着重总结研究2009届毕业生就业工作的成绩、经验和不足，部署安排2010届毕业生就业和分流工作。刚才有毕业生的六个系的领导分别作了很好的发言，对我院2009届毕业生就业工作进行了总结，对毕业生去向进行了调查分析，对今年抓早抓好就业工作提出了实施计划，教务部、人事部、外事部对毕业生分流工作做了很好的安排，这些将为学院就业工作带来良好前景。下面我重点讲四方面的问题。

一、今年就业工作面临的形势

学院2009年的就业工作取得了巨大成绩，打了一个漂亮仗。在全院共同努力下，在政府和社会各界的大力支持下，学院达到了很好的毕业生就业水平。截至7月，2009年全国高校毕业生的平均就业率为68%，全省高校毕业生就业率的最新统计数据为78%，四川大学毕业生就业率为 86%，锦城学院毕业生就业率达到了 98% 以上。

当前，我国经济的总体形势向好，但经济回升的基础并不稳固。2010 年高校毕业生将达 630 万人，再加上金融危机的持续影响，就业形势仍十分严峻。经济结构不合理是大学生就业难的根本原因。从国家经济形势看，由于 4 万亿投资措施的落实，今年 GDP 实现 8% 的增长已无悬念。但是由于今年前三季度新增 7.7% 的 GDP 中投资贡献率高达 7.3%，投资比重过大，消费比重过低，产业升级比较缓慢，经济结构不合理的现象仍然存在，对较高层次人才的需求不足。这是中国大学生就业难的根本原因。

面对大学生就业难的总体形势，我们的就业工作仍然要准备打大仗、打恶仗、打胜仗。我们要认识到工作中仍然存在两个不足，一是学校指导不足，二是学生就业准备不足。学校指导不足包括针对考研、考公、留学、就业方面的指导不足，就业教育应该被纳入到学院的整个教育体系中。由于我院组织的友好合作单位来院招聘提供的机会较多，所以部分干部、辅导员和学生产生了骄傲自满和麻痹大意的情绪，这不好，要注意克服。

二、进一步认识抓好就业工作对学院发展的重大意义

作为应用型大学，就业是毕业生去向的主要渠道。学院以培养人才为本，就业是人才成长的必由之路。学校教育的成败取决于学生就业率的高低。就业率既是对学校教育质量的一种客观检验，也是学校实现高质量、高速度、可持续、跨越式发展的关键所在。我们要建设一流应用型大学，要赢得社会的口碑和认可，就必须保持高就业率。

就业是应用型大学的生命线。

三、今年就业工作的目标

今年就业工作的目标仍然是"多就业、就好业"。就业率总目标要达到98%以上。2009年学院有一半专业的毕业生就业率达到100%，2010年要争取有更多专业的就业率达到100%。毕业生去向还包括考研、留学深造、考公务员等，这三项结合起来争取达到260人，约占学院毕业生总人数的10%。

四、做好就业工作要采取的八项主要措施

（一）追踪2009届毕业生情况，总结经验，发扬成绩，以利再战

已经毕业的学生是本校校友。其中，已就业学生的去向及表现对后来毕业生的就业影响巨大，因此各系应该对已毕业学生的就业去向、结构、表现、影响做进一步调查，并且要树立榜样。这项工作各系做得很细、很好。

（二）坚持"抓早抓好"的基本方针

去年我们提倡"笨鸟先飞"，今年我们提倡"先下手为强"，关键都在一个"先"字。要做到"五个早"：早规划、早摸底调查、早实习训练、早招聘签约、早落实工作岗位。学生职业生涯规划和学校就业指导规划要早做，学生基本情况和就业意愿要早调查，还要早安

排实习训练，这一点大多数系都做到了。另外，我们今年从11月就要开始组织招聘签约活动，早落实工作岗位。

（三）做到"三坚持"

坚持"双向选择、自主择业、学院指导、家长支持"的16字就业方针，坚持学校、家长、社会三位一体的支助体系，坚持全员动员加一把手负责的体制。

（四）加大"三个分流"

在摸清情况、分类指导、加大力度、务求成效的前提下，要有意识、有目的地加大考研、出国、考公三项分流。考研反映学院的学术水平，出国反映学院的学术水平和国际化程度，考公务员及事业单位是培养毕业生去向多元化的重要措施，也为学院今后的发展积累人脉资源。要做好组织报名、组织辅导、组织考试三项工作。要广泛宣传、广泛动员。

（五）密切联系用人单位，适时公布就业信息，为建立巩固的就业根据地而奋斗

我们已与500家企事业单位建立了友好合作关系，这些关系需要巩固和发展。在与用人单位的合作中，必须坚持双赢原则。已就业毕业生的表现很重要，要发挥榜样作用。与用人单位打交道，态度要谦和，要交朋友，要经常联系，维持良好的关系。希望各系都要建立自己的实习就业根据地。

（六）加大教学改革力度

加快改革步伐，扩大改革成果，为增强我院学生就业核心竞争力而采取坚决的措施。教育质量是就业的基础。我院学生最受用人单位青睐、最有竞争力的有三个方面：一是态度修养，如忠诚、负责、奉献等；二是综合素质，包括知识面、基础、适应能力等；三是专业能力，尤其是解决实际问题的能力。态度教养好、综合素质高、专业能力强就是学生的竞争力。我们一定要形成一条"产业—行业—专业—专业方向—就业岗位"的教育链条，即要根据客观的就业岗位确定专业和专业方向，适应经济社会发展对人才的需要。要将我院学生培养成为"基础要打牢，专业要学好，实践要参与，品德修养高"的高素质人才。大学教育要讲大师大道、大德大爱、大智大勇。

（七）抓好学生的思想政治工作，正确处理就业工作中出现的学生思想问题

要教育同学们正确处理理想和现实、目标和起步、就业和择业的关系。首先要解决从基层干起的问题。同学们都要树立从基层干起的思想，不要刚毕业就非进大机关不可。要教育同学们正确认识初始工资的问题，不要斤斤计较初始工资，工资是可以变化的，重要的是要看这个行业、企业有没有发展前途。还要教育同学们正确认识就业地点的问题，有的同学或家长不顾客观形势和自身条件，一定要留在大城市，提出非成都不去。事实上，在中小城市或边远地区一样有发展前途，而且就业地点也是可以变动的。也要教育同学们调整心态和预期，要有自信和竞争力，要正确对待挫折和失败。根据北京大学作的

一个调查报告，2009 届毕业生递交过求职简历的单位数平均为 10.9 个，"已经确定单位"的毕业生平均求职单位数为 11.1 个。我们的学生有一两次不中，就不再积极了，这怎么行？还要教育同学们正确认识就业和创业的关系，我们进行广泛的创业教育，并不是要求所有同学马上都去创业，创业也是需要时机的。现在成熟了，就现在创业，将来时机成熟了，就将来创业。社会有责任帮助毕业生就业，所以依靠家长、亲友、校友等社会资源实现就业是名正言顺的。

（八）要抓好四个细节问题

教育学生注意个人形象，待人接物养成良好的礼仪习惯。培养学生语言表达、文字表达方面的良好能力。教育学生针对不同单位制作相应简历，杜绝一份简历投万家的现象出现。培养学生的基本面试常识，对面试中常见问题的回答给出指导性意见。教育学生发扬和彰显学院的优势，如"三讲三心"明德教育、"三练三创"实践教育等等。

我们对就业工作提出的口号是"全院动员，抓早抓好，为保持我院的高就业率而奋斗"。希望大家都要有高昂的斗志，兢兢业业抓好就业工作，争取 2010 届毕业生就业工作取得更加辉煌的成绩！

由钱学森同志逝世所想到的

——在第一届教师课件大赛总结表彰会上的讲话

（2009年11月16日）

今天我们表彰学院第一届课件大赛的获奖者，为的是鼓励教师在教学中开动脑筋、大胆创新，制作好的课件，使学生看得清、听得懂、学得快，使课件更好地为教学服务。

今天所讲的主题是"由钱学森同志逝世所想到的"。钱学森同志是伟大的科学家，是中国航天之父。他去世[1]后，媒体发表了很多对于钱老学术、教育等各方面思想的讨论，特别是他关于高等教育和大学创新的一些讲话，说得非常好。钱学森同志在谈到加州理工学院时说，创新的学风弥漫着整个校园，可以说，整个学校的精神就是创新。在这里，你必须想别人没有想到的东西，说别人没有说过的话。他还说，我得和别人竞赛，才能跑在前沿。创新还不能是一般的，迈小步可不行，你很快就会被别人超过。你所想的、做的，要比别人高出一大截才行。因此，学校的氛围要创新，讲课要创新，考试也要创新。锦城学院各项工作要做好，当前就要做到"三个创新，两个加快"。

---

[1] 钱学森于2009年10月31日在北京逝世。

一、三个创新

（一）创新课程体系

学校要培养学生，靠的是什么？最主要的就是课程。学校的教学活动以课程为基础，培养人才要通过课程的讲授、学生的学习和训练。我们的大学教育，要出人才必须创新，不能墨守成规，一定要进行改革。一是课程体系要少而精，讲课要讲深、讲透，要举一反三，知识容量要够用、管用、能用、会用。二是一定要站在学术的前沿，给学生讲现在有用的东西，教给学生前沿并成熟的东西。三是课程总量要控制，课程安排要抓紧往前提。依照学院的人才培养模式，实行"3＋1"方案，三年完成理论课授课，剩下的时间集中力量进行工学结合、突破实践、综合提高，打造就业核心竞争力。

邹广严院长在学院第一届教师课件大赛总结表彰会上发言

（二）创新教学方式

要用最适合的方式来教学，除了因材施教、案例教学、启发式、互动式的教学方式以外，我们还必须有更大的创造和创新，例如，在 IT 类教学中引入"项目驱动"教学法，在新媒体教学中引入"数字化学习平台"教学法，目的是使我们的教育能够被学生所接受，不但能够接受，而且乐于接受。恰当地利用课件就是好的方法之一。

（三）创新考核办法

考试是指挥棒。学院培养的是应用型人才，应用型人才的培养目标要配以应用型的考试。考试办法要有所创新，比如，企业管理课程的考核就是要学生能够拿出一个方案或办法来应对和解决企业存在的困难和问题。我历来认为做好一个项目比写一篇论文重要。考试方法要灵活，要创新，要开放。知识就是知识，运用知识才是力量。我们现在要大力创新考核办法，就是减少死记硬背，减少非 A 即 B 的二元对立思维，并且以这个指挥棒来提高学生灵活运用所学知识的能力。

二、两个加快

（一）加快青年教师的成长

我们是一所年轻的学校，拥有一批年轻的教师。我们学校师资队伍的现状是老的老了，少的少了。要办一所中国知名大学，关键是加快青年教师的成长。

要加快成长就要刻苦学习。要向书本学习，向老教师学习，向网上的精品课学习。要多读书、多观摩，把别人喝咖啡的时间用上去。

要加快成长就要努力工作，工作才能增长才干。分内的工作要做好，额外的工作也要力争做好。你们要主动、勤快、精益求精，要肯做事、能做事、能做成事。

要加快成长就要多担担子。俗话说穷人的孩子早当家，当家就要负责，当家要知柴米贵，当家要有主人翁精神，多负点责才能加快成长。

（二）加快教师本土化进程

所谓本土化，是指一个学校必须有自己的师资队伍。鉴于我校目前所处的发展阶段，一方面要聘请优秀的校外师资，实现地区优质教育资源共享，另一方面，学校没有自己基本的师资力量不行。所以我们要加快教师的本土化进程。学院计划到2012年，专职教师人数的占比争取达到50%，特别是中青年骨干教师要多一些。本土化的途径除了自己培养以外，我们还要广开门路，招聘更多有识之士加盟。

关于构建应用型人才培养模式的若干问题

——以四川大学锦城学院为例[1]

（2009年12月）

中国大学自1999年开始扩招，到2002年毛入学率突破15%的大关，现在，在校大学生总规模先后超过美国、俄罗斯、印度等国，位居世界第一。中国高等教育规模如此高速发展，国内专家学者的态度是喜忧参半。喜的是，中国高等教育自诞生以来，随着经济的崛起终于有了显著的发展，这是广大民众期望已久的；忧的是，大学规模不断快速扩张，是否会以降低教育质量为代价？因此，从政府教育部门、教育机构到专家学者，纷纷提出要把教育发展的重点转移到质量上来。但对于怎样体现质量、如何保证质量，人们的认识并不一致。大学以培养人才为本，所谓教育质量就是人才培养的质量。要保证人才培养的质量，最重要的是构建不同类型的人才培养模式。

一、"学校错位竞争，人才分类培养"是高等教育大众化的必然

20世纪的中国高等教育一直处在精英教育发展阶段，1949年全

---

[1] 本文原载《中国高等教育》2009年第23期。

国普通高校只有 205 所，学生人数仅有 11.65 万人，到 1965 年全国高校仍只有 434 所，学生人数为 67.44 万人。20 世纪 90 年代末期，我国高等教育的规模迅速扩大，1999 年扩招后，高校多达 1071 所，学生人数达到 436 万人。2002 年，我国进入高等教育大众化阶段。截至 2008 年，我国普通高校有 2263 所，学生人数为 2907 万人，毛入学率达到 23.3%。学校多了，规模大了，同质化、无特色就是一种危险。

由于中国高校几乎都参与了扩招，因此形成了生源、师资、资金、雇主等市场资源的激烈竞争，如果不能区别定位、错位竞争，势必混战一场。学校错位竞争才是理性的，高校在制定发展战略时，必须根据客观现实、社会需求、自身优势和特点来寻求适合的办学方向和办学特色，这样才能在竞争中具有优势和核心竞争力。

此外，由于社会进步和科技发展，一些国家和地区呈现出后工业化或信息化的特征，产业门类增多，社会分工越来越细，因此，对人才的需求更加多样化。现在，就业市场上出现的大学生就业难和雇主单位招人难并存的局面，就是对高校人才培养方式雷同、方向单一的传统模式提出的挑战，要解决这个问题，大学生必须分类培养。

四川大学锦城学院自成立之时起，就清醒地认识到自己与母体学校在历史积淀、文化传统、师资力量、学科建设、财政状况和生源质量上都是不同的，不可能办成同一类型的学校，不可能在同一个层次上竞争。学院把"学校错位竞争，人才分类培养"作为构建应用型人才培养模式的理论基础，特别重视三项定位的准确。一是学校性质定位准确，锦城学院不是研究型大学，也不是技能型职业院校，而是应用型大学；二是专业设置定位准确，专业设置以社会需求为导向，以促进行业发展为目的；三是人才培养方向定位准确，学院培养的不是专注科研的研究人员，也不是执行具体操作的蓝领技工，而是运用知识改造世界的工程师、会计师、管理者和组织者。这样的定位既防止了趋高趋同，又避免了攀比跟风，做到了定位准、定位稳。所以，在高校扩招之后，"学校错位竞争，人才分类培养"不仅是可能的，而且是必要的，是一种必然。

二、"新型的独立学院"是构建应用型人才培养模式的最佳载体

高等教育从精英到大众化的阶段，需要以何种形式过渡？需要由什么主体来承载？构建应用型人才培养模式的最佳载体是什么？这是我国高等教育现阶段必须明确的问题。

从国外高等教育大众化的进程来看，美国高等教育在1940年时毛入学率就越过了15%的门槛，开始步入大众化阶段。日本紧随其后，从20世纪60年代到70年代中期经历了一个初期大众化的阶段，新生入学率从10%上升到35%以上，而英国等欧洲国家基本上是在20世纪70年代后期到80年代才进入大众化阶段，直到1985年，英国高等教育的毛入学率才达到21.8%。日本著名高等教育学家天野郁夫教授在其《高等教育的日本模式》一书中阐述了日本为何能成为继美国之后率先进入高等教育大众化阶段的国家。高等教育大众化不能寄希望于传统精英型高等教育机构规模的无限扩张，无论是美国还是日本，在高等教育从精英走向大众化的过程中，都有适合其过渡的环境促使大学产生"变异"。在美国，南北战争后产生的"赠地学院"，即州立大学，一开始就提出把做学问、职业教育和为社会服务作为办

学目的，为其高等教育大众化做好了准备。与此同时，欧洲既没有创设与美国"赠地学院"同样性质的大型高等教育机构，也没有为争取学生而竞争的市场力量，显然不具备大众化的前提条件。而 20 世纪初的日本，由于仅靠帝国大学为首的官立学校无法满足升学需求和人才需要，私立专门学校发展起来。在《大学令》及其一系列相关政策实施后，私立专门学校（私立大学）成为日本高等教育数量规模扩大的承担者。因此，美国的赠地学院（州立大学）和日本的私立专门学校（私立大学）成为高等教育大众化的最佳载体，它们从一开始就与公立大学并列，是面向大众的高等教育机构。

改革开放以来，中国经济快速发展，GDP 总量仅次于美国和日本，居世界第三位。据专家预测，不久后我国将超过日本，跃居第二大经济体。随着经济的发展、结构的调整，人才的素质已经成为我国经济发展的瓶颈。我国人均受教育年限为 8.5 年，远低于发达国家水平，人口中大专水平所占比例为 6%，也是较低水平。要满足社会和国民经济发展的需要，加快教育事业发展，大力提高教育水平是不二的选择。

高校扩招迫使公办重点高校既要培养精英人才，又要兼顾吸收大量升学的学生，势必造成学校定位不明确、人才培养标准不清晰、办学特色不鲜明、财政支出缺重点的问题。因此，公办重点高校不是高等教育大众化及应用型人才培养的最佳载体。而且，我国是"穷国办大教育"。地方高校是可以而且应该承担教育大众化的历史责任的，但是要大规模扩张，势必增加地方财政的负担，而地方高校的人均教育经费本来就较低，如果过量增长，只能降低人均水平。所以，仅靠公立大学是不能承担高等教育大众化之重任的，发挥社会力量办学就成了教育发展的必由之路。中国的教育事业，光靠政府这一个"轮子"推动，发展速度总是有限的，如果再加上另一只轮子——民办教育的推动，一定会发展得更快、更好。

民办教育在中国中断了几十年的时间，现在在国家的重视和政策的支持下重新起步。但教育不仅需要资金，还需要师资、时间和传统，这些因素对民办高校来说属于短缺资源，所以民办高校的发展需要一个过程。

独立学院是中国高等教育改革的一项创造，它在民办高校恢复发展阶段，充分发挥了公立大学的教育资源优势和潜力，同时也充分发挥了社会各界的办学积极性。截至2008年，全国由公办重点大学创办的独立学院达315所，在校生规模达186.6万人，根据教育部的设计，十年来，独立学院坚持民、独、优三项特点，既增加了高中生上大学的机会，又保证了教学质量，充分发挥了公办私立独立学院的优越性。因此，独立学院是高等教育大众化和应用型人才培养的最佳载体。四川大学锦城学院是由教育部直属重点大学四川大学申办，16家中外企业投资，经教育部批准成立的独立学院。从诞生之日起，它就拥有得天独厚的三大优势：一是四川大学丰富、优质的教学资源优势，二是股东单位和五百多家友好合作企业的社会关系和人脉资源优势，三是与国际接轨的办学机制、体制优势。学院实现了"万人大学，千亩校园"目标，受到社会的广泛欢迎和赞誉。

三、"明确人才培养标准"是构建应用型人才培养模式的前提

经济全球化和高等教育大众化的新的历史时期对人才的需求是多

样化的，衡量人才质量的标准也是多样化的。衡量人才质量的标准不是只有一把尺子，不同类型、不同层次的人才有不同的培养标准。人才标准也不是一成不变的，随着历史进步和社会发展，对同一类人才的质量要求也不一样。高校所培养的人才要满足社会需要，就必须根据人才质量标准构建不同类型的人才培养模式。

应用型人才培养的标准是什么？四川大学锦城学院明确提出应用型人才要达到"做人第一，能力至上"的基本标准。

做人第一，即要求学生为人正派，品德高尚。完善的人格、高尚的品质、全面的素养是人得以全面发展的基础和前提。高校要培养社会栋梁，首先要使人才成为负责任的合格公民，就是要为国为民，先人后己，鞠躬尽瘁，死而后已，能够做到"穷则独善其身，达则兼善天下""居庙堂之高则忧其民，处江湖之远则忧其君""先天下之忧而忧，后天下之乐而乐"。

能力至上，即要求学生达到"三会两双两强于"。"三会"即培养学生要"会动脑"，具有思考判断的能力，"会动口"，具有沟通表达的能力，"会动手"，具有操作实践的能力。"两双"即"双语交流"和"双证培养"，"双语交流"是要求学生能够用普通话和一门外语与人交流，"双证培养"是要求学生毕业时要取得毕业证书和从业资格证书。通过这样的培养，应用型人才才能达到"两强于"，即在理论基础知识上强于高职学院，在动手能力上强于研究型院校。

这个标准一方面明确了在当代加强知识教育的同时，不能忽视做人的教育，就是要在社会主义核心价值观的引领下，将中华民族优良的传统价值观与现代的科学民主价值观相结合，创造传统与现代、中西文明相结合的应用型人才特色德育。另一方面，这个标准确认了传承知识不是学校的唯一目的，运用知识改造世界才是学校育人的基本目标，要培养学生通过学习获取知识的能力、通过实践运用知识的能力、通过创新发现知识的能力。

四、"教学计划和课程体系"是构建应用型人才培养模式的核心

中国高等教育在20世纪末到21世纪初的十年间经历了飞速的发展，实现了由精英教育向大众化教育的历史性转变。但是由于对这种转型的认识不足，我们对人才的培养方式方法、教学的计划和课程体系并没有做出相应的转变，大多仍沿袭原来较为单一的培养方案和教学模式。这显然是不适应"学校错位竞争，人才分类培养"这个新形势的。

应用型人才是社会主义建设事业需求量最大的人才类型，培养应用型人才最核心的内容就是独具特色的教学计划和课程体系。

四川大学锦城学院以培养学生的适应能力（横向迁移）与专业能力（纵向提升）相结合的核心竞争力为目的，实行理论与实践相结合、通识与专业相结合、成人与成事相结合的指导方针。

当前，社会舆论认为大学生存在着三大缺失：公众认为大学生缺失完善的人格和高尚的品质，企业界认为大学生缺失真刀真枪的动手能力，科学界认为大学生缺失创新的思维和创造的精神。针对这些现象，为了全面培养学生的人格品质、知识修养和实践能力，在课程体系的安排上，我们着力推行"三大教育"，即"三讲三心"明德教育、"一体两翼"知识教育、"三练三创"实践教育。

　　"三讲三心"明德教育中的"三讲"即讲诚信、讲礼仪、讲感恩，"三心"即对国家、人民尽忠心，对父母、长辈尽孝心，对同学、同事尽爱心。学院在遵循德智体美劳全面和谐发展的原则下，把中华民族优秀传统与社会主义道德要求结合起来，重点培养学生修身立世，学会做人，具有正面思维和阳光心态。坚持育人为本、德育为先，把立德树人作为教育的根本任务，努力培养德智体美全面发展的社会主义建设者和接班人。

　　"一体两翼"知识教育中的"一体"是指学院教学的主体是自然科学、社会科学和人文科学相结合的知识教育，着力提高人的智育水平；"两翼"即艺术和体育，艺术（音乐、美术等）陶冶情操，使人精致文雅，体育锻炼体魄，使人坚忍不拔。维持艺术和体育在教育上的平衡，培养出来的学生才会文雅而不懦弱、健壮而不粗野。通过"一体两翼"知识教育，培养学生健康的心态、健美的体态，具备严谨踏实的逻辑思维和富有想象力的形象思维，提升综合素质及创造能力，并帮助学生将来立足社会，树立开拓进取的精神、提高延伸学习的能力，实现学院的培养目标。

　　"三练三创"实践教育中的"三练"即吃苦耐劳意志训练、组织纪律与团队精神训练、职业素质与职业能力训练，"三创"即创新思维、创造能力、创业精神。为此，学院创办农场，把劳动列为必修课。学院鼓励学生创业，将创业列为必修课，让学生自主创办模拟公司，一边学习，一边实践，从实践中学习管理知识，以创业带动学业，以学业促进创业，使同学们在活动中学会经营，学会创业。

五、"教学资源合理安排和重点突破实践环节"是构建应用型人才培养模式的关键

教学资源有很多，一个本科生在大学学习的四年中，时间是很重要的一个资源，这个资源如何安排好，十分重要。根据四川大学锦城学院几年来的实践，我们将其划分为三个阶段：理论基础知识必修阶段、工学结合专业选修阶段、综合能力整合提升阶段。

理论基础知识必修阶段的主要任务是学习知识，打牢知识基础，所排课程要本着少而精的原则，知识容量要管用、够用、能用、会用，要讲深讲透，举一反三。这是应用型本科与高职院校的重要区别，这个阶段一般为两年半至三年。

工学结合专业选修阶段的主要任务是把知识变成力量，通过实践提高能力，使学生成为经世致用、能说会做的复合型人才。这个阶段根据专业的不同，大致为半年至一年。

机械系学生做模具实践　　土木系城市规划专业学生作品展示

综合能力整合提升阶段的主要任务是完成理论—实践—理论这样一个循环，即通过学习掌握知识，通过实践运用知识，通过创新发现

知识，通过总结、归纳提高知识水平。这个阶段要在调查研究、查阅文献的基础上，通过论文、设计、项目、方案等多种形式，使学生的道德、知识、能力水平有较大的提高。这个阶段需要半年。

这里特别要提出的是，突破实践环节是应用型人才培养的关键，而工学结合是实践的最好形式。工学结合的教育模式在国外的高等教育中有100多年的发展历史，最早可追溯到1903年英国桑德兰特技术学院在工程船舶及建筑系实施的"三明治"教育。美国俄亥俄州辛辛那提大学工程学院的赫尔曼·施奈德教授于1906年开创的学习与工作多次交替的"学工交替"合作教育已成为目前世界上较为流行的工学结合合作教育。德国的"双元制"教育以"学历证书＋职业证书""学校学生＋企业员工""工学交替，校企融合"为核心，也已成为中国不少职业院校竞相效仿的教育模式。加拿大合作教育通常的计划是学生在商业、工业、政府、社会服务和自身专业等适当领域轮流体验，时间至少是学术课程学习时间的30%，每一个工作环境都由合作教育机构建立或批准，教育机构监控，用人单位进行管理和评价。这些办法虽好，但并不容易做到，事实上，大学生实习实践在我国高等教育中仍然是一个薄弱环节，原因是在传统体制下的实习实践有三大问题：一是时间短，只有一两个月，来去匆匆；二是深度浅，学生似"观察员"，浮于表面，很难深入；三是内容单一，似乎只是为了写毕业论文或设计而走一走，秀一秀。

为了突破实践这个环节，锦城学院根据国内外高校的先进经验，采取了三大措施推进工学结合，合作办学。

一是积极推进校地（学校与地方政府）、校会（学校与行业协会、地方协会）、校企（学校与企事业单位）多种形式的合作，搭建学生实习实践平台。目前，学院已与500余家企事业单位和地方政府、部门、协会、学会等建立了合作办学关系。

二是延长时间，工学双赢。工学结合的时间一般为半年到一年，要顶岗实习，真刀真枪操作，并且完善管理，学校有教师跟踪，企业有师傅帮带指导，使学生学到本领，企业获得人力支持，实现工学双赢。

三是全程介入，深度合作。学院请企事业单位全程参与人才培养全过程，包括订单式培养、定向培养，请企业负责人定期作讲座、报告，共同开发项目，共建实验室，等等。

六、"五个统一"是构建应用型人才培养模式的基本原则和指导方针

实行通识教育与专业教育相统一、学术教育与技术教育相统一、学历教育与从业资格教育相统一、"四个课堂"相统一、继承教育与创新教育相统一，是构建应用型人才培养模式的五项基本原则和指导方针。这是应用型大学在各类大学中的位置、应用型人才在各种人才中的地位所决定的。

推进通识教育是世界一流大学的先进理念，也是我国大学教育改革的重点，而专业教育是社会分工的必然要求，是培养企业家、管理者、工程师和文化工作者必不可少的环节和内容。因此，使学生受到广泛的教育和接受良好的专业训练同样重要。通识教育与专业教育相统一的原则既使学生接受广泛的通识教育，打好基础，提高适应能力，又使学生接受精湛的专业训练，提高专业工作能力，从而培养真

正适应社会需要的"T"字型人才，知识宽，专业深，能力强，具有较高的综合素养，做到全面发展。

学术教育是研究学问、传承知识，提出和说明问题的教育，是培养知识分子、学术人才，促进科学发现的教育。技术教育是运用知识解决实际问题，并完成创造的教育，强调所学知识的针对性、实用性，注重培养学生的操作性、技术性能力。学术教育与技术教育相结合能使学生既有深厚的理论功底，具备系统完善的理论知识，又有改造世界的本领，动手能力强，工作上手快。应用型大学不能走单一的研究型人才培养或技能型人才培养之路，必须将学术教育与技术教育相统一，能够真正使学生具备知识性、适应性、创新性、可持续发展性，将知识、能力、素质三者有机融合。

学历教育与从业资格教育相统一的原则是基于学院"双证培养"（学历学位证和从业资格证）的培养目标设立的，是一条应用型人才成长的必由之路。因此，学院必须打造学生就业的核心竞争力。传统大学是学生取得学历的场所，但现在许多行业另立从业资格门槛，这就给单纯的大学教育出了一个难题。我们要使大学生毕业后能顺利就业，就必须把学历教育与从业资格教育统一到大学的培养计划之内。锦城学院的做法是在专业教育的同时嵌入职业资格教育的内容和模块，并争取使学生在校期间获取资格证书，而不是让学生毕业后再花钱进培训机构考取证书。这是在我国教育与从业资格多头管理体制下较好的一个选择。

"四个课堂"（教室教学、实验室教学、生产基地教学、课外活动教学）相统一的原则是锦城学院根据应用型人才成长的规律而推行的原则。教室教学的主要任务是通过课程教学活动传承知识、启迪思维。实验室教学的主要任务是进一步加深理解和巩固理论教学所得之知识，培养学生理论联系实际的作风、严谨求实的科学态度和独立自主的动手能力，帮助学生理解、掌握和运用理论知识，培养观察、思考、分析和解决实际问题的方法与能力，从而增强学生可持续发展的潜质。生产基地教学的主要任务是贯彻理论联系实际的原则和教育与社会实践相结合的方针，工学结合实习是学生把知识转化成能力，是学生由学校走向职场的重要步骤。课外活动与课内教育同样重要，它的主要任务是通过学生热爱的课外活动培养学生的兴趣，发挥学生的特长；通过各种有组织的活动培养学生的沟通表达、组织协调、领导指挥等能力和团队精神；通过学生参加志愿者和义工等社会活动培养学生关心国家、关心社会、关心人民群众的社会责任心和热爱劳动的高尚情操；通过好的、适宜的课外活动促进学生的课堂学习、综合素质的培养、社交能力的锻炼和提高。

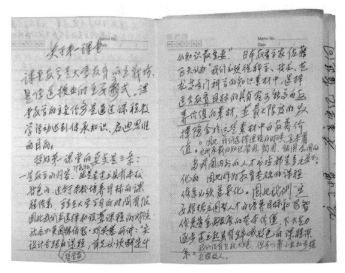

邹广严院长手稿

继承教育是继承人类优秀文明成果的教育，教会学生从文明积淀中汲取知识，从传统文化中领悟真理。创新教育是以培养人们创新精神和创新能力为基本价值取向的教育，教会学生善于发现和认识有意义的新知识、新思想、新事物、新方法。继承教育与创新教育相统一的原则就是要让学生明白，创新不是凭空产生的，它是在继承人类已经取得的文明成果的基础上的创造性活动。认真学习前人积累的理论知识与进一步解放思想、大胆创新并不矛盾。只有将两者统一到我们的教育之中，才能培养出独立思考、勇于创新的人才。

七、"三自管理"是构建应用型人才培养模式的学生自主管理特色

应用型人才培养模式的主体是学生，与传统模式相比，应用型人才培养模式下的学生管理应该有新思路、新方法，应该更多地体现学生的主动性和主人翁精神。四川大学锦城学院构建应用型人才培养模式的学生管理特色是：自主学习、自觉实践、自律管理。

自主学习是要发挥学生的主观能动性和创造性，促使学生养成自主学习的良好习惯。新生入学时，学院积极引导学生尽快实现两个转变，学习目的实现从应试到应用的转变，能适应社会需要；学习方法实现从被动学习到主动学习的转变，尽早掌握不断获取新知识的能力，为终身学习打下基础。学院开展大学生助教计划，成立大学生助教团，发挥学生互教互学、先学带后学的作用。助教团分为四种类型：协助型、补充型、应用型和拓展型。大学生助教团协助主讲教师完成教学计划，补充、拓展课程有关知识，解答同学疑问，以先进带动全

面，极大地激发学生的自主精神，锻炼学生的领导能力，通过结对帮教，合作学习，实现全体学生学习能力的提升。

自觉实践是通过学生自发组织社会实践、社会公益活动、模拟公司运作以及参与研发团队活动等等，锻炼学生的经营管理能力、组织领导能力、劳动和动手能力等等。所有学生组织、社团的管理岗位都由学生自己通过民主选举产生，通过在各种管理岗位、工作岗位上的锻炼，学生的协调、沟通、表达、组织等能力都能得到极大锻炼和提高。

自律管理是学生自我组织、自我管理、自我服务的一种形式。学生自律管理的平台有党团组织、学生会、班级、各种社团等等。目前，学院除党团组织外，还成立了学生会、青年志愿者协会等9个院级学生组织，根据学生兴趣建立了书法协会、武术协会等46个学生社团，每个班还都设有班委会。大学生自律委员会和校园文明督查大队由学生队员组成，在教学楼执勤、校园巡逻、宿舍安全卫生检查、学生食堂民主管理、学生晚归检查等方面进行自律管理，有效地促使学生养成良好的文明礼仪习惯，同时促进校风建设。

八、"毕业生为社会需要并认可"是检验应用型人才培养模式成功与否的唯一标志

毕业生能否为社会需要并认可，是检验应用型大学办学成功与否的唯一标志。就业是教育质量的试金石，作为应用型大学，就业是毕业生的主要去向。学校教育的成败取决于学生就业率的高低，也是对学校教育质量的一种客观的检验、客观的评价。学生"出口畅"必然

是学校教学质量、人才培养质量水平高最重要的标志。

2009年，受金融危机的影响，国内611万应届大学生面临就业难问题。在这种形势下，锦城学院首届毕业生的就业率达到98%以上，半数专业就业率达100%，其中，高端就业比例近40%，涵盖国内外众多知名企事业单位。同时还有部分同学被国内重点大学录取为研究生，另一些同学到诺丁汉大学、布里斯托大学、伯明翰大学、悉尼大学等十余所海外著名高校深造，使学院取得了就业和考研的双胜利。首届毕业生实现了"多就业、就好业"的目标，这与学院应用型人才培养模式所打造出的学生核心竞争力是分不开的，初步印证了学院应用型人才培养模式的正确性和先进性。

毕业生要能被社会需要和认可，就必须符合社会对人才的基本要求。构建应用型人才培养模式，应该形成一条"产业—行业—专业—专业方向—就业岗位"的教育链条，根据社会的需求办教育，使毕业生获得三个方面的竞争优势，即态度教养好、综合素质高、专业能力强。

锦城学院在贯彻国家就业政策的前提下，实行"双向选择、自主择业、学校指导、家长支持"的就业方针。建立起学校、家长、社会三位一体的支助体系，以"多就业、就好业"为目标，发挥各种资源优势，开展三大合作（学校与政府、学校与行业协会、学校与企事业单位），为毕业生搭建实习就业平台。

现在，举国都在谈论大学教育问题。我们认为建立现代大学制度、构建不同类型人才培养模式、营造人才成长的创新和谐氛围是重中之重。四川大学锦城学院在应用型人才培养的理论和实践中，通过探索，稍有体会，写出来以求指正。

办负责任的教育，对学生负责、对家长负责、对人民负责、对社会负责

——在2009年度学院工作总结暨表彰大会上的讲话

（2010年1月24日）

今天是我院2009年度总结暨表彰大会，下面我想把2009年学院的整体工作作一个报告。

2009年是我们学院健康、稳定、持续发展的一年。全国和全世界的经济形势不是很好，但于我院而言是历史上发展最好的一年，是稳步发展的一年。我们在这一年中经受住了考验，没有出现重大事故。这一年也是我们教学、科研取得重大成果的一年，是我们的毕业生就业取得丰硕成果的一年。所以，这一年的情况总体来说是很好的，没有经历"寒冷的冬天"和"酷暑的夏天"。

一、两届毕业生就业情况硕果累累，确立了以招生和就业为学院生命线的指导思想

我们学校从建校起确立的办学宗旨是"传承知识、培养人才"，"培养人才"是我们工作的关键。有的学校以教学为中心，有的学校

以学生为中心，而我校以培养人才为中心。所以，我们培养的学生能否为社会所认可、为社会所欢迎，是检验我们教学成功与否的一个标志，也是唯一的标准。这一年我们培养的学生是否为社会所认可呢？现在我可以愉快地告诉大家，我们培养的第一届学生经受住了社会的检验。去年，20个专业毕业了2094个学生，毕业率达到了98.18%，就业率达到98%以上，其中有半数专业的毕业生就业率达到100%。学校为2009届毕业生举办了137场专场招聘会，提供就业岗位4340个。在全国大学生平均就业率只有68%的情况下，我校的就业率达到了98%以上，提供的就业岗位数量是毕业生人数的两倍以上。同时，2009届毕业生中有45名考上研究生，这是我校学生第一次参与考研，说明了我校教学的学术水平。

2010年，我校6个系26个专业将有2603名毕业生。迄今为止，已经有523家企事业单位到我校来招聘，举办各类招聘活动112场，提供就业岗位5517个。到目前为止，2010届毕业生落实就业岗位的比例达到87.2%，而同期全省本科生的就业率是26%。其中，计科系、文传系、工商系的就业率已经超过了90%。这一方面说明我们的就业工作抓得早、抓得好、抓得细，另一方面表明我们的学生素质高，得到社会认可。在就业岗位远远多于毕业生人数的情况下，学生都能实现就业。春节以后，我们要再接再厉，再打一个胜仗。今年的毕业生就业率不能低于98%。

就业工作是我们前面做的所有工作的结果。学校实行"三位一体"的教育，进行三大板块即素质、知识、本领的培养。我们实行了教师、辅导员和兼职班主任"三位一体"的教育，保证学生在社会上有核心竞争力。高就业率是教育的结果，是培养的结果。专业、系、学校办得怎么样，最后由社会进行检验。

同时，我们的招生工作也是令人满意的。2009年，招生人数第一次突破4000人，报到率达到93%。我们的录取分数线，包括艺术系，都创造了历史最好的水平。今年艺术系的招生工作已经启动，情况良好。所以，社会上说"报考人数减少了""民办学校的寒冬到来了"，甚至说"公办学校都有危机了"，这是不对的。韩国和美国的大学毛入学率都超过了80%，我们还差得远，2008年才达到23.3%，翻一番也不过是46%，还没有达到50%。所以，从现在来看，我们学校的形势是很难得的，第一是大家按照我们学校办学的思想、理念和教学体系培养了学生；第二是我们的学生工作是全面展开的，从教师、辅导员到家长、学校"三位一体"的支助体系。我们的领导和老师把学生的就业当作是对他最大的关爱，这才达到了这样好的结果。同时说明，我们和政府、协会、企事业单位及其他高校密切合作，打造学生的四大就业平台，是卓有成效的。

我们把就业工作当成我们的第三条生命线。安全稳定是生命线，教学质量是生命线，就业也是生命线。尤其是全国的舆论说就业难时，我们能够实现高就业、就好业，大家的工作成效没有白费。我们要发扬再接再厉的精神，招生指标争取达到4500人。去年，四川省有2万人报考我们学校，占整个三本线考生的一半，我们只在四川录取了3000人，要继续保持高的报名率。

二、先进模范人物频频出现，作为我院"明德教育"的优秀成果，体现了我院的核心价值观

2005级有钟颖割肝救母，后来又有吴祖恩到海螺沟旅游时舍己救人。地震的时候，赵紫东在大家慌得一塌糊涂时能够坚持把场景拍下来，而且不慌不忙地发到互联网上去，在困难的时候能够坚守职责也是需要大智大勇的。前不久，艺术系的周建良同学，一个人救了四个学生，团省委、团市委都授予了他"优秀青年"称号。这对于我们学校的"明德教育"来说，也是标志性的事件。

"明德教育"是忠心、孝心、爱心的教育，我们每年能出现一个模范人物也是不简单的，说明我们的"明德教育"有成果。希望大家把"明德教育"的水平再提高一点、深入一点，让大家把"三讲三

割肝救母——钟颖

勇救溺水人员——周建良

汶川地震全球首个视频发放者
——赵紫东

勇救落崖老人——吴祖恩

身残志坚的民荣接受中央电视台采访

帮扶车祸老人——陈春梅

锦城学院"明德教育"典范

心"落实到行动上。实际上，"明德教育"是在补中小学的课。如今，
大部分大学生都是独生子女，在"讲孝心"方面做得很不够。其中最
主要的是尊重，要放在第一位。尊重有各种形式，领导、长辈问话要
起立，这是一种尊重，长辈来了要让座，这也是一种尊重。所以，
"明德教育"是补课式的教育，中国的教育是"小学讲大道理、大学
讲小道理"。小学讲的道理很远大、很宏观，现在到大学了，要回过
头来补课。因此，模范人物的出现标志着我们学校的"明德教育"有
了成果，但还要继续深入，这也是我们的核心竞争力。

三、青年教师不断成长，体现了我院师资队伍建设卓有成效

我们学校是一个年轻的学校。芝加哥大学的校长说过，年轻，是
唯一的一个可以用时间来弥补的缺点。我们必须加快教师队伍的建
设。我们的师资队伍结构现状是老的老了，少的少了。所以，我们得
培养自己的教学骨干。

这学期我们在培养青年教师方面做了大量工作，我们建立了正常
的职务、职称晋升的序列。学院专职教师已承担了近一半的教学课
程，说明专职教师在我院发挥了重要作用。更可贵的是，专职教师讲
课受到了学生的欢迎，一是讲课的水平，学生评价不错，二是答疑、
辅导做得好。我们学院有许多优秀的青年教师。教学要能够围绕人才
培养目标，创新教学方法，组织项目小组，实践专业方向加岗位培训
的培养模式。为了组织学生就业，各系采取了很多办法。除了讲课以
外，还组织模拟考试、模拟招聘，锻炼学生的应聘能力，把学生的事
当作自己的首要目标。

我们学校要特别重视专职教师队伍的建设，要逐步形成"以我为主"的局面。我们规划到 2012 年，要争取专职教师的比例达到 50% 左右。今年要争取专职教师的比例达到 35%，授课比例要达到 60%。所以，青年教师在我们学校很有发展前途，只要是大家做学问、爱学生、热心于工作，我相信我们的前途会很光明。

四、教学改革不断深化，人才培养模式不断完善，整个学院充满创新的气氛

钱学森说，他曾受到加州理工学院的深刻影响，加州理工学院充满了创新的气氛，学院里面是你追我赶，都有自己的想法。我们学校目前也基本形成了这样一个氛围。

我们在教学方法、教学模式和课程体系这些方面都有很大的创新。比如，文传系在新闻和其他专业当中推行实施"海量平台互动教学法"，计科系引进项目驱动和"专业方向加岗位"的教学法，工商系"以赛促学"，不断发展创业教育。我们学校的创业教育是有特色的，现在是"三阶段"教学法，第一阶段是要讲课，第二阶段是要做方案，第三阶段是要实践，这在全国是领先的。我们的劳动教育在全国也是领先的，从 2005 年就开始实行了，现在国务院要求学生要体验农业生产，我们已经走在前列。财金系的"双职双师教学法"，把"双师型"教师引入到教学中来，艺术系"以赛助学"，外语系实行了导师制、讲座制、专职制，成立翻译中心，电子系在教学方法和实验室的创新方面也做了大量工作。此外，管理部门也做了很多创新。

五、学院全体员工共同努力、同甘共苦，极大地发扬了艰苦创业的精神

这个学年，我们在办学方面，各系、各部都能够发扬自力更生和团结奋斗的精神。比如，艺术系发动大家捐献旧衣物、被子进行教学演出服装的配备；电子系组织教师自行研发教学设备，把学生的作用发挥出来，让学生也参与进去；甲流疫情发生时，大家也做得很好，还得了省上的二等奖；保卫部今年在破案率上有很大的提高；后勤部搞卫生的同志能够拾金不昧，把捡到的手机等物还给失主，拾金不昧的总价值达20万元；校卫队员涌现的好人好事也有十余件；团委为争取我们学校的荣誉也做了大量工作。大家都以学校为家，愿意与学校一起艰苦奋斗，这是难能可贵的。我们的学校要办得好，大家必须同心同德。我们现在一只手要抓教学、毕业、就业，另一只手还要抓建设。所以，我非常感谢各部、各系的负责人与我们同舟共济，非常感谢大家能够和学校同甘共苦。

目前，还有很多问题需要整顿，比如校风、学风。学风方面最大的问题是有些学生旷课。因此，要重点解决少数学生不上课的问题。学校的管理要从严，服务要周到。校风就是学校的管理要为教学服务，为学生服务，为基层服务。我希望假期中各部系都能够检讨、总结自己上一学年的工作，研究怎样改正，把我们的各项工作提高到一个新水平。

教育，是一个朝阳的产业，但只有那些能够对学生负责、对家长负责、对人民负责、对社会负责，而且有很好教学成果的学校办教育，才能快速发展。

2010年

继往开来话改革

这一年，迎来五周年校庆庆典；

这一年，提出"全身心投入'锦城'的教育事业是'锦城'教师的第一师德"；

这一年，高举"三大教学改革"的旗帜，力争让创新的应用型人才"冒"出来。

我们怎么在竞争中取胜

——在2010年新学期教职工大会上的讲话

（2010年2月25日）

随着中国高等教育规模的迅速扩大，高等教育进入大众化阶段。大众化阶段是一个多元化的阶段，既是人才多样化，也是办学多样化的阶段。在这个阶段中，各个高校之间充满了竞争。在中国高等教育进入竞争时代的今天，在我校走过五年的发展历程之际，我们必须思考，怎么才能在竞争中取胜？怎么才能在竞争中立于不败之地？怎么才能在竞争中不断前进，实现可持续发展？

一、中国高等教育已经进入高度竞争的时代

直至20世纪末期，中国的大学基本上是不存在竞争的，原因有以下几点：一是基本是公办高校，办学经费由政府拨给；二是统一按照计划招生，招生人数不多；三是各类学校基本按高考成绩划线录取，无论是学生还是学校，都没有多少较为灵活的选择。但两件事改变了这个局面，一件是20世纪80年代之后民办私立大学重新诞生，一件是自1999年我国高校开始扩招。

如今，华夏大地，一场空前激烈的生源大战已经展开。2009年

11月16日，北京大学公布39所中学为校长实名推荐资质学校，拉开了2010年高校招生"掐尖子"的生源竞争序幕，同济大学亦表示将在2010年自主招生中实行"中学校长直荐制"。2010年1月，陆续有清华大学、上海交通大学等五校联考，北京大学、北京航空航天大学、香港大学三校联考，同济大学、上海财经大学、华东师范大学等六校联考，等等。可以说硝烟弥漫，竞争激烈，抢夺生源的大战急剧升温。

　　另一方面，在强大的部属院校和省市支持的地方院校的夹击之下，一部分办学水平低下、没有特色的民办高校（包括个别独立学院），则遇到了招生难的问题。为了应对公办高校的"挤出效应"，许多民办高校纷纷采取措施，施以绝招，大打生源争夺战。中国高等教育已经进入高度竞争的时代，这种竞争源于以下六方面因素的影响。

（一）高等教育机构增加

中国高等教育机构的增加和教育容量的增长，扩大了有效供给。

中华人民共和国成立至今中国高等教育机构增长统计

年份	普通高校（所）	本科院校（所）	高职（高专）院校（所）
1949	205		
1957	229		
1963	407	359	48
1966	434		
1976	392		
1980—1990年，普通高校数量从600多所增加到1075所。			
1994	1080	627	453
1997	1020	603	417
1998	1022	590	432

年份	普通高校（所）	本科院校（所）	高职（高专）院校（所）
1999	1071		
2002	1396		
2005	1792	701	1091
2008	2263	1079	1184
2010	2358	1112	1246

从表1中可以看出，高校数量的增加，大大增加了有效供给。20世纪50年代，我国高校不过增加了20多所，20世纪60年代初至"文化大革命"前，高校数量增加了200多所。"文化大革命"期间，高校数量又有所减少。20世纪80年代，随着改革开放步伐的不断迈进，我国普通高等教育的发展速度也不断加快，高校数量从600多所增加到1000多所。1994年至1998年间，由于高校布局结构调整，经过合并、撤销，普通高校数量稍有减少。从1999年开始，高等教育管理体制改革和布局结构调整迈出关键步伐，高等教育开始扩招。截至2008年，我国高校数量已达2263所。从1999年至2008年的十年间，高校数量增长一倍，而且高校的平均容量也大大增加了，动辄上万人。因此，高校竞争的主体，即高校本身的供给增加了。

（二）学生毛入学率提升

自20世纪90年代我国高等教育开始扩招以来，大学生的毛入学率不断提升，招生人数的激增使学习成绩较好、期望上大学的考生的愿望得以满足。

中华人民共和国成立至今中国高等教育学生规模增长统计

年份	招生数（万人）	在校生数（万人）	毛入学率（%）
1949	3		
1965	16.4		
1977	27		
1990	60.89	206.27	3.4
1997	100.04	317.44	9.1
1998	108.36	340.87	9.8
1999	159.68	413.42	10.5
2000	220.61	556.09	12.5
2001	268.28	719.07	13.3
2002	321.50	903.36	15.0
2003	382.17	1108.56	17.0
2004	447.34	1333.50	19.0
2005	504.46	1561.78	21.0
2006	546.05	1738.84	22.0
2007	565.92	1884.90	23.0
2008	607.66	2021.02	23.3

从表 2 中可以看出，自 1990 年到 2008 年的近二十年间，我国高等教育的毛入学率增长了近 20%。随着学生规模的扩大和毛入学率的提升，高校之间的生源争夺之战不可避免。

（三）适龄学习人口下降

适龄学习人口的下降，在一个时期内不再增长，这在一定程度上减少了需求。从数据来看，2008 年全国高考考生人数为 1050 万人，2009 年全国高考考生人数为 1020 万人，报考人数下降 30 万人。我国初中毕业生人数已经从最高峰的每年2500多万人，下降到2008年的1900多万人，2009年下降到1800万人。预计今后十几年，初中毕业生人数将保持在1700万人—1900万人之间。据统计和预测，今后一段时间，我国普通高中毕业生将稳定在840万人左右，加上复读生、中职升大学的学生人数，今后每年高考的报名人数将稳定在1000万人左右。根据对《国家中长期教育改革和发展规划纲要（2010—2020）（征求意见稿）》（以下简称《规划纲要》）中高等教育的解析和预测，我国18岁—22岁的适龄学习人口将从2009年的1.23亿人减至2020年的8900万人。同时，我国从2002年到2009年的7年间，高等教育宽口径规模年均增长率约9.28%，按照这个预期，未来十年，每年只需增长1.6%，就会平均增长50万左右的大学生，即可达到《规划纲要》中所提出的3550万在校大学生的目标。这是一个非常重要的变化。一方面，中国的高等教育事业有了很快的发展，在规模上已经发展到了一定的阶段。另一方面，由于人口政策的原因，适龄学习人口的数量在一定程度上有所减少。因此，从报考高校的学生总体数量上来看，需求在减少。

（四）职业学校生源分流

20世纪80年代初，我国开始创办高职教育。1980年，全国出现7所职业大学，基本为专科层次。到1984年，全国高职高专院校已发展到82所，在校生规模达4.7万人。近十年来，国家特别重视职业教育，全国独立设置的高职高专院校，从1998年的431所，发展到2008年的1184所，招生人数从1998年的43万人，到2008年的299万人，约为当年高考招生总数的一半。可以说，高职高专学生已占大学生的半壁江山。

由于高职高专院校学制短、学费低，有的有行业背景，给学生提供了方便，再加上国家支持和舆论引导，其发展和竞争力也是不可小视的。

（五）学生出国热升温

许多国家把教育作为产业，国外教育机构纷纷来华吸引和招募学生，分流了国内生源，使得学生出国热不断升温。据第三届北京国际教育服务行业峰会透露，近5年来，我国留学生人数平均每年以20%的速度增长，目前总数已达到18万人，专家估计，到2013年将达到50万人。

学生出国热的国内因素有三：一是国内经济发展向好，人民生活水平提高，家庭可支配收入增加，家长愿意为孩子投入更多的教育经费；二是不少中国人迷信外国教育机构的教育质量更优秀；三是不少家长认为多花点钱出国学习，可以避开高考这座"独木桥"的激烈竞争。

中国留美学生近年来迅速增长，2008年为98510人，比2007年增长了21%。2009年美国大学注册学生中，中国学生最多（超过印度）。

2009年，中国赴英留学申请数量增加四成。英国高校一年为英国创造了近600亿英镑的收入，这个数字超过其农业和制药工业收入的总和。英国GDP增长的2.3%来自高等教育，是贡献最大的一个行业。而英国高校的收入中有53亿英镑来自国际学生、国际会议和国际商务合作，这些领域提供了31.46万个工作岗位，国际学生在校外还贡献了23亿英镑的收入。英国大学授予海外学生学位获利20亿英镑。英国大学的收入还越来越依赖于设立于中国、马来西亚和中东地区的海外分校，其海外分校全日制学生平均每年的学费为1万英镑，仅英国诺丁汉大学在中国宁波的校区就有3500名国际学生和57名英籍学生。

1998年至2009年，加拿大的国际学生人数增长了一倍。2008年在加拿大的国际学生为加拿大带来65亿加元的收入，创造了8.3万个工作机会，已超过加拿大林业和煤炭的出口总额。加拿大不列颠哥伦比亚省2009年11月17日宣布，为了吸引更多的国际学生，该省已启动教育机构"教育质量保证"（EOA）认证制度，为学生择校时作参考。

学生出国热的升温分流了高考学生，使进入国内高校的学生的数量在一定程度上也有所减少。

（六）学费高和就业难影响考学积极性

受学费高和就业难的影响，少量高中生上大学的愿望下降，出现了"弃考"现象。特别是农村学生，家长千辛万苦积攒收入供孩子上大学，若学生毕业后找不到工作，就会给孩子读大学的积极性予以致命的打击。新的"读书无用论"出现了，所以就业难是抑制适龄青年报考大学的重要因素之一。

综上所述，我国长期以来，直到20世纪90年代末期，教育资源一直处于紧缺状态，只存在学校选学生，不存在学生选学校，更不存在学校招不到学生的问题。但现在不同了，经过扩招后，教育的供求关系已经改变。

就当前高校招生的总趋势来看，教育资源总体来说仍然紧缺，但从 2009 年起，出现了紧缺、平衡、过剩共存的新情况。具体来说，优质教育资源紧缺，学校挑学生（线上招生）；一般教育资源大致平衡，轻度竞争选学生（贴线招生）；劣质教育资源相对过剩，学生选学校（贴线招生 + 征招仍不足），个别学校出现了招生困难的问题（招不到计划数）。例如，2009 年在四川省内招生的三本院校，超三本线 10 分录取的院校即四川大学锦城学院，一志愿完成招生计划的有 5 所学校，这些是优质资源；通过平行志愿及少量征集志愿完成招生计划的有 4 所三本学校，甚至有 5 所二本学校也是通过征集志愿完成计划的，此为平衡资源；征集志愿仍无法完成招生计划的有 3 所学校，这些则是相对过剩的资源。

因此，中国高校在生源、师资、资金、用人单位四大方面已展开激烈的竞争，而摆在第一位的就是生源的竞争。学校因学生的存在而存在，没有学生就没有学校。

二、我国高等教育仍有较大的发展空间

（一）受高等教育的人口比例还有增长空间

1998 年，我国接受高等教育的人口比例仅为 1.7%，而同时期的印度为 3%，韩国为 12%，日本为 21%，美国为 32%。2008 年，我国人口总数为 13 亿 2802 万人，经过十年扩招，我国受高等教育（包括大学、专科）的人口比例约为 6.7%。这个数字较十年前有很大的提高，但与发达国家仍然相差甚远。从《规划纲要》来看，2009 年，

全国具有高等教育文化程度的人口数为9830万人，2020年预计达到1亿9500万人，主要劳动年龄人口（20—59岁）中受高等教育的比例从9.9%提高到20%，比现在翻一番。可见，我国受高等教育的人口比例还有很大的增长空间。

（二）高等教育毛入学率还有提高空间

2009年，我国高等教育毛入学率为24.2%，即便如此，我国高等教育的毛入学率与发达国家或较重要的发展中国家（如俄罗斯、巴西）相比还是较低。今后十年，我国高等教育毛入学率预计将达到40%，高等教育在校学生总规模从2979万人增加到3550万人。那么，在此基础上，学校必须有更好更快的发展，才能匹配中国在世界上第三大经济体的地位。

世界主要国家高等教育毛入学率（%）统计
（根据联合国教科文组织公布）

年份 国别	1999	2000	2001	2002	2003	2004	2005	2006	2007	2008	2009
巴西	14.5	16.1	17.8	20.1	22.3	23.8	25.5		30.1		
俄罗斯					65.1	69.0	71.1	72.3	74.7		
印度		9.6	9.9	10.4	10.9	9.5	11.0	11.8			
中国	10.5	12.5	13.3	15.0	17.0	19.0	21.0	22.0	23.0	23.3	24.2
日本	45.1	47.4	49.0	50.5	52.1	54.0	55.3	57.3	58.1		
韩国	72.6	78.4	83.3	86.8	88.5	89.9	91.0	92.6	94.7		
美国	73.0	69.0	69.9	80.5	82.3	82.1	82.2	81.8	81.7		
英国	59.7	58.1	59.0	62.9	62.7	59.9	59.4	59.3	59.1		

续表

年份 国别	1999	2000	2001	2002	2003	2004	2005	2006	2007	2008	2009
法国	52.4	52.9	53.5	53.3	55.3	55.8	56.1	56.2	55.6		
意大利	47.1	48.6	52.0	55.2	58.9	62.9	65.3	67.0	68.1		

根据表3可以看出，北美和西欧早就进入高等教育普及化阶段，中欧、东欧高等教育发展也很快，在2003年也进入了普及化阶段。从东亚三国的比较来看，中国高校毛入学率远低于日本和韩国。在发达国家中，美国、英国、法国和意大利等都进入了高等教育普及化阶段。因此，继续提高我国高等教育的毛入学率势在必行。

（三）高等教育体制改革的大方向和国家政策的动向十分有利

目前，我国高等教育扩大高校办学自主权已势在必行，尤其是自主招生的权利，多元录取的模式也将不断扩大。甚至未来有一天，全国统一高考很可能只是学校录取学生的一个参考，一本、二本、三本和高职大专的一专、二专界线将会被取消，录取什么样的学生、在什么分数段录取、录取多少学生，将由学校自主决定。随着高校自主录取比例的逐步扩大，推荐录取、定向录取、破格录取都将不断发展，总的来说，是高校办学的自主权扩大。在这种情况下，优质教育资源、办得好的学校将有更大的发展空间，更容易择优录取学生。这时全国及各省的招生计划就像现在的经济增长计划一样，只是参考性、指导性的。这种变化对办学好的学校是有利的。

三、我们何以取胜

我们要在群雄并起的激烈竞争中取胜，就要持续不断地提高我校的知名度和吸引力，就要取得稳定的、持续不断增长的、质量不断提高的生源。生源永远是学校的生命！

我们必须认识到，中国私立高校与公立高校的竞争是一场力量对比悬殊、完全不对称的竞争。它不仅是办学水平的竞争，而且还有办学主体的竞争。经过半个多世纪的熏陶，人们多少仍然存在相信公立强于私立的思维惯式。因此，我们要在这场全面、激烈的竞争中取胜，就必须实行我党在弱小时对付强大的国民党军队的打法：你打你的，我打我的，你走你的阳关道，我走我的独木桥。这就是要"学校错位竞争，人才分类培养"，扬长避短，机动灵活，突出特色，发挥优势。

我们还必须认识到，我们同全国独立学院和民办本科院校的竞争是一个由同质化走向差异化的过程，是一个破茧成蝶的过程。谁敢于改革，敢于创新，敢于摆脱人们习以为常的旧模式，谁就可能走向竞争取胜的光明大道。民办高校为什么会同质化？因为走的都是低成本扩张之路。正如竞争学专家波特所说，成本领先战略的重要风险是来自后来者的模仿。所以出现了民办高校的同质化，例如，以低成本、大规模、批量化的方式培养人才，套用公办学校的模式和管理，等等。这在中国民办高校重建的初期，是很难避免的，但若长期这样走下去，也是没有出路的。所以，民办高校之间的竞争是谁先走向新阶段的竞争，是"低质量、大规模"和"高质量、精培养"两条路线的竞争。

我们更要认识到，今后若干年，中国高等教育有激烈竞争，也有发展空间，但不等于这个空间和机会将平均地分配给所有学校。我们要争取这个空间和机会，从战略上讲，就必须千方百计把我校建成教育资源优质的学校，建设成一所优秀的学校，培养出一批又一批优秀的学生。

（一）建成一所优秀的学校

要建设成一所优秀的学校，就是要办成改变学生一生的学校，就是要办出特色、办出水平、办出品牌和知名度、办出吸引力。其特征是：

1.既具有中国优秀文化传统，又体现现代大学精神。要将中华民族优良的传统与现代的科学民主相结合，创造传统文化与现代大学精神相结合、相统一、相补益的办学理念和治校思路。要具有忠孝仁爱、礼义廉耻之传统，具有修身齐家治国平天下、以天下为己任之抱负和"三追两谋"之"锦城精神"。同时，要具有独立思考、学术自由，传承文明、与时俱进，解放思想、勇于创新，兼收并蓄、百花齐放的大学理念。

2.具有成熟的人才培养模式。培养模式是一个学校培养人才的设计蓝图，是学校成熟的标志，是一个学校的特色所在，是竞争力的核心。我校在学校定位、培养目标、人才标准、课程体系、教学方法、学制安排等各方面形成了一套完整的高素质应用型人才的培养模式，致力于培养经世致用的人才，这是使学校在激烈竞争中立于不败之地的关键。人才培养模式还需要不断创新、不断发展、不断完善，在思路、内涵、举措等各方面继续积极探索，构建更加科学和独具特色的人才培养体系。

3.具有一批热衷于教书育人的高水平的师资队伍。学校要有良师、名师、大师，他们应具备的品质和素质是：一要师德高尚，就是对学生高度负责，绝不误人子弟；二要学识渊博，就是学识深且广，"渊"是以专业知识深为基础的，"博"是以涉猎面广为延伸的；三要热爱教育事业，就是以教育为终身职业，能够全心投入，全力以赴。通用电气公司前总裁杰克·韦尔奇曾说过，任何一家公司想靠竞争取胜，必须设法使每个员工都有敬业精神。因此，我们的师资队伍梯队要全面，工作要专业，态度要热忱。

4.具备完善的教学设施、宜人的校园环境和向上的校园文化。完善的教学设施是办学的硬件基础，更是学生求学的基本保障；宜人的校园环境是学生学习、教师工作的良好条件；向上的校园文化是师生共同感知和认可的文化标识和人文底蕴。我们就是要在完善的教学设施的硬件基础上，创造一个清新宜人的校园环境，构建一种全体奋发向上、追求卓越、止于至善的校园文明，再加上良好的校风、教风和学风。这既是学院可持续发展的动力之一，也是师生得以成长、发挥主观能动性的外部因素之一。

5.具备严格的管理、周到的服务和为学生负责的精神。严格的管理、周到的服务和为学生负责的精神是一个学校的巧实力、软实力的展现。我们不但要在硬件配置上和其他高校竞争，更要从软件、软实力上超过他们。要形成系统、严格、现代化的管理体系，要真正为学生着想，提供更加周到的服务，让学生、家长和社会放心。

6.具有良好的社会影响力和口碑。良好的社会影响力和口碑是学院长期发展的要素之一，是学院树立品牌、塑造形象的重要方面。这就需要通过各种软广告和硬广告进行全方位的宣传，学生和家长口耳相传的口碑最为重要，要宣传一些突出的人物和事件，形成较大的社会影响力。

（二）培养一批又一批优秀的学生

优秀的学生是有文化、有知识的劳动者，是"做人第一，能力至上"的活的体现，他们将成为社会主义建设的工程师、会计师、建造师、管理者、新闻工作者和文艺工作者，他们之中有的人可能成为企业家、政治家、军事家或者艺术家。他们走出校门时应当具备：

1.扎实的理论基础和专业知识。学生在学校通过学习掌握知识、打牢基础，知识容量要管用、够用、能用、会用。具有精湛的专业知识永远是从事专业工作的基本条件，所以，该记的要记，该背的要背，该用的要用。要刻苦，不要贪图享乐和安逸。

2.善于运用知识的实践能力。学生要将知识转化为力量，就是要通过实践运用知识，通过创新发现知识，通过总结、归纳提高知识水平和工作能力。善于运用知识的实践能力，是高速发展的现代社会对人才提出的重要要求，是学生更好地适应未来社会必须具备的重要能力。这种实践能力就是要使学生真正成为经世致用、能说会做的复合型人才，能够在竞争中脱颖而出。

3."三讲三心"的优秀品德。完善的人格、高尚的品质、全面的素养是人得以成功的基础和前提，学生们要做社会栋梁，首先要成为负责任的合格公民。我们培养的学生要具有"三讲三心"的优秀品德，要为人正派，讲忠孝仁爱、礼义廉耻，具有恻隐之心、羞恶之心、辞让之心、是非之心、宽容之心，要成为道德健全的人，有理想、有现实责任感的人，要学会地道、厚道、公道的做人之道。

4.吃苦耐劳、遵章守信、忠诚负责的职业精神和素质。吃苦耐劳是中华民族的优秀传统，是一个人成就事业的良好习惯之一，遵章守信、忠诚负责是步入职业生涯必须具备的重要精神，是用人单位十分看重的良好素质之一。优秀的学生应当具备吃大苦、耐大劳，言必信、行必果，忠诚负责的精神和素质，这是立业之本，也是立世之本。

最后，希望全体师生员工在新学期开学之际，以高昂的斗志，在我院"进口旺，出口畅"的大好形势的基础上乘胜前进，创造新的辉煌！

前五年打基础，后五年上水平，
为建设一流的应用型大学而奋斗

——在五周年校庆大会上的主题报告

（2010年5月9日）

2005年的5月9日，教育部正式批准成立四川大学锦城学院。一转眼，已经五年过去了。今天我们欢聚一堂，开一个朴素的、低调的、关着门来的庆祝大会，总结五年来我们取得的成就，描绘未来五年我们发展的蓝图，鼓舞全校师生的斗志，凝聚教职员工的人心，达到使全院上下万众一心、群策群力的目的，为把锦城学院建设成西部领先、中国一流、世界知名的应用型大学而奋斗！

一、前五年打基础

这五年，对于锦城学院而言，是一个学校从无到有，规模从小到大，水平由低到高的发展过程。全校师生员工通过艰苦卓绝的创新和努力，本着大学要有大楼、大师、大道的原则，建成了一所现代化大学。梅贻琦先生说："所谓大学者，非谓有大楼之谓也，有大师之谓也。"他强调了大师，但我认为一所大学，大楼、大师、大道都要有。我们成功地建设了一所专业实用、特色鲜明的万人大学。具体地讲，我们在四川大学和各位校董的大力支持下，进行了三大硬件建设、三大软件建设，取得了三大教育成果。

（一）三大硬件建设

1.基础设施建设。学校从2002年开始筹备，当时我们成立了指挥部，我当指挥长，在座的有两位副指挥长，一位是王亚利，一位是杨乃忠，还有其他一些同志。2005年2月份，校园建设正式开工。当时拆迁以后，这里是一片荒地，长满了杂草，开满了野花。这几年经过大家的共同努力，我们建设了36万平方米的建筑，包括6个食堂、27栋宿舍、3幢教学楼、2个标准运动场、2个游泳池，以及网球场、羽毛球场和其他教学设施、生活设施、运动设施等，基本上满足了1.5万人教学、生活的需要。学生住宿的条件在国内可以说是一流的。我为什么敢说是一流的呢？北大校长许智宏要退下来的时候，说他一直想让学生在宿舍里洗上澡，但当了这么多年的校长，到退下来的时候也没有办成。我的母校天津大学也没有办成，因为老宿舍很难改造。而我们的宿舍里能够洗上淋浴，应该说是条件很好的。我们的六个食堂用一卡通，应该说也是很好的。同志们，这是我们在十分困难的条件下办到的。2005年2月份开工的时候，我们只有7000万块钱，全部用来买地都还不够，搞建设的钱更是几乎一分都没有！我们学校是在一没有钱、二没有人的条件下建成的。现在我们有些照片和指挥部的东西都找不到了，就是因为当时没有人来负责。我们搞了一个看得见的建设，我们的办学条件在逐步改善。现在我们还正在建设图书馆，图书馆里有一个能容纳1000人的报告厅，建成以后可以容纳1200人，大会和演出就不是只能在操场上进行了。

全体教职员工参加锦城学院五周年校庆大会

邹广严院长在锦城学院五周年校庆大会上作主题报告

2.规章制度建设。一个学校要正常地运转，必须有规章制度和管理办法。学院建立和完善了教学管理、人事管理、学生管理、财务管理、后勤管理、安全保卫等十大类190项规章制度，保障了学校安全、规范地运行，保证了学院正常的生活和秩序，保证了学院的对外开放、国际合作和上下衔接，保证了学院有规则、有秩序地运转。我很高兴看到在同志们的努力下，所有的运转都很正常，没有出现空白或窗口期，没有出现重大恶性事故。规章制度是很重要的，刚性的制度和柔性的管理结合是我们的治校之道。

3.师资队伍建设。在四川大学的大力支持下，我们已经建设了一支老中青三结合、专兼职相结合的师资队伍和管理队伍。专兼职教师队伍一共1018人，其中副高以上职称的622人，占比60%以上。1018名教师当中，专职专任教师171人（不含辅导员），兼职专任教师658人，兼职的、客座的、"双师型"教师189人。管理队伍当中，相较于学院1.5万名学生的规模，管理人员只有147人。1.5万人不到150个管理人员，应该说是比较精干的。还有70名辅导员，他们是教师队伍的一部分，也是管理人员。这些教职员工保证了教学质量，成功地培养了第一届毕业生。更重要的是这五年来，学院安全运行，没有出过什么大事。我们的师资队伍非常勤奋努力，献身"锦城"的教育事业。尽管现在还不能说我们这些老师当中有大师，但是有许多人是良师，是名师。教师分为三种，即良师、名师和大师。最高档次的叫大师，像我的老乡季羡林，那叫大师。第二档次的是名师，学院"夫子育人奖"一等奖获得者就是名师。我们在教学楼悬挂了他们的大照片，和牛顿、李四光的照片一样大。还有很多老师都是良师，他们广受学生爱戴。学院师资队伍建设才刚刚开头，171名专职教师加上70名辅导员，一共241名教师，这只是刚刚开始，加强师资队伍建设是今后工作的重中之重。

（二）三大软件建设

在进行硬件建设的同时，我们还进行了三大软件建设。软件建设是看不见的但摸得着的，它影响着我们的行为，影响着我们的工作，影响着学校的运行。

1.我们形成了一套完整的办学思想和治校理念。学院的办学宗旨是"传承知识，培养人才，引领社会，服务大众"，指出了要走在前面，又指出了服务对象，而且一开始就明确了培养学生是关键，培养人才是第一位的。英国大教育家纽曼一直主张培养学生是重点，他在一本很经典的著作《大学的理念》中写道："如果大学的目的是科学和哲学的发现，我不明白为什么大学应该拥有学生。"中共中央关于教育改革的决定也指出培养学生是学校的主要工作。我们"六结合"的办学理念就是中庸之道，讲通识还要讲专业，讲传统还要讲创新，就是为了防止偏激。

我们形成了"三追两谋"的"锦城精神"。现在大家都在讨论特色、特长，我们一开始就提出了"学校谋特色，学生谋特长"。不是有了才发扬，而是没有都要想办法找。什么叫谋？谋就是去找，去谋划。学校没特色要想办法办出特色来，学生有特长当然好，要发扬，没特长就要想办法发现他们的特长，培养他们的特长。没有两片树叶是一样的，每个人都有特长。所以我们的"三追两谋"——追求事实、追求真理、追求至善的精神是指引我们办学的旗帜。此外，我们还确定了我们的校训——"止于至善"，确定了我们的校歌——《锦城之歌》，确定了我们的校旗、校徽，形成了完整的一套灵魂性的标志。

2.我们形成了完整的应用型人才培养模式。学校以培养人才为主，培养模式就是根本。什么叫模式？模式就是蓝图。施工队伍要盖房子，首先要有图纸，有什么样的图纸就有什么样的建筑。培养模式就是图纸，就是培养人才的蓝图和方案。全体教师、全体教职员工，大家开动脑筋，努力创新，本着"学校错位竞争，人才分类培养"的指导思想，从学校的定位、人才培养的标准、"三大教育"的内容、"四大计划"的办法、"三个阶段"的划分、"五项基本原则"的指导，形成了一套完整的培养模式。很多从川大来的同志没有照搬川大的培养模式，川大是研究型大学，我们怎么能跟他们比研究呢？我们只能比应用。好比田忌赛马，我们只能发挥我们的优势，准确的定位对我们确定方向很重要。我们的定位是应用型大学，当然应用型大学里也有研究，但主要是应用型的研究，研究型大学里也有应用，川大很多专业也是应用型的。"三大教育""四大计划"是学院教育内容的核心，是学院很重要的特色所在。什么是特色？特色就体现在模式上。兄弟院校的同志来看了我们学院以后都表示很赞赏，因为这个模式很适合我们这样的学校，也比较适合我们当前的社会。俗话说，时势比人强，大众化教育阶段如果还关着门办学、象牙塔式地办学是不可能的，我们再把那一套搬出来也是做不到的。

3.我们初步形成了严肃认真、刻苦努力、文明礼貌、和谐宽容的校园文化。我们从2005年开始推行"八要八不要"的文明要求，推行"三不准"（不准抽烟、不准喝酒、不准打牌），推行"三不支持"（不支持烫染头发、不支持谈恋爱、不支持奇装异服），推行"三自管理"和"三助措施"（学生自主学习、自觉实践、自律管理，学生当助教、当助导、当助研），激发了学生独立思考、创新创造的精神。我们还推行尊师爱生双十条，使尊师重道、关爱学生成为风气，获得"夫子育人奖"的老师都是对学生关爱有加的。我们已经初步形成了这种优良的校风、学风和教风。这"三风"是非常重要的，学校现在已经形成了发奋图强的氛围。图书馆提供的数据显示，我院师生去年利用期刊数据库的次数是人均103次，比我们所了解到的几个省、市级大学的数字都高，最高的比他们高出一倍，说明我们的学生充分利用各种手段发奋图强。

三大硬件建设和三大软件建设构成了我们学校发展的基础。只有硬件没有软件就没有灵魂，只有软件没有硬件就没有躯体，二者缺一不可。这五年来，我们通过六项建设，取得了三大教育成果。

（三）三大教育成果

1.打造了一个品牌。当然这个品牌的含金量还需要继续提高。通过五年的努力，学校取得了一定的声誉、口碑和知名度，一个突出的表现就是"进口旺"。2005年是当年建设、当年招生，出招生简章的时候教学楼正在盖，很多家长来看到的是尘土满天，到处都在施工，乱七八糟，家长很担心，问："你们今年能招生吗？"那一年我们招了2100人，这也超出了我们的预期。我如实地给大家讲，现在办公的这两幢小楼，就是担心忠孝大楼盖不起来，用来当临时教学楼的。当时并没有考虑在哪里办公，只考虑这两幢小楼能够容纳500人，那时我们认为能招500人都是伟大的胜利。但是最后这个大楼盖起来了，招了2100人，我现在还后悔当时我们要招生指标要少了。现在可以说我们创造了一个品牌，因为在这个分数段的学生，包括相当一批二本分数段的学生报考"锦城"都是比较踊跃的，同类学校里录取新生的平均分数线我们是最高的，我院录取学生的高考成绩达一本、二本、三本线的都有。我一直认为教育改革应该把批次取消，分批次以前是没有的。去年我们招生招了4000多人，在四川省内招了3000人，报考的学生总数达到了2万人。因此可以说"进口旺"标志着我们现在创造了一个品牌。

2.培养了一批人才，毕业了一批学生。锦城学院建校以来，英雄人才辈出。有割肝救母的钟颖，有助人为乐的吴祖恩。赵紫东在"5·12"汶川大地震时临危不惧，把拍下来的视频放到网上去，成为全世界看到的第一个来自震区的视频，很多在美国的人都看到了。他还一边拍摄一边说："我在四川大学锦城学院，成都这里地震了。"这让全世界不仅看到了震区的视频，还知道了四川大学锦城学院。还有舍己救人的周建良，一个人救了四个人，这是很伟大的。

去年我们毕业生的就业率达到98%以上，很多人就业以后表现良好。在邮政储蓄银行招聘时，其他学校的学生都不愿到县级支行去，我们财金系的学生去，有个学生现在已经当了行长助理。

去年毕业生考研75人，33人出国，46名被国内像川大、西南交大、电子科大、厦门大学、大连理工大学等重点大学录取。今年这个数字翻了将近一番。初步统计大约136名学生考研或出国，其中67名学生出国深造，很多都是被国外的重点大学录取，69名学生考上了北大、川大、西南交大、西南大学、同济大学、暨南大学等校的研究生。考研在川大可能算不上大事，但在锦城学院则是检验教育质量的一个标志，它证明了我们的教育质量。文传系有10%的学生考上了研究生，出国的比例更高，而且文传系国家英语四六级通过率达到82%，我了解到通过率全国最高的学校是84%。四六级是国家认可的英语水平标准，虽然有的学校不太看重，但我们总得找个标准来检验我们的水平，文传系的成绩已经站在全国前列。所以说我们培养了一大批出国深造的、考研深造的和光荣就业的学生，今年的就业率将继续保持在98%左右的高水平！学生质量好最突出的表现就是出口畅。后来学院都不敢举行招聘会了，因为大部分学生已经就业，举行招聘会，来应聘的学生还没有来招聘的单位人多，只好不搞招聘会，转而实行个别推荐、个别攻关的办法。所以在培养应用型人才方面，学院可以说是经受住了检验，是成功的，社会是欢迎的。

3.建立了三个平台，打造了三大保障体系。"三个平台"即校地合作、校会合作、校企合作平台，就是我们和地方政府、行业协会、500多家企事业单位建立了友好合作平台。通过共同创办实验室，共同建设实习基地，共同策划人才培养方案，使企业参与我们应用型人才教育的全过程。这三大平台对学院而言非常重要，也是我们的优势所在。另外，我们建立了教学质量保障体系、安全稳定保障体系、就业考研保障体系，这三个保障体系保障了学校的教学质量、安全稳定以及学生的"出口"。我们能够顺利地发展得益于这三大保障体系，它把所有的部门都纳入其中，真正形成全员育人、全过程育人、全方面育人，每个人都要负起责任。

同志们，"忆往昔峥嵘岁月稠"！回首往事，我们发展的历程历历在目，总结成绩，我们感慨万千！在这五周年校庆的日子里，让我们衷心地感谢各位校董的大力支持！感谢四川大学的大力支持！感谢"锦城"全体师生员工与学校同心同德、同甘共苦、共同创业！让我们对他们表示衷心的感谢和崇高的敬意！我在这里要特别强调一下，我们非常感谢川大的支持，在座的大多数教师和管理人员都是川大的骨干；也非常感谢我们的校董投资1.4亿，至今没有一分钱的回报，可以说是办学盛举，高风亮节！更可贵的是，"锦城"的全体师生员工能够同甘共苦，大家都知道我们这一段时间是困难的，一方面要运转，一方面要建设，所以很多部系的负责同志都自觉地精打细算，能少花钱的都少花钱，能自己解决的都不来找我，我觉得这难能可贵。有时候为几分钱、几毛钱、几块钱都要斟酌再三，能自己做的不到外面去做，这是很可贵的！可以说各个部系的同志都是一路辛苦地过来了！

二、后五年上水平

今后五年怎么办，就是下一个五年上水平的问题。锦城学院五年的成就已经载入史册，未来的辉煌要靠我们继续去创造。方向已经确定，蓝图已经绘就，现在要靠我们再接再厉，乘胜前进！我们的目标就是要建设成西部领先、中国一流、世界知名的应用型大学！这是一个历时相当长的历史任务，今后五年是关键，要初步建成。西部领先的独立学院的目标我们基本达到了，但是要办成中国一流的应用型大学是一个难题，我们首先要明确，我们的奋斗目标是什么？那就是：前五年打基础，后五年上水平，为建设一流应用型大学而奋斗。

在今后的五年内，我们必须达到和保持一定的规模。因为我们是靠学费运转的学校，不是靠财政经费运转的学校，所以我们必须保持一定的规模。学院的规模计划16000人，力争达到20000人。现在共有9个系，今后五年争取达到10—12个系，现在有38个专业，今后五年争取达到40—45个专业。同时，要进一步完善我们的学科结构、专业结构，使教学资源能够合理、均衡地使用。这个目标是一个长期的任务，今后的五年是关键。

（一）我们能不能建设成中国一流的应用型大学

首先，我们要解决一个认识问题，就是大众化教育阶段要有新的质量观。大众化教育阶段是一个多元化、多样化的阶段。所谓多元化，就是办学主体多元化；所谓多样化，就是办学形式多样化。在研究型大学、应用型大学、技能型大学并存的阶段，我们必须建立新的质量观。不同的大学要有不同的质量观，不能用一把尺子来衡量，不能用一个标准来评估。所以我们不能用研究型大学的质量标准来检验应用型大学，我们必须有新的质量观，有不同的标准。我们和北大、川大比没有意义，必须实行"你打你的，我打我的"方针。

第二，一流的大学是一个相对的概念。有人发表文章说一流的大学肯定是研究型的，我不赞成这个观点。我认为不管是高职高专院校还是应用型大学，都应该有各自领域里的一流学校，不应该把所有的高校都混在一起。成都电子机械高等专科学校和位于德阳的四川建筑职业技术学院、四川工程职业技术学院都是四川省内办得很好的专科学校，我认为它们就是省内的一流学校。所谓一流就是走在前列，是相对而言的，走在前列就是一流。学校既然分了类型，就各有各的一流。研究型、应用型、职业技能型的高校各有各的一流，不能互相混淆。

第三，从范围上讲，全国有全国的一流，世界有世界的一流，四川省有四川省的一流。我们提的是中国一流，世界一流我们现在还不敢吹这个牛，我只敢说让世界知道我校的名字。赵紫东就起了这个作用，他拍的视频就让全世界都知道了四川大学锦城学院。当然一个还太少，有十个八个、一百两百个，学校就会更加知名。

（二）用十年的时间我们能不能办成中国一流

这是有先例的。清华大学1911年到1928年是留美预备学校，1928年8月才改成国立清华大学，到1937年全面抗战爆发前，改名不到十年，它不仅成为了国内一流，而且在世界上也很有名气了。新加坡南洋理工大学1955年开始筹建，开始也是工学院，到1991年才重组为大学，通过创办创业型大学的定位，把创业教育建成了亚洲最好的，一炮打响，短期内成了亚洲一流。我们也非常重视创业教育，学院的创业中心就是向它学习的，而且还把创业教育列为必修课。香港科技大学创办于20世纪90年代初期，到世纪末就已经名列前茅。所以说在短时间内办成一流是有可能的！在十年这个不长的时间内把学校办出水平不是没有先例的，关键看我们怎么办。

（三）在困难的条件下我们能不能办成一流

我举几个例子，中国的民办大学，北有南开大学，南有复旦大学，想当年这两个学校都是非常困难的。南开的张伯苓办大学真正是费了很大的功夫。他和严修老先生1919年4月投资3万银元在空地建了一座两层的小楼房，以 2.6 万元购入 40 亩土地作为大学校产。当年 9 月初学生入学，一共录取了 96 名学生，到 1923 年才拿到了北洋政府给予的财政补贴。政府给私立学校补贴，这很不简单。后来学校迁到了八里台，学生人数达到 300 人。抗日战争全面爆发前，南开大学已经成为拥有 3 个学院 12 个系、2 个研究所的高等学校，学生 429人，教职员工 110 人，比我们现在还少。南开大学在抗日战争全面爆发前夕就已经跻身中国一流了，和北大、清华一起迁至昆明后成立西南联大。从 1919 年到 1937 年这个时间也是不长的，而且条件还很困难。张伯苓去找了袁世凯赞助，顶着学生的压力找军阀赞助。据初步统计，以大洋计，军阀对南开的捐助，前后有 150 多万元。可当时青年学子却不以为然，他们劝张校长 "不要军阀的臭钱"。每遇此，张伯苓都坦然一笑，说美好的鲜花不妨由粪水培育出来，所以他在很困难的条件下把学校办成了一流。

南方的复旦大学是马相伯创办的，他于 1903 年创办了震旦学院，在一个祠堂里面办学，利用教会的教师。后来由于国外教会干预，震旦办不下去了，在 1905 年马相伯又另行建立复旦公学，到 1917 年改称复旦大学。复旦大学当时办学也是非常困难，没有老师，马相伯校长还亲任法文教授。1920—1922 年，他们在江湾购买了 70 亩土地，盖了一幢教学楼、一幢办公楼、一幢宿舍楼、一幢教师楼，当时他们最大的困难是经费和人才，我们现在比他们的条件好多了。

最困难的是西南联大。那是抗日战争时期，北大、清华和南开在昆明共同成立了西南联大，老师们困难到什么程度？为了补贴家用，有的教师只好把从平津仓促出逃时带出的书籍、衣物廉价出售。吴晗被迫把若干有关明史的藏书让给云大图书馆。不久，大家已无衣物可卖，正像生物系教授沈嘉瑞所说的："现在只剩下几个空箱子可卖了！"闻一多家里吃不起饭，到外面摆个小摊给别人刻印章。师范学院的副教授萧涤非曾先后在多所中学教课，但生活依旧困难，不得不忍痛把初生的第三个孩子送给别人抚养。在这么困难的情况下，西南联大培养了一大批人才，包括两弹一星的元勋、中国科学院的院士，诺贝尔奖获得者杨振宁、李政道都是联大的学生。

美国的哈佛大学当年成立的时候也是很艰苦的，小到只有一名教师、四名学生、一间教室，相当于中国乡间的一所私塾。哈佛大学原名叫剑桥学院，为什么改名字呢？是因为清教牧师约翰·哈佛1638年去世时，留下遗嘱，捐赠给学校780英镑和400册图书。为了纪念他，学校便决定改名字。哈佛当年的捐赠登记簿上，留下了朴素而动人的记载："第一个人，牵来一头绵羊作为兴学捐赠；第二个人，一匹价值9先令的棉布；第三个人，一把盛酒用的锡壶。"现在鼎鼎大名的哈佛大学，想当年连一头绵羊、一匹棉布、一把锡壶都接受了，说明当时之困难。

我们从古今中外办大学的历史来看，即使条件艰苦困难，照样可以把学校办好。

（四）我们的有利条件是什么

第一，我国应用型大学的建设历史很短，每所大学起点差不多。教育部在20世纪90年代初提出了应用型学科建设，21世纪初提出发展应用型专业。2001年5月教育部在长春举办了应用型本科人才培养模式研讨会，认为我国处于应用型高等教育初级阶段。至于建应用型大学，则是近些年的事。所以说大家的起点都差不多，差距不大，因此我们有可能走在前头。

第二，有四川大学百年名校的基础。我们是在这个基础上发展的，而不是从零开始。我们一开始就是高起点、高水平，学院的很多系主任、教师都是教授，是博士生导师或硕士生导师，这就保证了学院的高起点。

第三，社会资源广泛，有利于应用型人才培养模式的实施。没有社会资源就不容易办好应用型大学。在座的校董都是我们的社会资源。我们还有500家友好合作企业。比如我们的股东单位——四川铁路产业投资集团一方面给了我们50万元作为奖学金，另一方面一年接收近百名毕业生就业。如果500家企业都这样办的话，我们的毕业生就会供不应求。

同志们，这是三个有利条件。第一是起点差不多；第二是我们有百年老校为基础，站在巨人的肩膀上跨越；第三是社会资源。我们有别人没有，或者别人没有我们多。譬如，今年我们办了135场招聘会，这就是我们社会资源广泛发挥出的作用。

以上几点，就是对能不能办成一流、为什么能办成一流的认识。下面我给大家讲怎么才能办成一流，就是我们要采取什么措施，使锦城学院达成这样一个目标。

（五）我们下一步要怎么做

我们要以培养人才为中心，以师资建设和基础设施建设为重点，努力创造有利于创新型人才成长的环境、气氛和土壤。这就要求我们牢牢抓住一个中心、三个基本点。

1.一个中心，就是以培养人才为中心。曾担任哈佛大学校长20

年之久的美国著名教育家科南特说过，大学的荣誉，不在它的校舍和人数，而在于它一代一代人的质量，就是培养出来的学生怎么样。所以我们必须坚持以培养人才为中心，其他的工作都为它服务，包括科学研究、社会活动。在"锦城"，没有不以培养学生为目标的活动，所有的活动都要为培养学生服务。在"锦城"，没有不培养学生的教职员工，教学人员、管理人员、服务人员三位一体，教师、辅导员、兼职班主任各负其责，真正形成一个全员育人的大好局面。

要继续完善应用型人才培养模式。每年暑假学院都会召开讨论会，今年还将继续讨论，请各系做好准备。我们要继续完善培养模式，继续突出办学特色，突出"做人第一、能力至上"的培养标准，突出中华优秀传统文化和现代精神的结合，突出对动手能力和吃苦耐劳的工作态度的培养。不然我们的毕业生牌子没有人家硬，学的知识不一定比人家多，凭什么走到人家的前头？要凭做人好、基础知识扎实、动手能力强、吃苦耐劳和肯干取胜。如果不突出我们的特色，就不能达到我们的人才培养目标。

要继续发挥学生的主动性和创造性，继续贯彻学生"三自管理""三助措施"。继续完善学生的学习、实验、实习、生活、劳动、运动等各方面的条件和设施。要使所有的教师和管理人员、服务人员把心思百分之百地放到学生身上。这条做起来很难，如果哪个学校能做到这一条，哪个学校就是中国的一流。多付出才能培养出好学生，这是一条颠扑不破的真理。我们的队伍建设要达到数量少、质量高、战斗力强，就必须做到这一条。

要把传授和掌握知识，即把教学作为重中之重坚持下去。能把传授知识做好了就很不容易。学校必须做到用最适合的方法把最重要的、最前沿的、最合适的知识教给学生，而且要使学生能学以致用、举一反三、温故知新。至于说他能不能创新，能不能成大师，当不当得了领袖，那要看他的造化，要看他今后所处的环境，要看他自己的努力。学校只能教给他知识，教给他学习和掌握知识的能力，教给他运用知识的方法。创新是个热门话题，但创新必须有一定的知识作基础，因此我们必须重视基础知识的教育。我以前说过，该记的要记，该背的要背，该用的必须用。不会记、不会背、不会用，一问三不知，怎么可能创新？创新不能离开基础知识。我们鼓励创新，但是一定要有扎实的基础。学校要老老实实地教学，教学生知识，教学生获取知识的能力，教学生运用知识的能力。至于他将来能不能发明，那要看机遇，要看大环境、小环境和客观需要。

要做到学生没有就业之忧。要使每个就读"锦城"的学生感到骄傲和自豪，实现"就读锦城，锦绣前程"。西昌的教育局局长问我，你们去年的就业怎么样？我说你打听一下，我们"锦城"的学生有没有没就业的？他说没有。我说对了，你找不出没就业的学生就说明就业好，就要这样宣传，关键是你得理直气壮，我们敢说是因为我们做到了。

2.三个基本点，就是加强师资队伍建设、基础设施建设"三风"及校园文化建设。

首先，要加强师资队伍建设。芝加哥大学第五任校长哈钦斯说过，无论在何时、何种情况下，成为一流大学的途径只有一个，那就是要拥有优秀的教师。可见，要办成一流的大学，必须有一流的教师。所以教师是天大的问题，是目前锦城学院的短板，而且是短板中的短板。教师的成长是有规律的，有专家写文章说老师的成长需要八到十年，"锦城"的老师就算成长得快，也至少需要五到八年。

要继续贯彻老中青三结合的原则。老教师是我们的宝贵财富，青年教师是我们的希望。我们要继续贯彻人要来自五湖四海、派要出于"三教九流"的思想，从全国各地招聘合适的老师。要继续贯彻专兼职结合、外聘和自培相结合、"双师"相结合的原则，按照这三个原则加强师资队伍建设。同时，要加强对现有教师的培训、进修、考核、提拔和重用。我们要派青年教师到川大、西南交大、西南财大、电子科大或者北京、上海等地的高校去听课、学习和进修，参加学术会议，参加培训班，适当的时候安排出国。

我们要加强对教师科研的支持力度，加强科研与教学相结合，进一步改善教师及全体教职员工的办公和生活条件，使教师无衣食住行之忧。这里涉及两个问题：第一是办公室，办公楼的建设会充分考虑到教师。现在的教师，包括重点大学的教师，基本上都在家里办公，上课来下课走，我们要使教师百分之百的精力放到学生身上，就必须解决教师办公的问题，虽然这样做会增加成本；第二是教师宿舍将尽快启动，要坚决解决教师住房的问题。你们绝对放心，"居者有其屋"，肯定会有房子住，肯定有办公室坐。

这里讲了三个问题，第一个支持搞科研，无论用奖励还是经费支持的办法；第二个是解决办公的问题；第三个是解决住的问题。我们要使锦城学院成为教师成长环境好、发展机会多、福利待遇高的学校。

怎么做到成长环境好？有人说公办学校才稳定，独立学院不稳定。你放心，锦城学院没有破产之忧，没有关闭之忧。我们有优质的资源，有供不应求的资源，有兴旺发达的资源，所以我们是很稳定的。怎么实现发展机会多？穷人的孩子早当家，你现在就当了讲师，当了教研室主任，在川大，讲师能当教研室主任吗？根本没有可能。在我们这里为什么可能，就因为我们急需人才，要"拔苗助长"。怎么达到福利待遇高？苏联有个诗人叫马雅可夫斯基，他写过一首诗，我年轻时读过，现在还记得，他说，"看吧，羡慕吧，我们是苏维埃的公民"。我现在改一下，"看吧，羡慕吧，我们是'锦城'的公民"。只要大家同心同德，把学校办好，将来要让别人一看你是"锦城"的，就会很羡慕，说"锦城"员工的待遇好啊，住的有小楼，出门有小车，手里的票子也不少。这些东西我们都会有的，"牛奶会有的，面包也会有的"。这是师资队伍建设。

"锦城"图书馆

第二，加强、加快基础设施建设。图书馆 2010 年 6 月份就要建成了，当前的重点是办公楼和实验室建设，实验室尤其关键。实验室也是我们的一个短板，没有实验室就谈不上搞科研，没有实验室就谈不上培养动手能力。办公楼也必须开建，现在我们人马多了，没有办公的地方也让人发愁。因此办公楼要今年设计，明年开工。

要继续巩固实习基地。继续扩大开放，包括对国内、国外的开放。要继续执行"傍大款、攀高枝，借光借力，跨越发展"的方针，除了继续加强和川大的关系，还必须和其他一些名校建立友好合作关系。这些都是基础设施，实习基地也是基础设施。

第三，继续加强"三风"和校园文化建设。学校能给学生的东西不外乎两样，一样是获取知识、做人闻道的方法，将授人以鱼和授人以渔结合；另一样是催人进取、自由宽松的环境。我们要给学生创造环境，让他安心读书。

我校要以社会主义核心价值体系为指导，以中华民族优秀传统文化为基础，吸收世界各国优秀文明成果，创造出一种兼收并蓄、和谐向上的"锦城"校园文化。要出人才不但要靠教育，而且要靠熏陶。风气很重要，氛围很重要，榜样很重要。同志们，我们要创造一个氛围，营造一种环境，造成一种大家都向上、大家很和谐、大家都努力的环境。有人说学习是件快乐的事情，也未必见得，晚上看电视和晚上看书做题目肯定是不一样的。学生要刻苦读书，刻苦向上，既要愉快，又要刻苦。嘻嘻哈哈、松松垮垮，将来毕业了什么也干不成。所以我们要努力营造一种气氛，既要和谐宽松，又要刻苦向上，这是"三风建设"的重点。中华民族优秀的传统文化和现代的科学精神相结合是我们学校校园文化的精髓，这点我们一定要继续发扬，这是我们学校和其他学校相比，独具特色的东西。

同志们，我们今天开这个会，目的是要总结过去，规划未来，下定决心，用不太长的时间初步建成西部领先、中国一流、世界知名的应用型大学，并在更长的时间内巩固和提高。我相信，在全院师生员工的努力下，在各位校董和川大的大力支持下，我们的目标一定要实现，也一定能够实现！

搞好教研工作，把教学放在学校工作的首位

——在教研室主任工作会议上的讲话

（2010年5月26日）

近年来，青年教研室主任的工作出乎我的预料，他们的工作充满了改革、创新和负责任的精神，让我看到了学院未来的希望。

学院建院五年，教研室活动的历史也有五年了，在这不长的时间里，每个系已经形成了一套自己的较为完整的教研室活动方案及办法，适应了我校应用型人才培养的要求。如果教研室活动不能适应应用型人才培养这个目标，我们就成了南辕北辙。现在看来，文传系、计科系和基础课部的教研室工作都做得非常扎实并富有创新，我非常满意。当然，其他系也做得很好。我们有这样一个负责任的教师群体，就不愁培养不出一流应用型人才，就不愁建设不成一流应用型大学。我非常赞成芝加哥大学第二任校长哈里·卜纳特·贾德森说的："我们不是那么古老，年轻既是优势也是劣势，是唯一的一个时间可以治愈的缺点。"我们可以依靠时间来弥补年轻这个缺点。

大学的重要任务是培养人才，教学是培养人才的主要手段。无论什么类型的大学，教学活动都是第一位的，是最重要的。那么，教研室又是什么样的组织？它是大学中以教师为主体、以教学研究为主要任务的基层学术单位。通常情况下，教研室的职能包括协助系主任安

排教学，研究教学活动中的有关问题，如教材选择、教学大纲拟定、教学重点和教学方法的确定等。教研室还要负责组织老中青教师互相交流和观摩，培养青年教师成长等。针对锦城学院的特点，我们特别注重三项教研工作。

教学相长

师生共鸣

一是研究教学计划的完善和课程体系的创新。我们是发展中的学校，尽管我们是在百年老校的基础上建立的，但仍旧是一个年纪还轻的学校。所以，我们必须重视研究教学计划和课程体系，要不断完善和创新，为应用型人才培养目标服务，在保留两个底线的基础上大刀阔斧地进行改革和创新。第一个底线是教育部所要求的底线，第二个底线是四川大学授予学位所要求的底线。我们要向学生提供的最主要的服务就是课程体系。对学生而言，学校就是要提供课程服务以教育和培养他们。你们要好好研究，具体通过哪些课程可以培养合格的应用型人才，要再造课程体系。有的课程是有无的问题，有的课程是增减的问题，课程之间要衔接。同时，各系自编教材也很重要，现在不少系都做得很好，自编一套真正适合应用型人才培养的教材，各教研室必须研究，领导要重视，如果以后还能被社会认可、广泛被其他高校采用则更好。

二是要研究教学改革和教学方法的改进。国外认为中国教学的问题在于"满堂灌"和"学完考"两方面。哈佛大学1908年建立商学院，1925年创建"案例教学法"，孔夫子讲"因材施教"，都说明教学方法要不断研究创新，要适用于对不同学生的教学。计科系的"项目驱动教学法"还可以继续完善。学院哪位老师做得好，大家就要向他学习。老师要思考怎样通过教学来启发学生的思维。同时，我们还要虚心向前辈和世界各国学习。创新是有基础的，甚至首先是在模仿的基础上产生的。牛顿发现"万有引力"定律，不能单纯地说就是因为一个苹果从树上掉下来而发现的。在牛顿以前，伽利略证实"日心说"和进行"两个球同时落地"的实验都为牛顿理论体系的建立奠定了基础。其实，早在牛顿发现万有引力定律以前，已经有许多科学家严肃认真地考虑过这个问题。比如开普勒就认识到，要维持行星沿椭圆轨道运动，必定有一种力在起作用，他认为这种力类似磁力，就像磁石吸铁一样。1659 年，惠更斯发现保持物体沿圆周轨道运动需要一种向心力，胡克等人认为是引力，并且试图推导引力和距离的关系。牛顿是在前人研究的基础上进行了创新。对于国家而言，要创造出一个"知无不言、言无不尽"的环境，对于大学而言，要创造出一个"创新弥漫"的环境。

三是要帮助青年教师加快成长。无论其他高校的教研室是否重视这项工作，我们必须重视它。促进青年教师成长要作为我们教研室的重要工作之一。青年教师要听名师讲课，互相之间要观摩，要开展研讨，文传系在这方面做得较好。你们可以使活动主题化、听课制度化。

今天教研室工作会议的主题是：以改革和创新的精神开创教研室工作新局面。我希望我们的青年教师在老同志的带领下，把教研室工作和人才培养做得更好。我们的青年教师要踏踏实实、始终一贯地向前走。你们可以开展竞赛，对于做得好的同志，我们予以鼓励。我希望大家要共同努力，达到教研室工作的"小目标"，进而也就为学院达到一流应用型大学的"大目标"做好铺垫！

践行"三自三助",开创面向21世纪的具有"锦城"特色的学生工作模式

——在学生"三自三助"工作经验交流会上的讲话

（2010年5月31日）

今天学工系统在这里举行学生"三自三助"工作经验交流会。刚才有七个系的辅导员分别做了很好的交流发言,他们就本系的大学生助教、大学生助研、大学生助导工作进行了总结,对下一步的工作也做出了很好的计划。看得出来,各系围绕学生"三自三助"都进行了一些有效的实践,开展了一些实在的工作,有一定的创新,并取得了一定的成绩。下面我讲四点:

第一,大学教育的根本是培养人才。世界一流大学都是从培养人才开始的,科研和为社会服务是后来的事。在人才培养的过程中,一流大学都特别注重人才培养模式的创新。"三自三助"就是人才培养模式上充分发挥学生主体性的一种创新,是学生自我管理、主动成长的创新。学生"三自三助",即大学生进行自律管理、自主学习、自觉实践,继而选拔大学生充当助教、助研、助导,能够充分调动学生参与人才培养工作的积极性,发挥他们的主体精神,从而促进自身素质的全面提高、个人的全面发展和自我成就。

第二,人才培养不但要重结果,而且要重过程。"三自三助"就

是培养人才的一个学习和实践的过程。教育是人之为人、人之成才的一个大过程。一流大学就是要把这个过程做得细致、周密、优秀和有成效。有些话让学生自己讲，有些事让学生自己做，教师和辅导员给予指导，其印象会更深，其效果会更好。

"锦城"学子与"邹爷爷"合影留念

　　第三，"三自三助"为学生打造了一个充分发挥主体创造性的平台。在学校，学生和教师是学校的主体，只有充分发挥学生和老师的主体创造性才能培养出优秀的人才。"三自三助"的主体就是学生，在这个过程中，教师和辅导员的角色是导演、向导，是引路人。要给学生展示的机会、锻炼的机会，要指导和帮助学生助理逐步适应、逐步提高、逐步成长。比如，我们的晚点名，就可以让辅导员助理去先讲，一次讲不好就讲两次，两次讲不好就讲三次，他讲完了，你再讲，给他们做示范，经过几次训练后，他们肯定会有所提高和改善。科研项目让助研的同学参与，让他们协助搜索文献、调查研究、搜集实验数据、整理报告等，逐步培养一种一丝不苟的科学态度、锲而不舍的研究精神。

第四，整个学工系统要把"三自三助"和"三讲三心""三练三创"充分地结合起来，创造一种新型的、面向21世纪的、具有锦城学院特色的学生工作模式。创新是改革发展的不竭动力。创新一定要有宗旨、要有目标、要有意义。我院学生工作模式创新一定要聚焦于学生生存能力和发展能力的持续提升，充分体现学院的办学理念和办学宗旨。

把学校发展融入地方经济建设和社会发展中去

——在成都市青白江区人民政府、四川大学锦城学院
合作签约仪式上的讲话

（2010年6月1日）

今天，四川大学锦城学院与青白江区人民政府签订校区合作的友好协议，我院领导和十个系的主任都来到这里，大家都十分重视我们之间的合作。在此，我谨代表四川大学锦城学院全体师生员工向青白江区委区政府对我们的大力支持表示衷心的感谢！

青白江区是成都市历史悠久的老工业区，过去是工业中心，现在又是物流中心和新兴工业中心，在整个四川省、成都市的发展中，地位举足轻重，特别是在书记和区长的领导下，解放思想、大胆改革、勇于创新，是非常有气魄的。我最欣赏的是，你们当年买树，当年栽树，当年开花，当年办樱花节，这在其他地方别无先例。我来参观后，感觉出乎意料，本以为你们的樱花树栽种几年了，没想到当年买回来当年就开花，体现了策划之周密、考虑之周到，衔接得非常好。原来我经常来川化和成钢，钢厂所在的地方环境较乱，化工厂则是烟气难闻。我是学化工出身的，在天津实习时，化工厂到处是氨的气味。但是，现在的青白江区完全不同了，鸟语花香，到了化工厂闻不到刺鼻的气味，街上尽是非常美丽的景色，工厂在花园里，花园在工

厂里。青白江区现在经济的发展、人民生活水平的提高、居民幸福指数的增长，可以说在全省都起到了很好的模范作用。

我们锦城学院着力打造"三大平台"。第一个平台是校地合作，就是学校与地方政府合作，因为锦城学院办校的宗旨就是要为地方经济建设和社会发展服务。我校是教育部所属的四川大学与中外十六家股东单位共同申办的一所地方性学校。所以，锦城学院办学就是要为地方服务，为青白江区服务便是其中非常重要的一部分。

第二个平台是校会合作，就是学校与行业协会合作。比如说，我在四川省企业家联合会任会长，锦城学院与企业家联合会建立了合作。还有服装行业协会、广东商会、山东商会、浙江商会等等，这些都是行业或地区的协会，与它们的合作也是非常重要的。

第三个平台是校企合作，就是我们和企事业单位之间的合作。我们已与500余家企事业单位建立了友好合作关系。

锦城学院与成都市青白江区人民政府举行校区合作签约仪式

　　我认为，锦城学院和青白江区政府之间的合作是为了更好地践行我们的办学思想，更好地把学校的发展融入地方经济和社会发展中去的一个重要措施。

　　四川大学锦城学院是一所综合性大学，现有 10 个系 38 个专业，共 80 多个专业方向。"文化大革命"以前的大学规模没有这么大，即使是当时的清华大学，规模也没有这么大。现在，我院的专业数量在中国来说已算是大学校。今年，我们还要再申报两个专业，达到40 个专业。因此，锦城学院是一所综合性大学，涵盖了文、理、工、经、管、艺等多方面的学科专业。

　　中国现在的大学有教育部管理的部属大学，还有各省管理的省属大学，我们锦城学院和青白江区密切合作可以说是"区属"大学，就是青白江区所属的大学！青白江区需要锦城学院时，我们将全力以赴。我认为，我们能做到并形成良好合作的有以下几个方面。

　　第一，一个地区的发展必须有人力支撑，当然，可以利用全国人力来支撑，但是也必须有自己的"嫡系部队"。譬如，全国大学的人才资源都可以支撑深圳，但是深圳还是要办一所深圳大学。锦城学院就是青白江区政府的"嫡系部队"，这是必要的，要有人力支撑。地方需要什么人才，学校可以按照地方的需求对人才进行培养，其结果就是人才上岗就能用。所以，我们要为青白江区的经济建设和社会发展提供人力支撑，就是你们需要什么样的人才，我们就提供什么样的人才，你们需要的人才我们没有，就创造条件来培养，这就叫作我们能够按照地方的需要来办学。锦城学院是董事会领导下的院长负责制，相对公立高校而言，自主权较大。我们可以在国家总的方针下，相对自主地来决定我们的培养方式和内容，以满足社会日新月异的客观需要，这样对人才培养是有好处的。企业需要的往往是跨学科的复合型人才，譬如说，既要会写文章的，又要会操作计算机的，还要善于沟通的综合性人才，我们能够培养企业需要的这种复合型人才。

第二，地方政府和企业的干部和员工需要进一步培训的，我们可以效劳。他们既可以到锦城学院来培训，我们也可以派老师到青白江区来培训。企事业单位的工作人员实践经验非常丰富，但是在理论上还需要提高。我办四川省工商管理学院，培养出了五六千位在职MBA管理人才，现在他们都是骨干。他们在实际岗位上干了若干年，再回到学校，接受更多归纳清晰的知识，能受到一些启发。学院派老师的特点是实际经验没有在职人员丰富，但是理论深度足够，他们可以多渠道、多角度地查找资料，将世界各地的有关情况介绍给大家。所以，企事业单位的人才与学院派人才是可以互补的。

第三，我们可以承担一些青白江区在经济和社会发展中遇到的需要研究的题目。我们可以组织人力开展合作，进行产学研结合，最后形成一个报告，供政府选择和采纳。这需要调查研究，需要把国内外各地的相关资料搜集起来，做科研题目。

第四，我们可以优先招收和培养青白江区的学生攻读锦城学院的本科学位，因为一个地区居民的受教育水平是很重要的一个指标。

我们的合作还可以有很多方面，可以随时沟通，并派专员联系，如果有可能，我们每年还可以召开一次联席会，你们有什么要求向我们提，我们有什么希望向你们提。我们希望，锦城学院是青白江区的人才培养基地，青白江区是锦城学院的就业实习基地，互为基地。地方发展带动学校发展，学校发展进一步支持地方发展，这是双赢的举措。我希望在青白江区区委、区政府的领导下，我们的校地合作能开创新的局面，能够越来越好！

"锦城"学子的成功，就是"锦城"教育的成功，就是锦城学院的成功

——在2010届毕业生毕业典礼上的讲话

（2010年6月29日）

又一个丰收的季节来到了。今天，我们隆重举行我院2010届毕业生毕业典礼，庆祝毕业生圆满完成学业，踏上新的人生征程。在此，我谨代表学院全体师生员工向各位顺利毕业的2010届毕业生表示热烈的祝贺！向支持学校发展、关爱孩子成长的家长们表示亲切的问候！向教书育人、管理育人、服务育人等各个岗位上辛勤工作的全体教职员工致以崇高的敬意！向长期支持和关注我院发展的四川大学、各股东单位、用人单位和合作办学友好单位的各位领导和来宾表示衷心的感谢！

同学们，在四年前的开学典礼上，我曾经跟你们说过，学习改变命运，知识成就未来，行动创造成功。四年来，你们在四川大学锦城学院认真学习、汲取知识，受到了良好的教育、熏陶和锻炼。在这里，通过母校开展的以"三讲三心"明德教育、"一体两翼"知识教育、"三练三创"实践教育为主要内容的"三大教育"，你们既接受了忠孝仁爱、信义和平的中华民族优秀传统文化的滋养，又接受了科学民主、自由平等的现代价值观的熏陶；既接受了广博的

通识教育，又接受了精湛的专业教育；既锤炼了做人的品质，又练就了做事的本领；既打牢了扎实的理论知识基础，又掌握了运用知识改造世界的本领；既养成了吃苦耐劳的坚强意志，又形成了创新思维、创造能力和创业精神。在这里，通过名师荟萃的第一课堂，你们学到了扎实的理论知识和追求真知的信念；通过训练严谨的第二课堂，你们学到了科学实验的方法，取得了通向科学大门的钥匙；通过学以致用的第三课堂，你们练就了理论联系实际的作风和走向职场的动手能力；通过丰富多彩的第四课堂，你们培养了沟通表达、组织协调、领导指挥的综合素质和良好习惯。所以，同学们，你们成长了、成熟了，你们完成了大学的学业，胜利地毕业了！

四年来，你们与学院一起，共同经历了"5·12"汶川大地震的磨难与考验，深刻明白了灾难无情、人间有爱，祖国和人民是我们最坚强的后盾。在灾难面前，你们展现了临危不惧、坚强团结的拼搏精神。我们一起在大操场上避震，在停车棚下躲雨，有的同学到都江堰救灾，有的同学到医院当义工，彰显了共克时艰的责任意识、公民意识和仁爱之心。你们与祖国一起，共同见证了中华人民共和国六十周年华诞和成功举办奥运会的盛况，见证了日益强大的祖国对世界的号召力和影响力，你们的民族自豪感和爱国心得以增强。你们与全世界一起，共同经历了华尔街风暴和全球性金融危机，看到了"雷曼兄弟"倒下、金融泡沫破灭和华尔街的贪婪，你们和祖国一起应对危机、共渡难关，并创造了中国的辉煌。所以，你们在"锦城"的四年，是身在"锦城"，心系祖国，放眼世界的四年，是经风雨、见世面的四年。现在，你们的知识多了，眼界宽了，信心足了，你们新的人生即将起航！

　　同学们，你们在校的四年，正是锦城学院由小到大、由弱到强、蓬勃发展的四年，你们是学校建设、发展、壮大的参与者和创造者，这里的一草一木、一砖一瓦都凝聚着你们对母校的热爱，记载着你们奋斗的泪水和汗水。正是你们与学校同心同德、同甘共苦，我们才创造了一个又一个的辉煌。"锦城"学子中，不仅涌现了割肝救母、孝感天地的钟颖，见义勇为、舍己救人的周建良，第一时间发布地震现场视频的赵紫东等榜样，而且连续两年创造了就业率98%以上的全国纪录。在2010届毕业生就业工作中，我们继续发扬"三大合作平台"的作用，举办126场专场招聘会，提供了人均两个以上的就业岗位，实现了"多就业、就好业"的战略目标，并有半数以上专业的就业率达到100%。与此同时，我院在考研升学方面也创造了好成绩，共有146名同学到国内外大学深造。其中，77名同学考取北京大学、四川大学、北京外国语大学、华中科技大学、同济大学等国内名校的研究生，69名同学到境外留学，被密歇根大学、布里斯托大学、伯明翰大学、悉尼大学等世界一流大学录取，这些都充分表明了我校培养了大批应用型人才。

　　培养模式的成功，体现了我校较高的教学水平，体现了我校严谨的校风、教风和学风，体现了"锦城"学子的核心竞争力。同学们，今天，你们学业有成、风华正茂，即将走出校园，步入社会，奔赴祖国各地，投身到振兴中华的各项事业中去。在依依惜别之际，我向同学们提三点希望，希望大家能走好职业生涯的第一步。

外语系要媛同学考取北京大学硕士研究生

文传系王林琳同学考取北
京大学硕士研究生

艺术系李思雪同学考取北
京大学硕士研究生

第一，在素质和能力确定之后，态度决定一切。希望你们任何时候都保持积极向上的态度，学会用正面思维、阳光心态、主人翁精神处事。工作态度和人生态度决定着你一生的成就。你们的学长，2005级土建系的罗襄宏同学毕业后供职于中国水利水电第七工程局，他由于工作态度积极，勤于学习、主动出击，工作不到一年就被单位授予"优秀工作者"称号。在工作中，你们要善于运用正面思维，积极看待工作，主动解决问题；在生活中，你们要善待他人，阳光面对生活，乐观对待人生。成功者的经验是，无论在哪个岗位上、无论在什么时候、无论职务高低，都能把事情做到止于至善。希望你们以主人翁的精神、建设性的意见、朝气勃发的活力开启职业生涯的第一页。

第二，脚踏实地的作风是成功的基础。希望你们目标远大，但要脚踏实地，肯于吃苦，长于坚持。将帅起于卒伍，领袖来自基层。成大事要从基层做起、从小事做起、从平凡做起、从小角色做起，勿以善小而不为。2005级财金系的黄浩瀚同学签约中铁电气化局，他主动申请到条件最艰苦的新疆地区，扎根一线，毕业不到一年的时间就受公司重用，担任项目财务主管，成为同龄人中的佼佼者。毛主席曾经说过："我们共产党人好比种子，人民好比土地。我们到了一个地方，就要同那里的人民结合起来，在人民中间生根、开花。"现在，很多高校都说要培养未来的领袖人才，但是究竟谁能脱颖而出，不是看你的出身，而是看你如何奋斗！你们的学长已经做出了很好的榜样，希望你们也能脚踏实地，扎根基层，做一粒种子，在祖国建设的各条战线上生根、发芽、开花、结果，干出一番大事业，成就一代栋梁材。

第三，感恩之心和责任意识是一种使命。希望你们对祖国忠心耿耿，对事业勤勉敬业，对他人心怀感恩，时刻明白自己肩负的责任，回报社会。哈佛大学第27任校长劳伦斯曾告诫学生："你毕业了，就真的从一个'拿'和'吸收'的时期进入一个'给'和'奉献'的时期。"我院土建系2005级土木工程专业袁浩等17位校友毕业后感恩母校、回馈母校，为我院校友基金会捐款，还有不少学长学姐毕业工作后，又为学弟学妹联系实习和就业。首届毕业生通过一点一滴的行动，倾注了他们对母校深深的眷恋和无限的感激，为学院的建设和发展贡献力量，为学弟学妹的求学和成才献出爱心。我衷心希望每位"锦城"学子都有"士不可以不弘毅，任重而道远"的精神，时刻心怀感恩，勇于承担责任，把自己的聪明才智融入为国家强盛、民族复兴、人民幸福、文明进步而奋斗的伟大实践中去。

同学们，你们即将扬帆远航。不论你们走到哪里，母校都永远关注你们，母校永远是你们坚强的后盾、心灵的家园。从你们进校的那一刻起，"三追两谋"的"锦城精神"和"止于至善"的校训就以一种潜移默化的巨大力量，给你们打上了"锦城教育"的烙印。希望你们在今后的工作生活中，牢记母校的教诲，带着母校的嘱托，用你们的行动去诠释"锦城教育"的精髓，展现"锦城"学子的风采。母校的老师们期待着你们事业有成、人生精彩，在不久的将来创造出辉煌的业绩，取得事业的成功。"锦城"学子的成功，就是"锦城教育"的成功，就是锦城学院的成功！我们将为你们的拼搏加油，为你们的成功喝彩！

亲爱的同学们，世界是你们的，你们将迎着初生的朝阳腾飞，我祝你们飞得更高、飞得更远！

发挥党的战斗堡垒作用和
党员的先锋模范作用

——在建党八十九周年新党员入党宣誓仪式上的讲话

（2010年7月1日）

今天，我们庆祝中国共产党成立八十九周年，同时举行新党员入党宣誓仪式。我首先代表四川大学锦城学院党委向新入党的同学表示热烈的祝贺和欢迎！

我作为已有四十五年党龄的老党员，对我们党增添了这么多新鲜的血液表示高兴。同学们入了党，这是人生发展前途上一件重大的事情。我也是在大学中入党的。四十几年过去了，特别是改革开放以来，我们党和国家已经有很大的发展，至今已有7000多万党员。

你们这一代在改革开放后的大好时光里进入大学学习，并且在大学期间光荣地加入中国共产党，这对你们、对我们党来说，都是非常重要的事情。在这里，我除了祝贺大家，还要重点向你们讲明两点。

第一，我们党是怎样的党？我们党的战斗力在哪里？党章规定，中国共产党是中国工人阶级的先锋队，同时是中国人民和中华民族的先锋队。它的战斗力不仅在增加党员的数量，而且更在于提高党员的质量，这就必须发挥党员的先锋模范作用。抗日战争和解放战争时期我们的党员只有几十万、几百万人，靠着坚强的战斗力取得了伟大胜利。现在，我们党已经有7000多万名党员，但是党的战斗力更多地在于其质量而非数量。什么是质量？质量就是要发挥先进模范作用，就是指中国共产党是工人阶级的先锋队，是中华民族的先锋队。先锋模范作用决定了我们党的质量。什么是先锋模范作用？就是吃苦在前，享受在后，冲锋在前，退却在后；就是见困难就上，见利益就让，把方便让给别人，把困难留给自己。同学们在学校学习期间，先锋模范作用更多地表现在遵守学校的各项规章制度，带头搞好"三大教育""四大计划"，这是我校培养合格公民、合格人才的必要措施。

学院全体党员在建党八十九周年新党员入党宣誓仪式上庄严宣誓

邹广严院长在建党八十九周年新党员入党宣誓仪式上讲话

现在，我们党员的数量大约占学生数量的22%，达到了教育部对高等学校在校生党员发展数量的有关规定。但是我们党员的质量还需要进一步地提高。譬如，我院不准学生抽烟，现在很多公共场合都在禁烟，但是我院还有学生在宿舍、教室、图书馆等公共区域抽烟。到底有多少共产党员带头禁烟？有多少共产党员能主动把烟头捡起来？我们学校严禁学生考试作弊，这是你们一进校，老师和辅导员不断对你们进行的教育，但是为什么还是有学生作弊？其中是否有共产党员呢？共产党员要坚决与作弊现象进行斗争，这是一种败坏学风的行为。所以，同学们，这就是大事，在学校，教风、学风、校风就是学校的声誉。大家将来要为人民服务、为人民谋利益，在学校里就要为全体同学谋利益，其中最大的利益就是学校的声誉。你们在学院读书，学院的声誉越好，带给同学们的利益就越大。因此，凡是有利于提高学校声誉的事情，共产党员要站在前面，要带头做。譬如，周建良同学舍己救人，就为学校争得了荣誉。

你们怎样在学生时期发挥先锋模范作用很重要。共产党员要站在前面，模范地学习，模范地生活，模范地锻炼，更多地把学习与社会实践结合起来。我们很多党员表现得非常好，在"5·12"汶川大地震当中，很多党员能够带头安定人心，参与救灾，争做义工。我们鼓励大家多上自习，在教室、图书馆、宿舍上自习都行，但是决不能浪费光阴，碌碌无为。正如奥斯特洛夫斯基所言："人生最宝贵的是生命，生命属于人只有一次。一个人的生命应当这样度过：当他回忆往事的时候，他不致因虚度年华而悔恨，也不致因碌碌无为而羞愧。"模范带头作用是具体的，不是抽象的、理论的，是实实在在的。哪怕是在宿舍做卫生，共产党员也要带头、要积极，你们就是一粒种子，带领宿舍人员做好卫生，争做文明宿舍。

第二，我们党之所以有战斗力，就是因为我们有严密的组织，有严格的纪律。参加党的组织，就要认真工作，要遵守党的纪律，执行党的决议。所以，党委、党总支、党支部决定的事情你们都要好好做。为了更好地改变锦城学院的面貌，党支部、党总支、党委都要多多地讨论与我们建设社会主义"三个文明"有关的事情，与我们同学健康成长有关的事情，与我们学校怎么建设成中国一流应用型大学有关的事情。决定了就要做！譬如，我院规定学生不要晚归，主要是为了大家的安全着想。为了保护大家的安全，我们把学院外围围墙做高，但是仍有一些同学要翻爬围墙。我院要求学生遵守上下课礼仪，一种文化必须有相应的仪式，仪式就是为了加强观念，遵守礼仪既要有内心修养，也要有外在仪式。上课不能想来就来，想走就走，对老师和同学都应该有起码的尊重。如果你步入社会，在工作单位上，不尊重领导、同事，不热爱自己的工作，就永远没有前途。所以，共产党员要先带头，要模范地执行学校的各项规定，模范地执行党的决定。

今年我们发展了877名党员，这是很好的事情，壮大了共产党队伍的力量，但是，最重要的是要发挥党的战斗堡垒作用、党员的先锋模范作用，在大事和小事中都要表现出来。锦城学院以"严谨治学、诚信负责"为基本原则，我们对每一位同学负责，对每一个教学环节负责，所以，你们也要严格要求自己。希望我们大家共同努力，把学校办得更好，把我们共产党的旗帜高高举起！

解放思想，联系实际，深化改革，办出特色

——在第五次暑期教学改革及人才培养模式创新研讨会上的讲话

（2010年8月22日）

这次会议本着"解放思想，联系实际，深化改革，办出特色"的宗旨，整体来说是开得很成功的。这四天，我们阅读了两本书。其中一本收录了美国著名的教育社会学家马丁·特罗的两篇文章，另一本《他山之石——国外高等教育文选》收录了11篇文章，基本上是学者介绍外国高等教育经验的，其中包括奥巴马总统在开学日的讲话等，还有介绍当前国际上高等教育的发展趋势和存在问题的文章。这都要求我们站在国际的高度来认识中国的教育问题，或者说认识中国的大学问题、高等教育的问题，认识我们"锦城"面临的问题。探讨这个认识问题必须有一个制高点，不能站在低处讨论，要站在山顶上来讨论。现在大家要弄清楚大学到底缺什么——大学缺的东西很多，最缺的就是自主权，没有自主权很多事情不能办。当年说中国没有企业家，是因为计划经济把什么事都管完了，不能怪中国人没有本事，所以，今天简单说中国没有教育家，也是不对的。比如，教育部门有政策特长生加分，高考给体育尖子生、航模特长生加分，要求各高校招生都要承认加分。招生应该以学校为主体，人家招的专业与体育、航模无关，为什么一律要加分？完全是越俎代庖。

这次会议我们不但读了书，学习了国外高等教育的经验，还借鉴了兄弟学校的办学经验。独立学院中，我们参考了湖南长沙理工大学城南学院和江苏淮海工学院东港学院的相关经验。这两个学校改革的胆子大、动作大、幅度大，当然其中可能有缺点，但我们更要借鉴和学习其优点。他们充分运用了独立学院这样一个灵活的体制和机制，进行了大胆的改革。长沙理工大学城南学院实施"5＋1＋2"模式培养应用型创新人才，淮海工学院东港学院实行"完全学分制"，有些重点大学都还没有魄力实行"完全学分制"，他们能做到还是不简单的。

邹广严院长在学院第五次暑期教学改革及人才培养模式创新研讨会上讲话

所以，这次会议我们研究了高等教育转型的理论，学习了国内外大学改革的经验，也联系了实际。我们做了三件事，第一件是大家互相交流学习心得，第二件是汇报、研究和讨论了以教学计划为中心的人才培养模式的改革，第三件是初步提出了一个校园文化建设的框架。大家通过这次学习，普遍反映收获很大。

我们每年召开一次教学改革及人才培养模式创新研讨会，关键就在于统一大家的思想，并互相学习，通过讨论、沟通来凝聚共识。一个学校要办得好，必须有共识。解放思想也要有共识，学校怎么办大家要有共识。新加盟进来的几位同志都要融入"锦城"文化，各位都有一套原本的思维模式和教育习惯，到了"锦城"以后，有些东西是要继续发扬光大的，但是有些东西也需要修订和"变异"。日本学者天野郁夫在《高等教育的日本模式》一书中说，美国哈佛大学是从欧洲承袭过来的，继承了剑桥大学的基因，后来又融入了德国大学的一些精神，到"赠地学院"出现后，高等教育的环境变了，大学本身也就产生"变异"了。"变异"后形成的美国高等教育和欧洲高等教育不再是一回事。美国比欧洲高等教育大众化阶段来得早、来得快，而且研究型大学出的成果还更多。同理，我们继承了一部分川大的基因，但是在新的环境下就"变异"了，"变"出一个应用型大学来了。我们需要这样一个转变，我们学校从继承川大的基因到建设"锦城"成为应用型大学的转变过程需要凝聚大家的共识。因此，这次会议是既务虚又务实，虚实结合，成果是非常显著的。下面，我要重点强调以下十个问题。

一、从今年的招生看大学竞争的新形势

招办报告了今年招生的情况，今年我们招生的形势是：首先，生源充足，分数线出人意料地高；其次，学校在社会上的信誉度、认可度和知名度大大提高了，这是大家辛苦奋斗了五年才有的结果。我历来不担心所谓招生的"大小年"问题，因为我们上升的空间还很大。

川大已经是"211""985"重点大学，上升空间较小，除非比肩世界著名高校。尽管如此，今年招生的局面仍是亦喜亦忧。

喜的是，我院的社会认可度和口碑声誉提高了，这是抓就业率、升学率、过级率等工作的结果。我们的广告花费可能是最少的，我们的功夫不下在广告上，而是下在培养人才上。人才培养、教育办学不能靠广告，靠广告只能是短期效果。我们喜的是大家的工作得到了社会大众的承认，这是最重要的。与此同时，我们仍有一些忧虑。

第一，锦城学院"前有堵截，后有追兵"。前面有好的二本学院，我们暂时还难以超越，比如西华大学、成都理工大学、成都大学、四川师范大学等等，后面有办得好的独立院校和高职院校的"追兵"，甚至有个别高职院校的在川录取线在二本线以上。从提档的情况来看，文科提档线高出二本线的有 3 所，高出三本线的有 13 所，理科提档线高出二本线的有 2 所，高出三本线的有 17 所。当然，高出二本线的都是省外的高职院校，主要集中在民航学院和医学院，它们在川招生数量少是一个原因。另外，四川省二本高校公开征集志愿的也有 4 所。所以，现在的情况是一些二本院校招不满，一些专科院校提档线在二本线以上。

第二，"盛名之下，其实难副"。我校的名声日隆，但录取分数线仍在二本线上下徘徊。尽管分数不能绝对地反映一个人的学习水平，但是，它在一定程度上还是反映了生源的质量，这是不可否认的，因此，我们的生源质量本身还不算优质。尽管我国也有诸如钱锺书考清华时数学不及格但最后成为著名学者、作家，也有像钱伟长的物理、数学考得都不好，但也成为著名的科学家、教育家的例子，但这是一种特例，多数的学生不会这样。如果我们的教育措施跟不上，问题就出来了。师资和实验室的缺乏制约着我们的发展。刚建校的时候，我们的实验室不完备，就采取社会资源共享的办法，在当时的情况下是必要的，这是社会资源共享、教育资源共享。但是，随着实践教学的增加，这是躲避不了的一关，因此，各系的实验室建设我都支持。我们的措施必须跟上去，不能辜负广大考生、家长的期望。

第三，下一步怎么办。鉴于我们的录取线已在二本线上下了，如果我们不乘势而上，就有可能碰着天花板掉下来，只有越过天花板才能更上一层楼。大家都比较担心，明年我院如果争取进入二本招生，会是一步险棋。但是，西安翻译学院、西安外事学院等六所民办高校都进入了二本招生。西安翻译学院的院长就有魄力说："哪怕西译今年一个二本学生都招不到，螃蟹还是要吃的！"西安外事学院今年也全面步入二本招生，而它原来并没有发文凭的资格，后来从发专科文凭到发部分本科文凭。可见，陕西省教育厅支持民办教育。下一步怎么办是很重要的问题，进入二本招生到底会带来什么问题，有多大的风险，这是我们需要调研和思考的问题。因此，我们要处理好人才培养各个环节之间的关系。

锦城学院"招生—培养—就业"联动体系

二、关于持续地提高质量、保持优势的问题

招生—就业是一个循环，像生产流水线一样，决定"进口"和

"出口"。现在，我们已经取得了一定的优势，也就是在四川的三本院校中，我们遥遥领先。我们学校的办学定位、人才培养目标和教育模式，以及我们采取的一些措施逐渐被大家所认可。在这样的情况下，要持续保持优势、增加信誉，提高质量是核心，有几个问题需要明确。

一是我们在和谁比拼，这个优势对谁而言。我们的竞争，既是和上一层次院校的竞争，又是和全国各大院校的竞争，确切地说是与世界所有高校的竞争。我们的学生毕业了，到职场上，很少有人注重你是几本的，关键看工作能力。面试中，不管你是几本，你的基础知识不牢，答不出问题，就不合格。无论是毕业于"211"院校还是"985"院校，能力本身是最重要的。所以，我们不是仅仅与三本院校竞争，只是这个阶段主要和三本院校竞争，但是从长远来看，是与所有高校竞争。在就业市场上，我们的毕业生还要与研究生竞争。因此，我们要制造一个长处，制造一个亮点。

二是在信息高度发达的情况下，同类型和不同类型的企业、团体、学校的趋同性都大大增加了。信息传播快且透明，趋同能力加强，趋同速度加快，保持优势的难度增加了，这是我们面临的问题。所以，要人无我有，人有我优，人优我变，人变我精。我们办"三练三创"，搞创业方案竞赛，如果别人再向你学，那在"优"的基础上就还要"变"了。如果别人又跟着变，我们就办得更加精，搞特色化，变出让别人追不上的东西，保持优势。

三是我们一定要克服提高质量的阻碍。当前高等教育的质量工作是中心，也是竞争的核心，但是要提高质量还面临很多制约性的因素。我们主要的制约因素有四个，第一是师资，后面单独讲。第二是经费，这是提高质量的一个最主要的制约。现在美国大学的人均年教育费用是2.5万美元，日本大学生的人均年教育费用为1.2万美元，我们的教育质量按这样的经费比例算难以赶上美国、日本，粗略地算，我们的人均年教育费用仅1万元人民币。我们办学既要搞建设，建图书馆、教学楼，还有许多其他的教育开支，经费困难仍然是我们的主要困难。第三是硬件，包括教学楼、实验楼、图书馆、实验室等。第四是管理，管理落后也是制约我们质量提高的问题，质量也是管理出来的。课堂有课堂管理，教学有教学管理，学生有学生管理，后勤有后勤管理，安全有安全管理。管理跟不上，不可能提高教学质量。所以，管理工作大家一定要重视。比如教研室管理，有的教研室活动开展得很好，把老师召集起来，大家共商教学科研，互相观摩，拟定计划。在实习方面我们也要有管理，还要管理好。每一个环节都存在管理问题，管理是为教学服务的，所以管理薄弱、不到位，就是阻碍教育质量提高和优势发挥的因素。

三、关于岗位调查和人才培养目标的制定问题

学生要负起自己的责任。每个人都有自己擅长的东西，都是有用之才，发现自己的才能是什么，就是自己要担负的责任，教育为学生提供了发现自己才能的机会。我们要设定一个人才培养的具体目标，大目标是培养应用型人才，现在要设立各专业、各方向的具体目标。如今，学术界、教育界说的四种人才，我的理解是：美国式的（一字型）、苏联式的（I字型）、中国式的（T字型）、中美都有的（∏字型）。四种人才里边就培养T字型或∏字型人才而言，实际上可以设置一个

新的树形教育结构，如下图：

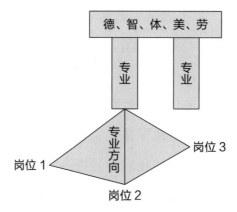

锦城学院人才培养"树型教育结构"

人才培养目标"宽基础"对应的是横向的通识教育，人才培养目标"深技术"对应的是纵向的专业教育。而专业教育又分专业方向，专业方向必须依据不同的就业岗位来设定。因此，我们现在具体的人才培养目标就要通过具体的岗位来设定，使人才培养目标与就业岗位相匹配，课程体系的设计要以社会需求为导向。当然专业还可以辅修、可以增加，这样就能培养出复合型人才。所以，一个专业，尤其是文科专业，也可以对应不同的就业岗位甚至不同的行业。通过这样一个人才培养模式，我们可以加快对学生的专业教育，让他们有足够的专业技术能力，又有一项绝活，就是专业方向。我们必须得走另外一个路线，要有核心竞争力，要有一项绝活。因此，学院要进一步推进对岗位的调研，并形成档案。我们的人才培养目标设定要颠覆原有模式，把从学校、从专业设定出发转变到从社会需要出发，不是"我卖什么你就得买什么"，而是"你需要什么我就卖什么"。I 字型人才的专业性是很彻底的，但是横向迁移能力缺乏。所以，我们主要采用的是 T 字型或∏字型人才培养。还有，美国的本科生接受的是通识教育，研究生接受的是专业教育，我们现在还不能完全照搬，只能是针对少数人采用。

四、关于教学计划的改革问题

教学计划就是把时间、空间、课程等资源有效地组织起来，并且进行合理的安排。在有限的时间内，把最有用的知识教给学生，使知识变成能力，这个就叫教学计划。大家要在有限的时间内把时间、空间、课程、教师这些有效的资源合理地组织和安排，因为学生在学校的学习时间只有四年。在这样一个短的时间内，不充分利用这些资源，就不能够恰当地进行安排。教学计划方面的改革现在大致有三种情况。

第一种情况是五年来，我们大家经过不断地努力，有一部分专业的教学大纲、教学计划、课程设置，处在一边规范一边改革中，还不是很完善。有些专业课程体系还没有成型，还在不断地规范和完善当中。这个"边规范边改革"要尽快地规范起来。教学大纲必须向学生公布，包括主讲内容，包括要让学生通过学习达到什么目的，考试方法是什么，还包括推荐的参考书，等等。

第二种情况是课程体系、教学计划的基本规范，基本上是在传统大学教学的基础上进行小改革、小修补，建立的一个系统的教学体系，改革的幅度不大，基本上沿袭了传统大学的教学计划办法。

第三种情况是根据社会的发展和人才的要求进行教学改革，大胆地引进了新的教学内容和教学方法，改进了考试评价的方式方法，以学生主动性、探究式学习取代照本宣科的教学，走在同行业的前面。

这种情况就是找到了改革的着力点，找到了我们人才培养的制高点和空间，缩小了传统大学教育和社会实际需要的差距。

　　现在来看，这三种情况中，第三种情况还是少数，第二种是多数。所以，我们还需要进一步地研究社会发展，研究社会需要，研究人才培养的原理、人才成长的规律，大刀阔斧地进行改革。要确定课程的性质，确定是选修还是必修，课程的组成一定要列出这个专业是由什么来组成的。要构成这个东西需要"四层楼"：第一层是通识课，或者叫作通识核心课；第二层是专业基础课；第三层是专业主干课；第四层是方向选修课。把这四层统统列出来，再加上学生的实践教学。汕头大学的教学计划是，学校安排学生必修的是 53 个学分，另外 16 门课程是系里安排的。我们的人才培养目标一定要由课程体系来保证。另外，按需施教的问题要好好研究，考试内容要按照教学内容来设定。有些课程放在前面学习，学生听不懂，因为他们还没有学相关的知识，因此，教学细节和顺序一定要把握好。所以，我们要学习长沙理工大学城南学院和淮海工学院东港学院的那种创新的劲头和精神，大胆改革。这里面有一个关键问题，就是我跟大家说的，一定要找到一个空间，我们能够走到前面去，也就是我们的教学计划要针对传统教育和客观需要之间的那个空间差，传统教育做不到的我们想办法来解决，就是这个空间。每个专业都要找到这样一个空间。文传系就找到了这个空间，找到了传统的新闻专业和现在的新媒体行业不对口的空间差，所以想办法创新，培养"技术型文科人才"，这是一个跨学科的创造。计科系电子商务专业也是跨学科的，现在就是需要跨学科的教育。希望每个系、每个专业都找到这样一个跨学科的东西，都找到一个传统教育达不到但我们能达到的东西。别人做不到的咱们能做到，这就是咱们的优势。

五、在全校推行六种教学方法

现在大家都认识到，教学方法是个很大的问题。因此，我们要在全世界范围内学习最有效的教学方法，以达到我们的教学目标。我归纳出来有以下六种：第一种，案例教学法，是哈佛大学发明的；第二种，项目驱动教学法；第三种，问题导向教学法；第四种，模拟仿真教学法，包括情景教学、体验教学等；第五种，以赛促学教学法；第六种，海量平台教学法。只有用好的教学方法才能达到好的教学效果。我们要找到六种教学方法的发明者，找到根源，并进行总结。从《走进哈佛课堂》一书中可以看出，事实上，哈佛也并不是所有的院系课程都能用案例来教学的，这类方法在哲理学院、商学院、经济学院用得较多。教授在用案例教学法的时候，会仔细地考虑案例教学的目的是什么，以及什么时候采用什么样的案例会带来益处。哈佛培养学生注重处事能力，必须把一个案例讲透。希望大家能因地制宜、因时制宜、因人制宜地运用这些教学方法。并非每门课六种方法都能用，适合用什么才用什么，但是课堂一定要搞活。比如，工商系的以赛促学教学法，哪怕是学习别人的，只要能运用好就行。技能的学习一定要让学生自己做一遍，做好一个项目比写一篇论文更重要。有的课程就是要充分提前预习，有什么问题提出来大家讨论，最后教授来指导，这就是问题导向教学法。六种教学法都能增加师生之间的交流，六种教学法都要在全院范围内推广。一个系能够运用好其中一两个教学法也是成果，我们要动员所有老师采用这些方法。要坚决杜绝照本宣科、"满堂灌"的教学方法，绝对不能不管学生听得懂听不懂，只照着念。播放PPT课件也要跟讲课内容的节奏相配合，要相得益彰。

六、关于教师的问题

一个学校要兴旺发达并办成一流，必须通过教授来实现这个目标。艾森豪威尔接受哥伦比亚大学的聘请担任校长，在欢迎大会上，他表示对会见哥伦比亚大学的教授"雇员"们感到万分荣幸。当时一名教授站起来不失风度地说，先生，教授们不是哥伦比亚大学的"雇员"，教授就是哥伦比亚大学。"教授就是大学"，教授对于学校的重要性是不言而喻的。现在最大的问题是，部分教师不能全心投入教学，不能把自己百分之百的精力用在教书育人上，投入不足是个天大的问题。在教师的问题上绝对不能有"二八定律"。企业管理的"二八定律"说，百分之二十的人做了百分之八十的事，百分之八十的人做了百分之二十的事，这是个规律。这个"二八定律"在企业里可能行，在学校里不行。在学校，如果百分之二十的人教百分之八十的课程，或者百分之二十的老师是好的，百分之八十是差的，那行吗？那不是对学生不负责任吗？所以，教师的问题，第一个最严重的问题是教师精力投入不足。学校所有的老师都必须是负责任地、投入地面对每个学生。另外，我们的教师现在还有一个问题是专职的少了，兼职的多了，这是独立学院共同存在的"天然不足"的问题。

因此，我们在继续贯彻"两个原则"的基础上，遵循"四个结合"。"两个原则"即教师来源"五湖四海"、学术囊括"三教九流"。学校要发展、要繁荣就要这样，人员来自五湖四海，学术包容三教九流，兼收并蓄，中西结合。我们学校的校园物质文化建设本身也是兼容并包的，西洋式的建筑取名为"忠孝大楼"，欧式建筑风格的校园里矗立着孔夫子的塑像。这就叫"中西结合"，就是五四运动以后所谓的"学贯中西"。"四个结合"即老中青结合、专兼职结合、"双师型"结合、引进与培养结合。

在继续贯彻"两个原则"和"四个结合"的基础上，我们现在重点要完成两个任务。一个是树立旗帜性人物和培养中青年骨干。每个系至少要有一名首席教授，他们代表着我们师资的高水平。清华大学请杨振宁回来，就是看中他作为诺贝尔奖获得者的高知名度。所以，对于在某一行业或某一领域德高望重、有所成就的教授，要想办法聘请到学院来。对于中青年骨干，必须采取措施巩固和提高他们的教学和科研水平，学校将来的希望都寄托在他们身上。针对旗帜性的人物，课时费在必要的情况下还可以提高。第二个任务是要表彰和鼓励教学业务强、师德育人好、综合素质高的人才。

七、关于处理好教学改革与教学计划之间几个关系的问题

一是客观评价标准的问题。我们现在需要用客观数据来评价教学质量和办学水平，譬如说，通过就业率、英语四六级通过率、考研率、竞赛名次、专业课研究题目等客观标准。学校现在这个阶段，需要用客观标准来评价我们的办学水平和能力。当然，也并不是说学生过了英语四六级，英语水平就一定高，只是现在要证明教育质量好，还是需要一些数据支撑，希望大家都要找一些客观评价的标准来体现我们的教育和办学水平。就业率是雇主对我们的评价，升学率就是重

点高校对我们的评价，四六级是国家英语考试对我们的评价，竞赛名次是举办单位对我们的评价。我们还要争取推出"全国优秀辅导员"，争取获得"全国就业示范单位"荣誉称号。

二是"鱼"和"渔"的问题，就是知识教育和学习能力教育的问题。我们一定要处理好知识教育和学习能力教育的关系，把有限的、够用的、实用的、适用的知识教给学生。有人说，在学校学习知识不重要，学习能力是最重要的，这话不妥。首先，我们必须教给学生知识，这是学生上大学的基本任务，但是这个知识是有限的、够用的、实用的、适用的。在学校把所有的知识都学完是永远做不到的，这是任何一个大学都做不到的，但是学生学到的知识很少或学不到知识也是不行的。我们必须把有限但足够的知识教给学生，使他们能够学到手，学得精，学得通。要学而会用、学而够用。这就是"鱼"的问题，教什么的问题。其次，关于"渔"的问题，就是学生的能力一定要通过教学来提高。六种教学法就是要培养学生"渔"的能力。案例教学让学生思考其处事能力，完成项目让学生融会贯通自己所学到的知识，思索问题让学生习得一种思维方式等，这些都是教给学生如何解决问题的方法。《论语·述而》讲："举一隅不以三隅反，则不复也。"学生要能举一反三。教育学生既要教他们基础知识，也要教他们再学习的能力，也就是学习方法。

三是教材的选用、编写和鼓励政策。我们要根据人才培养的要求，选择适用的教材。可以是教育部推荐的教材，可以是名校使用的教材，也可以自编教材。无论选用哪一种，都应报教务部备案同意。我们要鼓励有水平的教师自编教材，要尊重版权，尊重原创，尊重教师的劳动。

四是考试方法的改革。我们教育的体系做了调整，教学计划做了调整，考试也必须做相应的调整。考试的内容要跟上，方法也要跟上，考核题目最好能够测试学生是否能够灵活运用知识来分析问题和解决问题。比如，工商系考核策划营销方案谁做得更好。我们必须大胆变革考试方法，改革考试制度。考试制度是指挥棒，要用好。要通过考试检验学生掌握知识的情况，也要检验学生分析问题的能力。要减少有固定答案的题目，增加一些开放性的思考题，也要提高他们分析问题的能力。

五是重视榜样力量的作用。榜样的力量是无穷的，我们在教学上一定要树立榜样。上半年，我们的校风有明显好转，很重要的一个原因在于我们今年的就业率、升学率公布后，许多学生看到了优秀毕业生高端就业，部分毕业生考上研究生、出国到名牌大学深造，这就是榜样的力量。图书馆借书量、检索量的公布也很重要，这也是榜样力量的发挥。所以，我们要树立很多榜样，包括教得好的和学得好的。

八、关于提高教育力的问题

日本学者金子元久所著的《大学教育力》这本书当中讲道，"教育力"是学校通过教育给学生施加影响的力量，是改变学生一生的力量。教育力提高的固定渠道就是学校，学校要提高教育力必须做很多工作。而教育力的提高不仅仅在于教育对学生施加的力量，更重要的是学生的个人规划目标要与学校的培养目标相匹配，此时教育力才最大。学校的教育目标和学生的愿望不抵触，但是不完全一致的时候，则力量不足；二者完全抵触的时候，教育力无法发挥作用。所以，学校的教育目标清楚，学生自己的愿望不清楚的时候，我们还可以带着学生走，两个目标都清楚并且相一致，力量就很强大；两个目标都清楚但不一致，那就是南辕北辙。我们要想办法使学生的爱好、学生的习惯、学生对社会的认知与我们的教学目标一致。对个别学生来说，拿文凭就是他们的目标，我们要通过教育转变他们的想法。所以，在新生教育中，一个重要的目的就是把学生的愿望调整到和学校的目标一致。每个人都为自己的教育明确目标，并尽自己的一切努力去实现它。知道自己的特长是什么，将来发展的前途是什么，学生才能有动力。

九、关于校园文化的问题

这一次，我们第一次把校园文化提到系统和理论的高度，学工部和团委也要思考出一些办法和措施来建设校园文化。我们的校园文化可以说是"奋斗向上、追求至善"的文化。其理论基础就是世界上所有的事物都是不完美的，包括对宇宙、世界的认识，包括我们现在各种事物的状态、做人做事的做法和结果等，因此，我们需要追求至善至美，达不到这个我们就需要奋斗。学生需要不断地增强信念，学业需要不断地进取，学术需要不断地探索，学校需要不断地完善。这就是我们"奋斗向上、追求至善"的文化。要做到这些，我们还必须采取相应的方式，通过"课堂灌输、活动推进、意识熏陶、制度规范、典型带动、奖惩强化"六项措施来推动校园文化工作的开展。首先是"课堂灌输"。譬如说，德育课教育必须得通过课堂化、课本化进行灌输。其次是"活动推进"，通过学生活动来推进校园文化传播。再次是通过一些仪式来进行"意识熏陶"，仪式具有熏陶的作用，犯了错要忏悔是一种仪式，祭祖跪拜是一种仪式，我们现在的国旗班升旗是培养爱国精神的一种仪式。第四是"制度规范"，一些措施在施行一段时间以后要用制度来规范它。比如，每年9月28日孔子诞辰时，教师要学习孔子教育思想，参加纪念活动，以后就形成制度。第五是通过树立典型带动文化建设。比如，孝心典范树立钟颖，爱心典范树立周建良，敬业典范树立赵紫东，等等。第六是"奖惩强化"，对做得好的就不断强化。我们的校园文化要成为一种习惯、一种传统、一种氛围，要做的文章还很多。

十、关于学习研究的问题

我们要进一步加强对高等教育大众化阶段的学习和研究，更加自觉地做好转型期的研究和改革工作。我们现在处在转型期，这个阶段存在着许多问题。而我们这些问题，美国、欧洲、日本、韩国等都经历过了，也已经总结了。关于教育的目的、功能、方法，以及课程设置、学生毕业安排、与社会的界限等很多问题，外国教育机构都一直在研究。当然外国的经验不能照搬，只能作参考，该打问号的打问号，该肯定的就肯定，毕竟别人比我们早走一步。所以，大家要不断地学习，不断地研究。高等教育大众化是历史的必然，高等教育大众化阶段大学的定位和错位发展问题、人才培养标准问题、教学质量问题，以及人才观、就业观、课程和教学方法等问题，都可以进行深入研究。学校要提高，首先是各级领导认识水平的提高。锦城学院的院系领导干部的谈吐要有水平，研究问题的出发点要有水平，还要有一种锲而不舍的精神，研究什么问题要研究透，打破砂锅问到底。我们研究问题都要追问出处，追求准确，并形成一种风气，不能形成马马虎虎、信口开河的风气，要"追求事实，追求真理，追求至善"。

今天这次会议既是交流的会议，也是学术的会议，更是将教学改革和人才培养提高到新水平的会议。希望大家全力以赴，为学院再上一个台阶而努力！

做锦城学院的"四有新人"

——在2010级新生开学典礼上的讲话

（2010年9月13日）

今天我们在这里隆重举行2010级新生开学典礼，我谨代表全体师生员工向四千多位进入四川大学锦城学院学习的新同学表示热烈的欢迎和衷心的祝贺！向四川大学各位领导、共青团四川省委领导、成都市青白江区委领导，以及各股东单位、奖助学金设立单位、雇主和合作办学友好单位的各位领导和来宾对我院长期的支持和关心表示衷心的感谢！同时，也向精心哺育孩子们成长，并给予锦城学院充分信任的广大家长们表示诚挚的敬意！

同学们，你们完成了高中阶段的学习，进入大学深造，开始了你们人生的新阶段。你们选择了四川大学锦城学院，历史将证明这是正确的选择。四川大学锦城学院秉承"传承知识、培养人才、引领社会、服务大众"的宗旨立校。五年来，在川大、全体股东和社会各界的大力支持下，实现了跨越式发展，学校连年生源爆满，成为青年人求学向往的高等学府之一。它连续两年创造了全国最高的就业率，实现了"锦城"学子"多就业、就好业"的目标；它首创了"三讲三心"、"三练三创"、"一体两翼"、"三自三助"、劳动、创业等独具特色的教育，探索和完善了应用型人才培养模式；它将中华民族忠孝仁爱、信义和平与现代科学民主、自由平等的精神相结合，既给学生打上中华五千年文明的烙印，又让学生养成现代公民的时代精神。

学校将给你们提供优良的教育，帮助你们锻炼和成长。学校是一座火热的熔炉，你们将在这里百炼成钢。

邹广严院长检阅新生军训方队

学校将给你们提供一支高水平的师资队伍。清华老校长梅贻琦先生说："所谓大学者，非谓有大楼之谓也，有大师之谓也。"在某种意义上讲，教授就是大学。一所大学的水平是由它的教授的水平决定的。锦城学院依托四川大学，有着优质的教学资源和雄厚的师资力量。目前，我们已经建立了老中青结合、专兼职结合、"双师型"结合、引进与培养结合的"四个结合"的八百多人的教师队伍。其中，具有副高以上职称的任课教师占比近70%，他们有的是知名学者，有的是教学名师，有的是青年才俊，有的是业界精英。这些教师许多来自川大、电子科大等名校，他们学识渊博，教学经验丰富，满怀激情，全身心地投入"锦城教育"。他们是你们的良师益友，今后四年，你们将在他们的耳提面命、谆谆教诲、启发引导和精心点拨之下茁壮成长，你们将感受到老师们孜孜不倦的钻研精神、诲人不倦的工作态度和为人师表的高尚品德。

学校将给你们提供一个良好的学习和生活条件。一所好的大学仅有大师，没有大楼也是不可以的。我院建校以来，一手抓教学，一手抓建设，经过全校师生的艰苦创业，现在已经建成一座环境比较优美、设施比较完善的现代化大学。学校向你们提供良好的宿舍、教学大楼、实验室、图书馆、运动场和学生食堂，这些设施如果不是最好的，至少也是全国一流的。学校将在你们使用这些设施时提供周到的服务，以保证你们愉快生活、安心学习、成长成才。你们可以在图书馆潜心阅读，在报告厅聆听名家讲座，在实验室探索大自然的奥秘，在运动场强身健体。锦城学院向你们提供的"四个课堂"，为你们成才提供了最有力的保证。

学校将给你们提供一套科学的、适用于培养应用型人才的课程体系。学校设置的课程体系，是达成人才培养目标的主要措施。锦城学院要培养的是高素质、复合型、经世致用的应用型人才，它的标准是"做人第一、能力至上"，要求既会做人，又能做事。因此，我们从建校之初至今都在与时俱进，不断地研究、改革和完善适合创新型、应用型人才培养的课程体系和教学大纲，包括以"三讲三心"明德教育、"一体两翼"知识教育、"三练三创"实践教育为主要内容的"三大教育"，"理论基础知识必修阶段、工学结合专业选修阶段、综合能力整合提升阶段"三个阶段的教育资源划分，"四个课堂"相统一的全方位培养，将劳动、创业列入必修课的特色教育，必修、选修和辅修第二专业相结合的个性化教育。这样的教学大纲和课程体系将保证你们在短短的四年内学到管用、够用、能用、会用的知识并能举一反三，使你们走出校门之后，具备专业适应能力、专业提升能力和横向迁移能力等核心竞争力，并且实现理论基础方面强于高职院校，实践能力方面强于重点院校的战略目标。

学校将为你们提供古今中外大学教育中行之有效的教学方法。我们的目的不仅是教会学生知识，而且要使你们学会获取新知识的方法，不但会提出问题，而且要找出解决问题的方案。因此我们不但要设置科学的课程体系，还要有一套先进的教学方法。教学方法是为教学目的服务的。我们要培养创新型、创造型人才，就必须用与之相适应的教学方法。我们摈弃过去那些填鸭式、满堂灌等落后的教学方法，克服迷信教师权威的教育思想，代之以启发式、互动式、讨论辩论式、探究式的教学方式，使之更加科学化、艺术化、个性化。学院决定，在过去几年实践的基础上，从今年起，在全校推行六大教学方法：案例教学法、项目驱动教学法、问题导向教学法、模拟仿真教学法、以赛促学教学法、海量平台教学法。这些方法不仅符合教学的客观规律，而且更充分地体现了以学生为主体的人文主义教学思想，它有利于激发学生的灵感和想象力，保护青年人的好奇心和兴趣，以最大限度地培养学生的批判性思维和创新精神。

学校还将给你们营造一个良好的学术氛围和校园文化。一个学校的校风、教风和学风，是一个学校的软实力。一个国家、一个学校能否培养出人才，关键是这里的空气、水分和土壤。中国伟大的科学家钱学森认为要培养科技创新人才必须有一个宽松的学术氛围，他特别推崇加州理工学院，认为它全部的精神就是创新。我院在"追求事实、追求真理、追求至善，学院谋特色、学生谋特长"的"三追两谋"精神引领下，努力营造严谨求实、自由创新的学术氛围和奋斗进取、止于至善的校园文化。我院推行以学生为主体的"三自三助"自主管理，鼓励学生独立思考、锐意创新、切磋辩论、挑战权威。我院推行尊师重道和教学相长相结合的新型师生关系，使全体师生成为研究学问、追求真理的学术共同体。我院实行的是制度的硬约束和管理的人性化相结合的新型管理制度，努力建设和谐校园、人文校园、创新校园、书香校园。我们坚信，在这样的氛围和文化的熏陶下，同学们一定会把你们的天赋和特长发挥得淋漓尽致。

五年的实践证明，锦城学院是一所社会认可、家长放心、学生成才的大学。五年来，学院培养了一大批事迹突出的优秀学子。他们当中，涌现过不少支援灾区的典型，也涌现出了不少大胆进取的创新团队、自强不息的先进榜样。有割肝救母的孝女钟颖同学，有勇救四名落水群众的"见义勇为大学生"周建良同学，有地震视频上网第一人、"全国三好学生"赵紫东同学，有"中国大学生自强之星"邓忠君同学，有全国大学生英语竞赛中荣获特等奖的潘一同学，有荣获四川省大学生书法大赛特等奖的刁婷婷、刘喆丰同学，有获"2007四川省大学生创业大赛"一等奖并获得五万元资助的"木格子"创业团队，有荣获第六届"挑战杯"四川省大学生创业计划竞赛一等奖的计科系手机游

飒爽英姿

戏团队，有屡次入围"全球华人金犊奖"的文传系学子，有获得八项国家专利的工商系、机械系同学……他们共同开创了我校创新创造的新局面！

在世界金融危机的严峻形势下，我校毕业生就业率连年达到98%以上，半数专业的就业率达到100%。锦城学院的毕业生深受用人单位的欢迎，毕业生在工作岗位上出色的表现获得用人单位的认可。土建系的罗襄宏同学被单位授予"优秀工作者"称号，财金系的黄浩瀚同学已经担任项目财务主管，工商系的杜年松同学已担任新加坡华尔登国际发展有限公司旗下的华尔登酒店副总经理。还有一些毕业生学习和研究能力突出，选择继续深造。我院2009届和2010届毕业生二百余人，被北京大学、四川大学、同济大学、华中科技大学、密歇根大学、伯明翰大学、悉尼大学等国内外著名大学录取为研究生。

这些优秀学子的成就表明了锦城学院的教学水平和教学质量之高，显示了我校应用型人才培养模式的成功，说明了我校以学生全面发展、做人做事为中心的教育是成功的。但是，学校的教育影响力只有和学生以及和家长的愿望、目标相一致时才能发挥得最好。要想"锦城"改变你的一生，成就你的一生，你就必须有和学校高度匹配的清晰目标和高度自觉。你们的师兄师姐已经给你们做出榜样，我相信你们会做得更好。这就要求你们做到有规划、有信心、有努力、有坚持，成为锦城学院的"四有新人"。

第一，你们要有规划。如果在进入大学之前，你们的学习目标是不断升入高一级的学校，那么从今以后你们就将进入一个新的历史阶段。你们不要听信那些似是而非的说法，例如说只要考上大学，松松垮垮就可以混个文凭，例如说不用打牢基础，只要敢想敢干就可以创新，等等。同学们，这是不正确的。大学阶段是人生的重大转折阶段，在很大程度上决定了一个人的未来。大学毕业之后的出路是多元化的，你们很多人毕业之后要从学校走向社会，走向工作岗位，实现由学业成功走向职业成功。你们也有不少人要考研或出国继续深造，进入新的学校。你们也有人要参军，走向国防岗位。你们要根据自己的特长、禀赋确定和规划自己的人生目标。每个人都有自己擅长的东西，都是有用之才，而发现自己的才能是什么，就是你们要对自己担负的责任。教育为你们提供了发现自己才能的机会。你们要在各部系领导和职业指导中心的指导下制定适合自己的职业发展规划，立下志向和理想，朝着自己规划的目标前进，只有远大的目标才会产生强大的动力。

第二，你们要有信心。对青年人来说，信心比高考分数更重要。毋庸讳言，在今年的高考中，有的同学考出了自己的水平，有的同学可能发挥欠佳，但一次高考成绩说明不了什么，分数高低也并不代表你们智商和情商的高低，更不能决定你的将来和前途。事实上，很多著名人物的考试成绩并不都是很理想的。爱因斯坦年轻时考过一次苏黎世联邦技术大学，但失败了，这激发了他更加努力地恶补知识，最终取得成功。前不久病逝的中国近代力学奠基人之一，著名的科学家、教育家钱伟长，中学时严重偏科，在理科上考分很差，大学时立志报国，弃文从理，发奋苦读，最终成为我国著名的物理学家。所以，考试分数低不代表不会成功，同样，考试分数高也不代表一定有所作为，高考状元不一定是职场状元。《中国高考状元调查报告》对1977—2008这32年间各地区的1120多名高考状元的发展状况进行了调查分析，发现他们并不是都能成为做学问、经商、从政等方面的顶尖人才。因此，你们没有理由气馁，你们必须有自信，正如爱默生所言，自信是英雄的本质。我校是一所创新型的大学，我们所推行的教育就是扬长避短、特长成才的教育，只要你们有信心，胜利就一定属于你们！

第三，你们要有努力。人的智商差距很小，但努力程度的差别很大。华罗庚未上过大学，怎么成了数学家？关键是他在父亲的杂货铺里一面打工一面刻苦攻读，在草纸上演算数学题。他说过，天才是不足恃的，聪明是不可靠的，要想顺手拣来伟大科学发明是不可想象的。鲁迅先生怎么成了伟大的文学家？他是把别人喝咖啡的工夫都用在工作上的。马克思为完成其经济学研究，每天从早上九点到晚上七点都待在大英博物馆里，在不到一年的时间里，他的笔记本上就写满了从80位作者的著作中摘录的大段大段的文字，可见他进行了极为广泛的阅读。有人说美国的大学生学习不努力，但毕业后却很成功，这是一种误会。爱因斯坦认为成功是通过艰苦的努力、正确的方法、少说空话得来的，他说，一个人只有以他全部的力量和精神致力于某一事业时，才能真正成为一个大师。世界首富比尔·盖茨从小就表现出努力的特质，他成功的座右铭是"我竭尽全力"。所以，从你们入校开始，就要刻苦努力，奋发图强。正如马克思教导我们说的那样，在科学上没有平坦的大道，只有不畏劳苦沿着陡峭山路攀登的人，才有希望达到光辉的顶点。

第四，你们要有坚持。一个好的计划或设想，人们想到了不一定能做到，做到了不一定能做好，做好了不一定能坚持下去，只有那些想到了、做到了、做好了而且能坚持下去的人才会取得成功。爱迪生曾花了整整十年去研制蓄电池，其间不断遭受失败的他一直咬牙坚持，经过了五万次左右的试验，终于取得成功，被人们称为"发明大王"。居里夫人在1898年到1902年的四年间，从大量铀沥青矿中进行提炼，经过几万次的失败后，终于得到了0.1克的镭，成为伟大的化学家和诺贝尔奖获得者。成才没有捷径，成功贵在坚持。要坚持就要有毅力、有耐心，不能只有五分钟热情。要坚持就要能吃苦耐劳，知识的获得是一个痛苦的过程，贪图安逸将一事无成，只有现在多吃苦，将来的道路才通畅。要坚持就要能严于律己，养成习惯，养成勤奋好学的习惯是坚持治学向善的主要途径。你们要明白，在这个高度竞争的时代，要想出类拔萃、脱颖而出，必须比别人多出十倍的勤奋、百倍的坚持才能达到。

同学们，海阔凭鱼跃，天高任鸟飞。大学四年，是人生历程中非常重要的阶段。我们伟大的祖国对你们寄予厚望，你们的家长对你们寄予厚望，"锦城"的师生员工也对你们寄予厚望！让我们全体"锦城人"共同奋斗，去创造你们人生的辉煌！

论全身心投入"锦城"的教育事业
是"锦城"教师的第一师德

——在2010年全院教职工大会上的讲话

（2010年10月15日）

9月28日我们庆祝孔夫子诞辰2561年，就这个主题我们表彰了今年的优秀班主任和介绍了各系先进的教学方法。下面重点要讲一个主题：全身心投入"锦城"的教育事业是"锦城"教师的第一师德。师德的内容很多，比如"学高为师、身正为范"，关于师德可以讲很多，但首要的是全身心投入教育事业。对锦城学院这样的学校来说，这是涉及我们学院生存发展和竞争力的问题。下面我从两个方面来讲。

一、为什么要全身心投入"锦城"的教育事业中

（一）对学校而言，要实现学院十年建设和发展的远景规划，必须有一批全身心投入的干部、教师和创业者

我们的十年规划就是要在一个不太长的时间段内将学校建设成为西部领先、全国一流、世界知名的应用型大学。这个任务是非常艰巨的，不是一个简单的事情。要实现这个目标，没有一批舍得流汗、舍

得牺牲休息时间、舍得"把喝咖啡的时间"利用上的教职员工，是很难做到的。这样一批创业者是不可缺少的。我们和川大的区别是什么？川大建设一百多年，现在已经形成了稳定的教师队伍、干部队伍和管理制度，其运行已经形成了一种习惯力量。不论领导人是谁，学校都可以正常运转。而我们学校现在所处的阶段是创业和发展的阶段，这个阶段就像延安时期，那时候没有周末之说。"抗大"，就是中国人民抗日军事政治大学，学生是在窑洞里坐着小板凳学习，那个阶段是创业的阶段。所以，对我们而言，在这个创业发展的阶段中，大家要多休息、出去玩或在外兼职兼课，是不合时宜的。所以，我们能否全身心地投入"锦城"的教育事业中来，是一个立场、态度、情感、忠诚度的问题，是一个是主人翁、建设者、创业者，还是旁观者、打工者、临时中转者的问题，是一个工作在不在状态、有没有责任心的问题，是一个全心全意，还是三心二意、半心半意的问题。"全身心投入"的重要性就在于此。

过去五年，"锦城"的建设和发展凝聚了全体教职员工的不懈努力和辛勤汗水，是大家全职全力、全心全意、同心同德，全面投入工作的结果。没有这一批人，就没有"锦城"的今天。现在有些同志有点儿松懈了，没有2005年那种全身心投入的精神。因为我们现在人多了，参差不齐，有的人三心二意了，有的人只是打工领钱，认为学院发展与个人无关，置身事外。这个比例的职工越多，我们学校的发展越危险。任何一个组织和政党如果没有一批舍身忘我的革命者，革命不会成功。孙中山先生领导革命的时候是前仆后继，他的特点是"愈挫愈奋，再接再厉"。我们共产党打天下也是一样，没有一批拼命的人不行。办学校也是同样，要有一批忘我工作、舍得花时间的人。今后五年，"锦城"的跨越式发展仍旧需要全体教职员工尽职尽责、敬业奉献、全力以赴。"锦城"的一草一木、一砖一瓦都需要靠大家来共同改善，"锦城"的图书馆、实验室都需要靠大家来继续完善，"锦城"的课程内容之调整、教学方法之改进，都需要靠全体教师来进行，"锦城"学子的学习生活、习惯养成、成长成才，都要靠大家来共同指导和督促。这些事离开了全身心投入和牺牲精神是做不到的。比如，现在我们的绿化比以前更好了，但是要办成一个环境更加优美、园林式的学校还需要靠大家共同努力，如果每个人都能像对待自家花园一样为"锦城"增添一草一木、一砖一瓦，那学校将会更加美丽。有很多问题要靠大家来发现和改进，所以，我们要进一步地认识到"全身心投入"的必要性。

（二）对学生而言，最宝贵的教育资源是学生的时间，这个资源的含金量取决于学校的服务、教师的加持、学生的努力

学生最宝贵的资源就是时间。学生上课的时间只有三年多一点儿，加上实习是四年，这个时间在一生中非常短促，但是非常重要。而学校能提供什么样的教育服务，教师能提供给学生什么教育内容，学生本人能怎样努力，这三个因素决定了教育的质量。

那么，我们怎样充分保证学生时间的利用？美国高质量高等教育研究小组给美国总统的一份报告中指出，学生的时间和精力是有限的，教育者必须与学生生活中的其他力量，如家庭、朋友、工作，争夺有限的时间和精力。其他力量越大，他们投入学习的时间和精力就越少。在我们这里，学生在寝室玩电脑、在校园谈恋爱、在校外聚会吃饭等等，有很多事情在争夺学生的学习时间，其他活动占用学生的时间越多、力量越大，学生学习的时间就越少。另外，教师与学生接触的程度和时间的长短，以及对学生帮助的深度，决定了学生接受学校教育及受到教师影响的多少。学校要有人才教育目标，要把学生教育成社会主义的建设者、共产主义的接班人。清华大学是培养"红色工程师"的摇篮，天津大学是打造"卓越工程师"的摇篮。学生的成才率和教师与学生交流的程度、时间，以及帮助学生的程度成正比。如果老师不与学生多交流，对学生没有多少帮助，学生受到学校教育的影响就很小。如果老师下课直接就走，不给学生答疑，那么，学生能学到的东西就不够多。毫无准备地上课或放羊式的课程管理，都是浪费学生学习时间的表现。

（三）对教师而言，古代教师的三大任务是"传道、受业、解惑"，现代教师的三大任务是"教学、科研、服务"，教师必须投入时间、投入精力，全身心投入教育事业

"传道、受业、解惑"都是需要时间的，"教学、科研、服务"也需要教师投入大量的时间和精力，教师要为学生服务，要教会学生为社会服务。无论是古代教师的三大任务还是现代教师的三大任务，都需要忘我的投入。胡锦涛主席在2010年7月份全国教育工作会上的讲话指出："教育大计，教师为本。""教育事业发展的关键在教师，必须紧紧依靠广大教师和教育工作者，遵循教育规律办学教学，不断提高教师政治和业务素质，弘扬尊师重教的社会风气。"温家宝总理指出："如果说教育是国家发展的基石，教师就是奠基者。有好的教师，才可能有好的教育……如果说教师是太阳下最光辉的职业，其光辉之处就在于教师可以照亮一代又一代新人，从而提高全民族的素质和推动社会的发展进步。"

诲人不倦

　　美国教育学家给大学新教员提了一个建议。根据美国专家的说法，他们备课和上课的时间比是 2：1 至 4：1。我们的老师如果一星期上 12 节课，备课时间至少得 18 小时，如果按照 4：1 的比例，备课时间就得 36 小时。另外，按照这个建议和国外的普遍做法，教师每天在课前和课后都有 20 分钟与学生交流，要有 18—30 小时的时间用于阅读、做笔记和写作、备课。此外，每周有 2 小时搞测验和阅卷的时间，有 6 小时办公时间，走访和参与学生活动，还要有用于学术创作、建立实验室、研究和田野考察、准备项目书、阅读专业文献、保持和其他学校同事的联系，以及社会交往等方面的时间。如果把这些活动的时间都加上，一天 8 个小时是不够的。这就是说，不全身心投入是做不好的。所以，不论学校、教师、学生，要办好教育和学校，都需要全身心投入。最近我们搞学风建设，要求学生上课背书包，带笔记本、书和笔。现在有 100 多家媒体报道了此事，但是，真正来学校采访或打电话核实的没有几家，就开始评头论足、说三道四。当然，其中正面评价的较多，但是说好话也要调查研究。不投入、简单化、走直线，这是不行的。教师不努力、学生不努力，以讹传讹，没有严谨的学风、文风，等等，这些都是问题。所以，今年教师节，我们表彰了兼职班主任，他们利用业余的时间无偿地全身心投入教育学生中去，以后我们的优秀教师评比，凡是不全身心投入的，都一票否决。

二、怎么样全身心投入"锦城"的教育事业中

我希望大家能做到以下五条。

（一）学而不厌，聚精会神做学问

蔡元培说，大学是"研究学问之机关"。哈佛大学校长詹姆斯·布莱恩特·科南特说，教师必须是学者。马寅初说，学习和钻研，要注意两个不良，一个是"营养不良"，没有一定的文史基础，没有科学理论上的准备，没有第一手资料的收集，搞出来的东西，不是面黄肌瘦，就是畸形发展；二是"消化不良"，对于书本知识，无论古人今人或某个权威的学说，要深入钻研，过细咀嚼，独立思考，切忌囫囵吞枣，人云亦云，随波逐流，粗枝大叶，浅尝辄止。这些学者都说得很好，我们要求合格的教师要认真教书、诲人不倦，把教学做"实"；要严谨治学、潜心研究，把学问做"真"；要服务于国家、社会、公民，乃至社区，把服务做"活"。你们教学生一节课，课下要备课三小时，甚至更多，坚决不允许不学无术的状况出现。做什么要像什么，做什么要会什么，医生要会看病，护士要会打针，教师要

老老实实在自己的岗位上做学问。

（二）丰富课堂，创造性教学育英才

教学有法，教无定法，实事求是，因地制宜。教师教学的三要素是教学内容、教学方法、教学评价。比如，"三大教育"是我们的教学内容，各专业中还有更具体的专业教学内容，教学方法也有很多种，教学评价主要是评估教学效果。教学内容确定之后，教学方法即是关键。中外教育的差距不仅在教学内容，更在教学方法和教学评价。物理学中都讲牛顿定律，都讲相对论，数学中都讲微积分，都讲解析几何，但是，为什么别人讲得好，我们讲不好呢？就在于别人讲的方法好，案例教学法就是美国的发明。我们推行的"六大教学法"中，有的是外国人发明的，我们中国的教师也有很好的创新和应用。

美国高质量高等教育研究小组的报告中指出，积极的教学方法要求学生不但要成为知识的接受者，还要成为知识的探索者、创造者。要使学生成为接受者、探索者、创造者，就要用好的教学方法。我们坚决反对一"坐"到底、一"念"到底、一"放"到底。我们不允许"放羊式"的教学，不准上课只是放PPT或教学视频，而不加点评和引导。好的内容不等于好的教学，好的内容加好的方法才是好的教学。投入教学的过程，不但要研究教学内容，也要研究教学方法。课堂教学不能干瘪，不能搞"骨感美"，教学内容要丰富，教学方法要灵活。课堂教学的丰富性和创造性对学生学习的兴趣和关注度有直接的影响。现在是一盆水里加了几克盐，浓度太低，我们要给学生丰富的课堂，而不能给学生浓度很低、没有什么内容的课堂，不能几句台词念一堂课。我们要创造好的教学内容、教学方法、教学环境，保证

学生受到最好的教育，这需要我们的教师下功夫。优秀的教师讲课都下了很大功夫。所以，教学课堂仍旧是我们的"第一战场"！

（三）专注"锦城"，参与学生课外活动

这里最主要的是"专"和"注"这两个字。现在我们最大的问题是不"专"也不"注"。现在我们很多老师参加了学生的课外活动，这是一种好现象。美国教师每天在课前和课后都有20分钟与学生交流的时间，还有6小时办公时间，走访和参与学生活动。我院外语系老师参加英语角，文传系教师带学生出去采风考察，这都是参加学生活动。

现在必须克服两种现象。第一是坚决克服教师"上课来，下课走"的现象，课前、课后教师与学生都没有交流是不行的。"锦城"要有自己的特色，就要克服这个现象。很多人认为，美国高校教授每周的工作时间很短，主要致力于研究而忽视教学，有广泛的自由活动时间。这种观点纯粹是臆想的，真实的情况是，美国多数教师每周工作45至55小时，就是在休假期间，教师也承担了相当的工作量。第二要坚决克服专职、全职教师在校外兼职兼课、"走穴"的现象。我们学校在专职教师紧缺的情况下，有很多课你可以上，为什么一定要在外兼职兼课？我们要作出明确的规定，对外兼职兼课一律要申报。学校允许教师在社会团体、学术组织兼职，做对教学和学校建设有利和有益的事情。比如，有的教师在校外某些企业做独立董事，有的教师在旅游协会当理事，或在某个协会任理事，这些对教学和学校有利的兼职是允许的，但是要申报。那种"走穴"之风、到处赶场的现象是绝对不允许的。所以，各系干部和教师在校外兼职兼课一定要

申报。有些兼职是我们同意、鼓励的，有些兼职是我们不赞成和禁止的，目的是达到专注"锦城教育"，克服不良现象。我们要尽快制订相关管理办法，按制度办事。教师在校外兼职兼课要申报审批，这是德国的经验。所以，我们提倡教师要"敬业、勤业、爱业、乐业"，要"自主、自觉、自发、自律"，要"全职、全力、全心、全意"！

（四）关心学生，走访宿舍、教室和雇主

最近，学院办公室和后勤部检查了学生宿舍，调查结果是中，卫生最好的是机械系和艺术系的男生宿舍、文传系和金融系的女生宿舍。机械系辅导员在系主任和总支书记的领导下，工作十分专注、用心和投入，关心学生的学习、生活和前途。陶行知说："教育是心心相印的活动。唯独从心里发出来的，才能打到心的深处。"美国前总统肯尼迪说过，哈佛的真义在于老师、学生以及师生之关系。美国一流大学"一流"在哪里，"一流"在师生关系。所以，我们希望全体教职员工都要关心学生的学习、生活和就业。关心学生是全心全意、专注"锦城"的一部分。

（五）创造条件，为学生成长服务

全体教师和干部都应该明确，我们所有工作都是以学生的成长成才为中心。教育事业本质上是公益性事业，是服务业，学校提供给学生的是教育服务。教师、干部、管理人员的工作职责，就是为学生全心全意服务。"锦城教育"要坚持以学生成长为中心，以教师教学为重心，以"四个课堂"为手段。全体教职员工要为学生的学习、生活、思想、心理健康服务，要为学生的实习、实践、创业、劳动提供

条件和指导。管理人员要以教学和"四个课堂"为中心，为学生提供最完善的条件和最周到的服务。所有教职员工都不能玩忽职守、粗枝大叶、敷衍塞责，不能影响学生成长成才。教师要把书教好，辅导员要把学生工作做好，后勤保卫要为学生提供很好的条件。任何事情不能另立中心，教学活动是一切的中心，学生的成长是中心的中心。

美国国家专业教学标准委员会曾指出，美国需要世界级的学校，如果没有世界级的教学队伍，世界级的学校是不可能存在的，二者必须并行发展。而且他们认为，最为有效的教师评估过程，是能够敦促教师全身心地投入教学的活动。我们要创建第一流的大学，也必须有全体教师的全身心投入。我们就是要把大家的精力都集中到学校的建设发展和我们教育水平的提高上来，全身心投入"锦城"的教育事业是"锦城"教师的第一师德。

再接再厉，夺取2011届毕业生就业工作的新胜利

——在2010年全院教职工大会上的讲话[1]

（2010年10月15日）

今天我们表彰了今年就业工作中的先进个人。我们已经连续两年取得了毕业生98%的高就业率的优秀成果，创造了"三高"：高就业率、高升学率、高创业率。去年的统计数据是，33名学生创业，其中，艺术系创业比例最高。对于2011届毕业生的就业工作，我打算再强调五点。

第一，继续抓好应届毕业生的就业从业教育。我们的就业从业教育一定要把个人需要和工作需求结合起来，一定要把个人长处、兴趣与将来的工作结合起来，严格防止急于求成、好高骛远、浮躁和不诚信的现象出现。就业指导要做好诚信、吃苦耐劳、从基层做起、联系实际、从现实出发、工作态度等方面的教育。每一个毕业生都是一面旗帜，插在哪里，就是锦城学院的形象，就是学院的"活广告"。

第二，继续贯彻"抓早抓紧、全员动手"的就业方针。我们学校

---

[1] 这篇讲话与前文《论全身心投入"锦城"的教育事业是"锦城"教师的第一师德》是在同一次会议上的讲话，为了使讲话中心突出，编者将其分为了两篇。

的特点就是"笨鸟先飞、抓早抓好"，目标就是"多就业、就好业"。我们学校最大的优点是把学生的实习和就业密切结合起来，实习为学生就业创造了机会，所以，我们要继续抓好这个方针。

第三，继续发挥学生（包括校友）、家长、学校三方面的积极性。学生要有竞争力，校友要介绍学弟学妹就业，家长要关心孩子就业，学校决不放弃任何一个学生。学校会做好相关工作，家长、学生也要负起责任。我们鼓励学生在就业市场上竞争，大家共同努力。

第四，继续发展可靠的雇主关系，建立和巩固就业基地。发展雇主关系也是我们的特色，每个系都建立了一批经常联络的就业基地。真正可靠的雇主关系很重要，比如邮政储蓄银行和四川路桥集团每年能招聘上百名学生。我们要更多地发展这种可靠的"根据地"，没有"根据地"是打不了胜仗的。哪个系建立的就业"根据地"越多，哪个系的就业工作就能立于不败之地。

第五，继续贯彻因地制宜、因人制宜的多渠道就业路线。要鼓励学生能够考研的考研，能够就业的就业，能够考公务员的考公务员，能够参军的参军，能够创业的创业，这就是实事求是的路线。今天，我们表彰了18名在今年就业工作中表现突出的员工，其中有教师、工作人员、辅导员，还有一些其他的同志，他们都把帮助学生就业当作了自己分内的工作来做。

邹广严院长关于就业工作的题词

　　总的来说，我们的就业工作已经打了两个胜仗，今后还要再接再厉，继续夺取2011届毕业生就业工作的新胜利。我们的路子会越走越宽，方法会越来越清楚。我相信，通过大家的共同努力，我们的就业工作会有更加辉煌的成绩，我们的教育会有更加丰硕的成果。现在，我们的招生生源爆满，人才培养成果突出，教育管理深入细节。我们要继续抓好招生，抓好培养，抓好就业，使锦城学院的发展越来越有水平，越来越被社会认可，我们优秀的毕业生就是广告。最后，祝大家在新的一年取得更大的成绩，我们学校有更大的辉煌！

高举"三大教学改革"的旗帜，
让创新的应用型人才"冒"出来

——在2010—2011学年教学工作会暨年终总结大会上的讲话

（2011年1月16日）

今天会议的主题是：高举"三大教学改革"的旗帜，让创新的应用型人才"冒"出来。具体来说，包括两方面重要内容：一是以改革为动力，以创新为手段，实现学院的跨越式发展；二是以学生为主体，教师为主导，师生共鸣，开创教学改革新局面。下面，我将总结2010年的工作，部署2011年的工作重点。

2010年工作总结

一、"三大教学改革"进一步深化，基本形成了创新的氛围

去年，学院的工作重点是教学改革和学风、校风整顿。这两天，我们开了教学工作会，36位同志进行了发言。我们发现，在教学改革上，学院已经胜利地翻过一页。

第一是我们的青年教师进一步成长。年轻教师的成长比预想的要

好要快，主要原因有三点：一是我们聘请了重点大学的老教师、名师、博导，他们起了很好的带动作用，使青年教师学有榜样；二是在我们这样的大学里，客观上需要青年教师早当家；三是青年教师在老同志的带领下，能够自觉学习和成长，正所谓"师父领进门，修行在个人"。

第二是我们的教学改革进一步深化。我们教职员工的凝聚力、向心力、执行力都很强。教学改革的前五年，我们集中力量办了一件事，就是确定了、构建了、打造了一个应用型人才培养模式。学校以育人为中心，育人目标确定之后，培养模式就是核心，是关键，是决定性因素。我们用了五年时间打造和完善应用型人才培养模式，现在的问题是如何贯彻、实施这个模式，"三大教学改革"（教学内容、教学方法、教学评价）就是要起这个作用。"三大教学改革"是人才培养模式的重要组成部分。去年，我们根据国内外高校的经验，根据培养创新的应用型人才的目标，改革了教学计划、课程体系、学生管理模式，将整个教育体系板块进行重组，将原来的教育全部纳入到教学内容、教学方法、教学评价三大板块中。我们集中地把"三大教学改革"当成旗帜举了起来，得到了大家的积极响应。

物理学里有一个概念是"共振"，共振后能量要比原来大得多。日本教育家金子元久在《大学教育力》一书中讲，只有教育与学生的需求相吻合的时候，才会发挥最大的作用。我认为，这个时候就是师生共鸣的时候，这个时候教育就发挥了最大的作用。校长和老师要共鸣，老师和学生要共鸣。从这次教学工作会议来看，我们都产生了共鸣。36位老师的发言所反映的问题、阐述的心得、介绍的做法，集中地反映了大家对"六大教学法"的推行，对教学内容、教学方法、教学评价这"三大教学改革"的拥护，并努力实践，还有所创造。

计科系在教学中应用项目驱动法和讨论课方式的教学改革，得到了学生的高度评价和认同。本学期，讨论课共进行了156次。教学改革的结果是，学生更爱学习了，不少学生计划寒假留校学习。文传系围绕培养技术型文科人才的目标，进行了一系列改革，跨学科地培养"全能记者"，适合了社会的需要。外语系提出"一改带三新"，在"三位一体化"的培养模式下，创新教学内容，更新教学方法，革新教学评价，并计划与土建系开展工程管理外语课程，互认学分，这也是一个创造。工商系将"六大教学法"融入"四个循环"，并注重对学生学习过程的评价，将过程和结果的评价并重，还对入学教育的规范化和模块化做了很好的探索。财会系提出"新财会、新思路、新举措"，修订教学大纲，在实践教学中提出案例、分析案例、解决案例，在六种教学方法上都有所创新。土建系在专业教学内容上进行改革，开展以证促学。金融系强调理论学习的实际运用，认为企业需要什么，教师就要教什么。电子系鉴于传统教材的缺点进行自编教材。艺术系的亮点是真刀真枪培养学生，与四川电视台妇女儿童频道合作建立了大学题材电视剧拍摄基地，与四川省科学技术协会合作《身边的科学》电视短片，这种与媒体结合开展教学的方法非常好。基础课部英语教研室主动联系专业开展有针对性的教学，结合职业发展给学生教授英语。政治教研室结合青年学生讨厌说教、排斥灌输、反抗压制的特点进行思想政治教育，强调教师的民主作风和示范意识，通过现代通讯方式加强与学生的交流，核心是为人师表。教务部的老师总结了现在学生上课的时间是平均每天255分钟，并进一步阐述了建构主义学习理论的应用。

"六大教学法"并不是我们的创造，但是各系的教师们在贯彻过程中，都有创新、有发挥，还有重新组合，在教学内容和教学方法上都有改革，教学评价上也有探索，特别是重视了过程的评价。爱因斯坦说，教育是当一个人把在学校所学全部忘光之后剩下的东西。中国教育有很多优点，但是我们过分地强调了非 A 即 B 的思维方式，过分看重了标准答案、唯一答案，这是我们需要改革的地方。

通过这次教学工作的开展，我们发现，教师要进一步成长，教学要进一步改革。"见贤思齐"是我们学习的基本原则。古人好向古人学，现代人好向现代人学，中国人好向中国人学，外国人好向外国人学。邓小平提出改革开放要学习世界先进科学技术，我们办教育也要开门学习世界。去年下半年以来，我们将国外高校良好的学习风气给全体教师和学生进行了展示，教师进一步改革了教学方法，从而使我们的校风有了很大改善。这首先是教师的功劳，老师在课堂上教得好，激发了学生学习的热情。学风建设不能仅仅靠辅导员查课，辅导员查课是必要的，但根本上是教师要发挥充实课堂、激发学生学习兴趣的作用。老师上课由浅入深、生动活泼，学生听了感兴趣，下课后就会去图书馆查资料，进一步学习。去年，学院的教学改革取得了极大成功，广大教师和各部系领导贯彻得力，取得了丰硕的成果，这是我们最大的成绩。

二、强化学风建设，学风、校风明显好转

锦城学院向来以管理严格，对学生、家长负责而闻名，不少家长都反映锦城学院的管理很规范。过去，我们非常重视校风、学风的建

设，引导学生养成良好的学习习惯、生活习惯和行为习惯。去年，我们制定了校园建设的规划，并在此基础上开展了学风建设的各项措施，例如：倡导学生上课要背上书包，带上书、笔和笔记本，这代表"锦城"每个学生正常的学习状态；从2010级学生开始全面开展晨跑活动，敦促学生养成锻炼身体和早起早睡的好习惯；严格学生进出校门管理和周日晚点名制度；开辟专用自习教室用于2010级学生早晚自习和2007级学生考研；访问美、加两国13所高校后，我们将国外高校浓厚的学习风气给学生进行展示；辅导员的"三访两沟通"。

这一系列的学风建设措施促使我院的学风、校风有了极大的转变。第一，到图书馆、教室上自习的人数明显增加；第二，图书馆里小组讨论逐渐形成风气；第三，学生阅读纸质和电子文献量居于同类学校前列。学生全年借、还图书共计67907册，平均每人每年4.52册，借阅次数最高的是土建类书籍。中国知网电子文献平均下载量为每人每年9.74篇，平均点击次数为每人每年96.67次。超星数字图书馆平均点击次数为每人每年16.23次，平均每人每年下载图书14册。这几个指标总体上反映了我们的学生在动脑筋，在思考和学习。第四，"四个课堂"观念已经深入人心，并且都围绕培养人才这个中心，说明我们的课外活动和人才培养是结合起来的。第五，晨跑活动进一步强化了学生早睡早起的习惯。可见，我们在培养学生的劳动习惯、学习习惯、早睡早起的习惯等各方面都取得了很大的成绩。

另外，在校风建设措施方面，我们在"三不准"要求的基础上，还强化了学生在公共场所禁止吸烟的规定。本学期，我们对于几名抽烟的学生给予警告处分，取消了3名抽烟学生的国家助学金，撤销了

3名抽烟学生"优秀学生干部"和"优秀学生"的称号。我们强调了学生校园文明礼仪。艺术系学生文明礼仪的习惯很好,见到老师打招呼,计科系学生在这方面也有所改善。学校的校风是由干部的作风、教师的教风、学生的学风共同组成的,我们要继续发扬营造优良校风的传统,因为拥有良好的校风和学风,是一所高水平大学必备的条件。

三、"三自"的作用进一步发挥,"三助"的队伍进一步壮大,"三权"的制度进一步落实

"三自三助三权"充分体现了以人为本、学生是主体的教育思想。学生是自主管理、自律管理、自觉实践的主体。"三自三助三权"充分发挥了学生的主动精神,体现了学生团体、学生组织所代表的全体学生和学校教育理念的高度一致。

经过多年实践,我院"三助"的学生队伍不断扩大,已达近2000人。其中,助教1329人,助研208人,助导375人。助教组织同学讨论,帮助老师批改作业,文明劝导队也为校风建设发挥了积极的作用。学生工作包括校外的志愿者活动为学校赢得了一定的声誉,这都是人才培养不可缺少的环节。

在"锦城",学生有极大的自主权,有学习的主动权、生活的自主权和课外活动的安排权。但是,要吃喝玩乐、忽视学业是不行的。教育就是要不断地纠正学生不妥当的行为和思维,发挥学生的长处和优点,扬长避短,这就是教育。学生有生活、学习、娱乐的自由,但没有吃喝玩乐、浪费光阴、荒废学业的自由。现在给你吃

喝玩乐、浪费光阴、荒废学业的自由,将来你就没有成功的自由,
只有失败的自由。

四、抓好师资队伍建设,教师队伍进一步成长和发展壮大

一是教师数量有所增加。截至2010年12月31日,学院在册教职
员工共443人。其中,专职教师178人,比去年增加38人,辅导员70
人,行政管理人员183人,实验人员12人。

二是教职员工学历结构和层次有极大改善。在册教职员工中,博
士12人,硕士184人,在读博士13人。

三是职称结构进一步合理。去年,学院决定院聘教授1人,副教
授2人。樊明书通过人事厅评审获得副教授职称。全年共有48名教职
员工取得中级专业技术人员职业资格证书。

四是教师培训进一步加强。全年14个单位170人次参加多种培训、
研修、各类学术会议等,培训人数比2009年大幅增加。

五是支持教职员工在职攻读学位。去年,共有31人在职攻读学
位,其中,在职攻读博士13人,在职攻读硕士18人。学院支持教职
员工深造,加快成长。也就是说,在师资队伍建设方面,学院一方面
抓好人才引进,一方面抓好本校员工学历和职称的提升,同时抓好教
师培训,三管齐下。

六是教职员工待遇进一步提升。去年,全院教职工和后勤工勤
人员共417人提升待遇,占全院教职员工人数的近60%。其中,因
职务晋升调整工资的14人次,因奖励晋升调整工资的14人次,因
职称晋升调整工资的53人次,因工作满三年调整工资的23人次,

副科级以上干部调整车贴的 93 人次，工勤人员调整工资津贴的 220 人次。

从以上数据来看，学院对员工的管理、培训、晋升已经走上了更加规范的轨道。每一位员工都应当明确自己的职业发展规划路线图，明确在哪个岗位，发展是什么，出路是什么。比如，讲师要通过自己的努力，进一步晋升为副教授、教授。辅导员当中，明德教育课程讲得好的将来可以当明德教育专职教师，管理能力好的向管理干部发展，个别攻读博士学位后想教授专业课程的也可以转教。

总体来说，我们师资队伍建设的目标是，前五年以兼职老师为主的时代要过去，逐步过渡到以专职教师为主、兼职教师为辅的时代。去年，学院一半以上的课程已经由专职老师担任。因此，我们既要壮大专职教师队伍，又要提高专职教师素质。另外，我们的管理干部只有 180 人左右，要服务于 15000 人的校园。在工作中，他们充分发挥了主动性，展现了"一专多能"的能力。院系两级的管理人员少，但效率高，在行政管理工作方面发挥了极大的作用。

五、打造品牌，学校声誉进一步提升

现在，学院已经打造了一个品牌，取得了一定的声誉、口碑和知名度。具体表现在：

第一，我院继续取得了"进口旺，出口畅"的大好局面。去年，学院生源质量整体大幅提升。在川文理科提档线差 6 分达到二本线，高于三本线 20 余分，位于四川省同类院校首位。录取考生中，40.7% 的四川考生达到省内二本线上，有 6 个专业录取考生分数都在二本线以上。我院的生源在同类院校中已经遥遥领先，是地方院校中办学较好、声誉较高、学生就读意向较浓的高校。就业方面，我院前两年都达到了98%以上的高就业率，全员抓就业已经形成风气。

第二，对外交流合作进一步拓展。特别是"四大合作平台"即校地合作、校会合作、校企合作、校校合作，已经形成了一个坚实的基础。我院与青白江区、宜宾临港工业开发区开展合作，与旅游局、商务厅等政府部门进一步加强合作。在校校合作方面，我院与国外32所高校建立了国际合作关系，开通国际硕士直通车以及"2＋2""2＋3"等形式的本科双学位合作，本科短期交流访问学习项目等，增加了学生出国留学、实习就业的机会。各系也进一步拓展实习基地，开展对外交流合作。各系联系招聘单位近500家，每个系都与近50家合作单位进行了深度合作。实习招聘基地就是我们就业工作的根据地，中国共产党由小到大发展起来的法宝就是根据地，"四大合作"也是我们的根据地。

第三，在招生火爆、就业通畅、对外合作进一步拓展的基础上，学院获得多项荣誉。去年，在江苏省无锡市召开的全国独立学院表彰大会暨中国独立学院协作会2010年峰会上，我院荣获"全国先进独立学院"荣誉称号，该奖项是中国独立学院行业协会内最高级别的奖项。2011年1月，我院获得新浪网教育频道颁发的"全国十大品牌独立学院"荣誉称号，这是我院连续三年获此殊荣。2011年1月，我院被中国民办教育协会高等教育专业委员会评为"中国民办高等教育优秀院校"。2011年1月，我院荣获新华网颁发的"2010社会最具影响力独立学院"荣誉称号。

六、抓好硬件建设，教学设施建设上了新台阶

一是标志性建筑图书馆正式启用。图书馆建筑面积22000平方米，可提供座位6000个，可藏书200万册，内部采用计算机网络系统、数字通信和无线上网设备、自动化安全监控等国际先进技术，在全国独立学院图书馆馆舍和服务中，可以说基本达到一流水平。图书馆建成后不久，就荣获两个重要奖项：中国知识基础设施工程"十一五"国家重大出版工程项目的"创新与创新管理服务型数字图书馆"示范单位称号，和"863计划"中国数字图书馆示范工程的独立学院示范基地称号。

二是实验室建设基本保证了实验教学的有序开展。截至目前，全院已建成31个实验室，还有"物流实验室""仿真实验室""金融实验室"等在建。学院与中国移动四川分公司共建移动通信实验室，总投入达到5000余万元，完成的科技作品已有5件，在全国高校移动通信实验室中属于一流水平。学院计算机实验设备已达1200台，教室多媒体配备率较高，基本上达到100%，完全超过教育部的要求。尽管在有些实验设备方面，我们的数量还不多，规模还不大，但是我们要跟其他学校比利用率，要做到利用率第一。正如"田忌赛马"的道理，我们不要拿自己的短处比别人的长处，而要拿自己的长处比别人的短处。

我们去年的办学成绩体现在多个方面，包括教学改革、学生管理、师资队伍壮大、声誉提升等。总的来说，我们已经取得了极大的成就，在社会上已经赢得了一定的声誉，在同类院校中已经遥遥领

先。这些成绩是大家共同奋斗，努力工作得来的。但是，对于有些事情，我们要"零容忍"，比如，对学生不负责任要"零容忍"，在校外损害学校形象要"零容忍"。我们既要总结经验，也要反思缺点。

第一，教学方面，尽管大多数教师表现很优秀，但也有少数教师教学上的问题很大，比如有的老师上课放水，课前准备不足，对学生的讨论不进行评讲，没有充分发挥学生的主体性；有的老师上课放多媒体视频，放完视频就下课；有的老师课堂管理有问题，点名就占用了一节课的三分之一；还有个别老师上课讲得不精、不通，只是勉强地照本宣科。这些都是我们教学中还存在的问题和缺点。

第二，学生学习方面也有问题。比如，有些学生半夜三更不回校休息，有一段时间一个月就有300名深夜两三点后才返校的学生，严重影响了自己和他人的学习和休息。另外，一些学生还有旷课和早退现象。

第三，管理上的问题。是为师生员工服务的问题，是硬件服务和软件服务的问题。一方面学院要进一步提供硬件条件，一方面管理人员也要改善服务。

下面再讲一下今年的工作重点。

2011年的工作重点

大教育家蔡元培先生曾说过，要有良好的社会，必先有良好的个人，要有良好的个人，就要先有良好的教育。学校的根本任务是教书育人，而教书育人的中心环节是教学。教学活动对于人才培养而言，永远都是第一位的、最重要的。我院自建院以来，就确定了教学工作是学院的中心工作，教学质量是学院的生命线。要进一步提高人才培养质量，就要不断改革和创新教学。因此，我们当前的工作主题是：高举"三大教学改革"的旗帜，让创新的应用型人才"冒"出来。"三大教学改革"包括教学内容、教学方法和教学评价的改革。这是学院内部开展教学改革的一部提纲，也是创新应用型人才培养模式的重点。具体来说，我院2011年的工作重点就是：以改革为动力，创新为手段，实现学院的跨越式发展；以学生为主体，教师为主导，师生共鸣，开创教学改革新局面；以整顿"三风"为契机，全面加强校园文化建设，为校风的根本好转而奋斗。

一、以改革为动力，创新为手段，实现学院的跨越式发展

当前，中国高等教育发展面临的基本形势，决定了我们必须以改革为动力，创新为手段，实现学院的跨越式发展。

第一，"钱学森之问"给全国教育界带来了冲击和反思，使教育，特别是高等教育，再一次处于全国舆论的风口浪尖上。钱老问："为什么我们的学校总是培养不出杰出的科技创新人才？"如今，全国人民都开始关注这个问题，都在关注中国的教育。这给我国高校人才培养提出了一个难题，更对整个中国高等教育体制和模式提出了新的挑战。如何应对这个挑战，是中国的教育主管部门、每一所大学都面临的无法回避的课题，我校自然也在其中。

第二，《国家中长期教育和改革发展规划纲要（2010—2020年）》的颁布和全国及各省教育工作会议的召开，指明了未来十年我国教育

改革的重要发展方向，预示着中国教育的春天已经来临。但是，体制改革的"破冰"相当艰巨，"阳光普照"还有一个漫长的过程，民办教育仍面临着严峻的形势。"管办分离，自主办学"的方向是正确的，但要克服传统的陈旧观念和既得利益的抵抗，政策最终能落实多少，什么时间落实，还是一个问号。经济体制改革三十年的经验证明，"经济细胞"的推动和促进作用不可缺少，而现在轮到"教育细胞"了。

第三，随着财政收入的急剧增长和教育支出达到GDP的4%这个目标的实现，公办高校的办学经费充裕起来，高等学校之间新的"军备竞赛"开始了，这将给民办高校的发展带来新的压力。全国教育工作会议明确，到2012年公办高校的人均拨款要不低于1.2万元，并通过中央财政奖励和补助来引导地方和公办高校化解债务风险。公办高校的财政支持力度进一步加大，可以在教学设备、教师工资等各个方面进一步提升。而民办高校是公益事业的一部分，如何得到支持，尚无说法，这无疑增加了民办高校的办学压力，形成了一种不完全对称的竞争。

这种形势下，我们办学的出路只有一条，就是以改革为动力，创新为手段，实现学院的跨越式发展。我们的教师虽然年轻，但是接受新事物快，我们的设备虽然不多，但是利用率更高。别人的校内实验室好，我们要争取校外实验室更好。别人的资金多，我们要争取资金的使用更高效。我们要充分利用社会资源，有500多家友好合作单位可以依靠。目前，民办教育与公办教育的竞争是不对称的，因此，我们要认清形势，要在艰难中创造新局面，用创新的手段实现超越。学校困难同样能培养人才，西南联大在抗日战争时期成立，在十分困难的情况下，培养出后来的2名中国诺贝尔奖获得者，8名"两弹一星"的元勋。

二、以学生为主体，教师为主导，师生共鸣，开创教学改革新局面

（一）改革的理论基础是"六论"

第一，知识运用论。传统的理论是"知识就是力量"，我们说"知识就是知识，运用知识才是力量"。学生在学校学习知识，不在于教师教的内容多、学生学习的科目多，而在于学生学到手的多，会运用的多。学生学到一堆知识不等于就有了能力，只有能够正确地、自主地运用知识时，才能形成改造世界的力量。

第二，专业设置论。传统的做法是以学科为出发点设置专业，即学科—专业—社会就业。学科是相对稳定的，以它为出发点设置专业，缺乏对新产业日新月异、社会工作岗位变化的敏感度。这样的专业设置逻辑思维不能适应社会发展和就业岗位新的需求，从而造成大学生就业难。我们的专业设置原则应当以就业岗位为出发点，根据客观就业岗位的要求设置专业方向，几个专业方向形成一个专业。一个专业可能属于一个学科，也可能是跨学科，这里的逻辑思维是：行业—企业（事业）—就业岗位—专业方向—专业—学科或跨学科，这主要是为了应对新产业、新岗位的不断发展，适应经济社会发展对人才的需求。

第三，学生评价论。传统的学生评价标准是考试分数决定一切。例如，2010 年，8 名复旦大学教授联名请求学校破格录取 19 岁的"国学小天才"孙见坤，仅仅因其高考成绩 6 分之差，被陕西省招办拒绝

投档。相较而言，我们的学生评价标准是：搞好一个项目比考出一个高分更重要，解决一个现实难题比拼凑一篇论文更重要，干好一件事情比空谈理论更重要，做好一项实验比死记硬背更重要。对学生的评价方法应该是多元的、多样的、灵活的、综合的。

第四，习惯养成论。成功的教育从养成学生的良好习惯开始，而养成良好的习惯要从小事和细节做起。我们规定学生行为的"三不准"，提出学生在校的"十大诫训"，开展"三自三助三权"学生自主管理，提倡背书包、晨跑、路遇师长要问好等措施，都是让学生从小事做起，从养成良好的学习、生活、工作习惯做起。我们的教育不是高谈阔论，而是从小事做起。

第五，教育过程论。传统的教育是重结果、轻过程，甚至对那些平时马马虎虎、期末考试分数还可以的学生津津乐道。而我们认为，教育是一个循序渐进、千锤百炼的过程，一个好的教育过程和好的教育结果同样重要。只有教育全过程的优越，才能取得教育结果的优越。所以，教学评价必须涉及教育过程，不能仅仅通过期末考试得到的一个分数，来决定教学的效果和学生学习的成果。

第六，事业坚持论。一个好的计划或设想，人们想到了不一定能做到，做到了不一定能做好，做好了不一定能坚持下去。只有那些想到了，做到了，做好了而且能坚持下去的人才会取得成功。一个人的事业要坚持，一个学校所开创的事业更要坚持，只有锲而不舍地坚持下去，我们建成一流应用型大学的目标才能实现。

（二）改革的内容是"三个方面"

第一，教学内容改革。在教学内容上，要根据社会需要和知识的更新发展重组板块，内容要精简，课程保重点。要敢于去掉那些陈旧的、落后的、重复的、无用的、定位模糊的内容，调整那些前后左右不能衔接的内容，增加那些学科前沿的、与实际密切结合的、能够指导社会实践的新内容。因为新知识层出不穷，所以我们的教学内容也要及时更新，要敢于把社会认可的考试内容"嵌入"教学计划，包括国家认可的大学英语四六级考试、托福考试、雅思考试、计算机等级考试、普通话水平测试等，也包括用人单位认可的各类行业从业资格考试等。我们要大胆地把国际认可、国家认可、社会认可、用人单位认可的各类考试教育内容纳入教学计划。社会需要是我们教学的首要安排。我们既要使学生有应对社会和雇主岗位需求的能力，又要给学生更多的自主权，使之有可能在自己感兴趣和擅长的方面投入更多的时间和精力。

邹广严院长在锦城学院中青年骨干教师教学方法研讨培训班开班仪式上讲话

锦城学院网络营销方向讨论课

第二，教学方法改革。学校不但给学生"鱼"，关键是要教学生"渔"，运用"六大教学法"创造一个丰富多彩的课堂。在教学内容确定之后，教学方法成为决定性因素。美国学者亚瑟·科恩认为，教学方法是课程学习的核心，大学教育的中心任务不仅在于教什么，更在于怎么教。传统教学法以讲授为主，以教师为中心，以教给学生知识为目的，在传承知识方面起到了一定的作用。我们在此基础上推行的"六大教学法"（案例教学法、项目驱动法、问题导向法、模拟仿真法、以赛促学法、数字平台法）是总结了当代最著名大学、最著名教师的教学实践，结合我国自古以来的教学特点而提炼出来的方法，它生动地解决了教学生"渔"的问题。用这样的方法教学将给学生一个健康的课堂，一个丰满的课堂，一个快乐但有收获的课堂，而不是一个病态的课堂，一个贫瘠的课堂，一个学生打瞌睡的课堂。这是一个师生双赢、教学相长的课堂。尽管我们非常重视实践课堂，但是以课堂讲授为基础的教学仍然是我们教育学生的主阵地，是整个教学的中心环节。课堂"放水"就是病态的课堂，一节课都放视频又不点评就是贫瘠的课堂。推行"六大教学法"不是用讨论课完全代替讲授课，而是在课堂讲授的基础上再发展的教学方法，目的是要避免"填鸭式""注入式""一言堂""满堂灌"等教学方式，杜绝照本宣科、一坐到底、仅宣读电子教学课件等教学行为，使用启发式、互动式、讨论式等多种方法来教育学生。一个成功的课堂应当具备课前有准备，课中有共鸣，课后有复习。

课前有准备，就是教师要了解学生学习的需求、学习的现状、课前预习的情况，并开展有针对性的备课；学生要充分预习授课内容，思考并提出问题，要带着问题进课堂。课前师生都应当做好准备，凡是教学效果好的课程，都是师生课前准备到位的。有的讨论课效果不太好，就是因为课前准备不充分，学生没有预习，老师没有预设问题。

课中有共鸣，就是在现代教学中，学生是主体，学生要主动，教师是"学习的促进者"，教师和学生要充分互动，形成"共鸣"。老师讲的内容和学生思考的问题产生碰撞，就会形成"共鸣"，这就是孔子"不愤不启，不悱不发"的启发式教学和探究式学习。

课后有复习，就是要有课后答疑和课后练习，教师要提出有挑战性的问题留给学生思考，学生要开展延伸性阅读和研习。课堂结束并不意味着学习的结束，课后学生要到图书馆和网上继续查找资料完成课后作业。

第三，教学评价改革。包括对教师的评价和对学生的评价，坚决反对"唯分数论"，贯彻应用型人才的考核理论要求。考核评价可以考虑实行"两个并重"：一是在考核方式上，过程考核和期末考核并重，平时成绩和期末成绩并重，突出过程管理；二是在考核内容上，标准答案和非标准答案并重，不能单一地、教条地、死板地使用传统的非A即B、非黑即白、非对即错的思维。传统的考核是必要的，但不是唯一的。有些题目要有标准答案，但有些题目不一定。要允许学生表达自己对问题的看法和见解，只要有根有据、自圆其说、把道理说清楚就行。当然，"两个并重"的比例划分不是绝对的，各部系可以根据教学的实际需要调整比例划分。过程管理和非过程管理、非标准答案和标准答案可以是"五五开""四六开""三七开""二八开"等等。总之，我们一定要明白，考试和评价是一根指挥棒，你怎么指挥，学生就怎么行动。要培养有创新思维的学生，就必须建立创新的评价体系。

要使学生热爱学习，首先要使学生热爱学校；要使学生喜欢上课，首先要使学生喜欢教师。教师的魅力从哪里来？——人格和学识。因此，我们改革的重点和难点都是教师，教师必须投入更多的精力，深入研究教学内容，设计教学方法和改革教学评价，把课"教活"，把学生自主学习的积极性大大地调动起来。

三、以整顿"三风"为契机，全面加强校园文化建设，为校风的根本好转而奋斗

现在中国的大学普遍存在一个问题，就是校风不好。学生中普遍存在着学习不努力、不刻苦、不珍惜时间、讲究吃穿玩等现象。我院的学风和校风一年比一年好，但还不是根本性的好转。要实现根本性

好转，就要做好以下几件事。

第一，充分研究学生特点，切实促进学风好转。学校教育的主体是学生，只有充分研究学生，才能了解学生，把握学生，掌握教学，教好学生。改革的最终结果就是让学生成长。青年学生在受教育方面有何特点？一是兴趣爱好的多样性或差异性，二是行为习惯的趋众性，三是成长发展的可塑性，四是个体意识的自主性。

促进学风好转是从小事开始的，例如，我们的学生上课都能背书包，带上书、笔、笔记本这三大件，就像战士上战场要带上枪和子弹一样。第二步是学生积极主动学习，专心听讲并做到上课记笔记，老师要教学生记笔记。第三步是学生学会提出问题，提不出问题就是最大的问题。上课前能提出问题，就会提高课堂的效率，增加师生之间"共鸣"的可能性。共鸣的前提是必须有问题，否则老师和学生在两条平行线上，就不可能产生交集。所以，学生课前要预习，列出问题。有的人批评中国大学教育，一是中国的大学师生缺乏互动，二是中国学生提不出问题。提出问题还要有针对性、建设性，不能文不对题。

第二，教会学生学习方法，开展探究型学习。学生在学校的任务是学习，学校和教师的责任是教学生学习。但是，大学四年要学完所有的知识是不可能的，也是不必要的，因此，教会学生学习的能力十分重要。正如大教育家陶行知先生所言："先生的责任不在教，而在教学，而在教学生学。""教学生学"就是先生教学生用好的学习方法来学习知识，就是把教和学联系起来。所以，教师有责任教给学生怎样学习，学校有责任指导学生使用科学的、行之有效的方法来学习，学生有责任知道应当怎样学，明白如何学，掌握用什么方法学。我们要在运用"六大教学法"的基础上，向学生推广"十大学习法"，即预习设问法、系统认知法、参与互动法、温故知新法、循序渐进法、学思结合法、学用结合法、举一反三法、专注学习法、合作学习法。通过推广"十大学习法"，总结学习活动的规律，开展探究型学习，培养学生的创新思维和批判性思维，才能进一步促进教学相长和学风的根本好转，提升学生的学习效果。

第三，促使学生投入和争取时间，主动投身学习。校风好转的一个重要标志就是学生主动投身学习，困难和难点是怎么让学生投入时间、争取时间。现在我们的学生每天课堂学习的时间平均是255分钟，这个学习时间是不够的。这不仅是中国的问题，美国也同样面临这个问题。美国高质量高等教育研究小组的报告中指出，学生的时间和精力是有限的，教育者必须与学生生活中的其他力量，如家庭、朋友、工作，争夺那有限的时间和精力。其他力量越大（它们对成年学生尤其大），他们投入学习的时间和精力就越少。因此，我们要和其他力量"争夺"学生的学习时间，要教会学生管理时间，管理时间就是管理生命。怎样"争夺"时间？我们建议，把一天分为"三个8小时"：8小时用于4小时课堂学习和4小时课外学习，8小时用于4小时课外活动和4小时休闲娱乐（含就餐），8小时用于睡觉。学校的责任就是把学生的学习时间保证在8小时内，"第四课堂"课外活动时间保证在4小时内。同时，我们还要打破只有周一至周五才学习的定式，将学习时间延伸到周六、周日，要向周末争取学习时间！去年，我率团到美国、加拿大考察学习，看到那些著名大学的学生周六、周日都在图书馆学习，在会议室讨论问题，那才是争分夺秒！

第四，落实"三自三助三权"学生自主管理，进一步整顿校风。

体现学生的主体地位，推行学生自主管理，一直是我校学生管理工作的核心和主题，也是整顿校风的关键所在。因此，我们要推进"三自管理"（自主学习、自觉实践、自律管理），实行"三助培养"，选拔一部分大学生担任助教（教学助理）、助研（科研助理）、助导（辅导员助理），形成"三权制度"，让学生充分享有学习的主动权、生活的自主权和课外活动的安排权。要进一步发挥"三自"的作用，壮大"三助"的队伍，落实"三权"的制度，使学生真正成为学校的主人、学习的主人、生活的主人。

四、以责任和效率为重点，大力整顿机关作风，为师生成长和教学改革提供有力的保障

去年，我们的管理服务有很大的进步。今年，我们要进一步整顿机关作风，强调责任和效率。

（一）树立三个意识

一是服务意识。全体管理人员必须树立以教师教学、"四个课堂"、学生成长为中心的意识，为师生的学习、生活、思想、心理健康等提供最周到的服务。凡是一线教学提出的事情，机关都要及时处理，不能推诿和拖沓。锦城学院的管理干部不能说"这事不归我管"，即使不属于职责范围内的，也要引导其找到相应的部门办理。

二是主体意识。管理人员要把自己视为学校建设和发展的主体，要以主人翁的精神投入学校的各项工作中去，在为学校建设和发展贡献力量的同时，也实现个人的主体价值。干部要把学校当成自己的

家，要把"锦城"的教育事业当成自己的事业，要维护学校的声誉，要与学校同甘共苦，这就是主体意识。学校一边建设，一边运行，一边扩大，确实有困难，希望大家能够体谅，提出建设性的意见。

三是效率意识。效率是完成服务的基础，是获取效益的基础。管理人员要具备效率意识，提高工作效率。一是要重视工作中的投入产出比，以最少的代价办成事；二是提高服务效率，充分发挥人的主观能动作用，以最快的速度办好事，形成小机关大服务；三是要提高资源利用效率，包括提高校内资源使用的效率，并充分发挥校外资源和母体学校资源的作用。实验室等教学设备可以与企业合作共建，学校可以与企业合作培养学生，这就是利用社会资源。我们学校单纯论硬件实力很难与公办学校平等竞争，但是我们要争取设备的利用率最高。穷国办教育，穷学校办教育，都要讲效率意识和经济意识。

（二）建设六型机关

建设六型机关，就是建设一个学习型、服务型、责任型、效率型、创新型、和谐型的机关。要构建一个学习型组织、服务型团队、责任型班子、效率型队伍、创新型氛围、和谐型集体，使我们的每一位教职员工能够爱学习、服好务、重责任、讲效率、求创新、促和谐。

教育改革的号角吹响了，我们的任务是用实践来回答"钱学森之问"，我们的目标是建设一流的应用型大学。让我们高举"三大教学改革"的旗帜，让创新的应用型人才冒出来！

附　录

邹广严院长与四川大学管理学院

——四川大学管理学院第一次工作会议纪要[1]

（1999年1月21日）

1999年1月21日上午，分别兼任四川大学管理学院名誉院长和院长的宋宝瑞省长、邹广严副省长在省政府办公厅小会议室，召集了四川大学管理学院成立后的第一次工作会议并作了重要指示。参加这次工作会议的有：四川大学党委书记兼校长卢铁城、副校长杨继瑞，四川大学管理学院党委书记王亚利和常务副院长李时意、杨江。

在听取了四川大学管理学院关于学院的基本情况、工作思路、近期主要工作和远期规划设想等方面的工作汇报后，宋省长说，省政府请邹副省长兼任学院的院长，说明省政府对四川大学管理学院建立的高度重视。现在，搞市场经济已经是大势所趋，要害问题是人才问题。四川省要科教兴川，关键是科技，是人才。四川省的经济建设要纳入到科学化管理的轨道上来，但目前的情况是适应市场经济需要的

---

[1] 这份纪要记录了邹广严院长在担任四川省人民政府副省长期间兼任四川大学管理学院院长一事的由来。邹广严院长在省政府工作期间就非常重视兴办教育、培养人才，支持过川内许多高校的建设和发展，与四川高等教育结下了不解之缘。四川大学管理学院后来经过学科调整改为四川大学工商管理学院，后又更名为四川大学商学院。邹广严院长至今仍任四川大学商学院名誉院长。

高级管理人才奇缺，必须花大力气解决这一问题。现在我省每年都要派20多位厅局级干部到国外去学习、考察，但是不可能都去国外，所以就要到你们那里去学习。如果四川省的管理人才素质都很高，所有大中型企业的厂长、经理都经过了培训，四川省的局面就会大大改善了。搞好一个企业，关键是领导班子，一个好的领导除了要有良好的政治素质之外，还要有丰富的经济管理知识。只重技术，轻视管理，四川的经济是搞不上去的，所以人才培养是整个经济发展的基础，在这个问题上，政府绝对要支持你们。

宋省长强调说，当前，我们大量的决策还是经验决策，经验决策不是没有用，但在当今市场经济条件下，光搞经验决策不行，必须把管理工作纳入科学化的轨道上来，这就需要大批应用型经营管理人才。在现实的经济工作中，有许多矛盾和问题，大量的科研工作，题目非常多。管理学院的教师除了搞好教学外，还应该多搞一些科研，结合四川经济发展的实际需要多方面地开展科研工作。宋省长还对管理学院的办学方向和培养目标作了重要指示。他指出，管理学院要做好三方面的工作：一是为社会培养适应市场经济需要的高级管理人才；二是对企事业单位的现有领导干部进行系统的培训，全面提高素质；三是要对四川省的经济建设情况进行研究，为四川省的改革和建设服务。宋省长最后强调说，管理学院建设的关键在教师和教材，要抓好质量，争取出成果、出人才，要使培养的人才真正在社会上发挥作用。你们一定要有信心，把管理学院办好。建设管理学院离不开政府和企业的支持，省委、省政府坚决支持你们。

邹广严副省长在询问了管理学院的学科、专业设置和学生培养情况后，对学院当前的工作提出了几点具体意见：

邹广严院长在担任四川省人民政府副省长兼四川大学管理学院院长期间，视察管理学院大楼建设情况

1.管理学院要进一步明确办学方向和培养目标，要根据经济发展和社会需要搞好专业设置和学科发展规划。

2.学院要办成省内重点、国内一流水平的著名的管理学院，培养出来的学生要能得到社会的承认，成为供不应求的抢手人才。

3.成立学院董事会很有必要，要吸收一批企业家参加，有利于企业界支持办学，扩大学院的社会影响和知名度。可先列出一个名单，确定后由宋省长、邹副省长以学院名誉院长和院长的名义发出邀请函。

4.关于成立四川省工商管理学院，大规模培养四川省地方性高层次经营管理人才和培训政府部门经济管理干部与企业中高层管理人员的问题，邹副省长指示，要经过认真研究，提出论证报告，与教委协调，妥善解决。可在论证时考虑是否需要另外挂牌的问题。

5.关于筹备兴建管理学院大楼的问题，邹副省长希望学校先制定一个总体规划，认真进行审查和设计。一方面要争取企业赞助、外商投资；另一方面，需要政府支持的，政府将认真研究。

6.关于管理学院的工作联系制度，邹副省长表示，今后他将每季度参加一次学院办公会议，学院每半年向宋省长汇报一次工作。在学校领导下，由学院常务班子主持、处理日常工作。学院每年召开一次董事会。

会议最后确定，将于1999年3月初召开四川大学管理学院成立大会，邀请企业界、学术界、各级政府部门、兄弟管理院校的代表参加。邹副省长希望会议开得简朴、隆重，讲求实效，达到应有的宣传效果。